1791 erschien in Berlin der Erstdruck von Karl Philipp Moritz' »Götterlehre«, die er wohl schon während seines Rom-Aufenthalts (1786-1788) geschrieben hatte. Sie ist Moritz' populärstes Buch geworden. In seiner Darstellung vergegenwärtigt es das mythologische Denken der Antike in einer neuen, einfachen und zugleich gehobenen Sprache. Unbemerkt beinahe gesellen sich Einsichten von dialektischer Schärfe in die Darstellung der Götterwelt, darüber hinaus antike Weisheit und humane Erkenntnis. Die »Götterlehre« ist ein erklärendes Buch, das die antiken mythologischen und epischen Dichtungen aufs neue erzählt.

insel taschenbuch 2507

Karl Philipp Moritz

Götterlehre

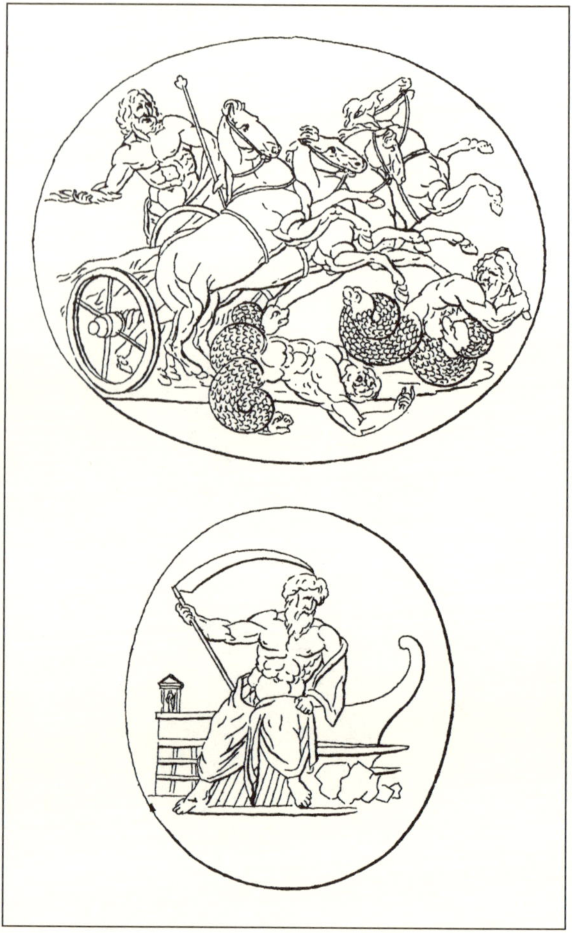

KARL PHILIPP MORITZ
GÖTTERLEHRE

Herausgegeben von Horst Günther
Mit fünfundsechzig Abbildungen,
nach antiken geschnittenen Steinen
Mit farbigen Fotografien

Insel Verlag

insel taschenbuch 2507
Erste Auflage 1999

Hinweise zu dieser Ausgabe am Schluß des Bandes
Vertrieb durch den Suhrkamp Taschenbuch Verlag
Umschlag nach Entwürfen von Willy Fleckhaus
Satz: Hümmer GmbH, Waldbüttelbrunn
Druck: Nomos Verlagsgesellschaft, Baden-Baden
Printed in Germany

1 2 3 4 5 6 – 04 03 02 01 00 99

GÖTTERLEHRE

oder

Mythologische Dichtungen
der Alten

Ich habe es versucht, die mythologischen Dichtungen der Alten in dem Sinne darzustellen, worin sie von den vorzüglichsten Dichtern und bildenden Künstlern des Altertums selbst als eine Sprache der Phantasie *benutzt und in ihren Werken eingewebt sind, deren aufmerksame Betrachtung mir durch das Labyrinth dieser Dichtungen zum Leitfaden gedient hat. Die Abdrücke von den Gemmen aus der Lippertschen Daktyliothek und aus der Stoschischen Sammlung habe ich mit dem Herrn* Professor Karstens, *der die Zeichnungen zu den Kupfern verfertigt hat, gemeinschaftlich ausgewählt, um, soviel es sich tun ließ, diejenigen vorzuziehen, deren Wert zugleich mit in ihrer Schönheit und der Kunst, womit die Darstellung ausgeführt ist, besteht.*

GESICHTSPUNKT FÜR DIE MYTHOLOGISCHEN DICHTUNGEN

Die mythologischen Dichtungen müssen als eine Sprache der Phantasie betrachtet werden: Als eine solche genommen, machen sie gleichsam eine Welt für sich aus und sind aus dem Zusammenhange der wirklichen Dinge herausgehoben.

Die Phantasie herrscht in ihrem eigenen Gebiete nach Wohlgefallen und stößt nirgends an. Ihr Wesen ist zu formen und zu bilden; wozu sie sich einen weiten Spielraum schafft, indem sie sorgfältig alle abstrakten und metaphysischen Begriffe meidet, welche ihre Bildungen stören könnten.

Sie scheuet den Begriff einer metaphysischen Unendlichkeit und Unumschränktheit am allermeisten, weil ihre zarten Schöpfungen, wie in einer öden Wüste, sich plötzlich darin verlieren würden.

Sie flieht den Begriff eines anfangslosen Daseins; alles ist bei ihr Entstehung, Zeugen und Gebären, bis in die älteste Göttergeschichte.

Keines der höheren Wesen, welche die Phantasie sich darstellt, ist von Ewigkeit, keines von ganz unumschränkter Macht. Auch meidet die Phantasie den Begriff der Allgegenwart, der das Leben und die Bewegung in ihrer Götterwelt hemmen würde.

Sie sucht vielmehr, soviel wie möglich, ihre Bildungen an Zeit und Ort zu knüpfen; sie ruht und schwebt gern über der Wirklichkeit. Weil aber die zu große Nähe und Deutlichkeit des Wirklichen ihrem dämmernden Lichte schaden würde, so schmiegt sie sich am liebsten an die dunkle Geschichte der Vorwelt an, wo Zeit und Ort oft selber noch schwankend und unbestimmt sind und sie desto freiern Spielraum hat: Jupiter, der Vater der Götter und Menschen, wird auf der Insel Kreta mit der Milch einer Ziege gesäugt und von den Nymphen des Waldes erzogen.

Dadurch nun, daß in den mythologischen Dichtungen zugleich eine geheime Spur zu der ältesten verlorengegangenen Geschichte verborgen liegt, werden sie ehrwürdiger, weil sie kein leeres Traumbild oder bloßes Spiel des Witzes sind, das in die Luft zerflattert, sondern durch ihre innige Verwebung mit den ältesten Begebenheiten ein Gewicht erhalten, wodurch ihre Auflösung in bloße Allegorie verhindert wird.

Die Göttergeschichte der Alten durch allerlei Ausdeutungen zu bloßen Allegorien umbilden zu wollen ist ein ebenso törichtes Unternehmen, als wenn man diese Dichtungen durch allerlei gezwungene Erklärungen in lauter wahre Geschichte zu verwandeln sucht.

Die Hand, welche den Schleier, der diese Dichtungen bedeckt, ganz hinwegziehen will, verletzt zugleich das zarte Gewebe der Phantasie und stößt alsdann statt der gehofften Entdeckungen auf lauter Widersprüche und Ungereimtheiten.

Um an diesen schönen Dichtungen nichts zu verderben, ist es nötig, sie zuerst, ohne Rücksicht auf etwas, das sie bedeuten sollen, gerade so zu nehmen, wie sie sind, um soviel wie möglich mit einem Überblick das Ganze zu betrachten, um auch den entfernteren Beziehungen und Verhältnissen zwischen den einzelnen Bruchstücken, die uns noch übrig sind, allmählich auf die Spur zu kommen.

Denn wenn man zum Beispiel auch sagt: Jupiter bedeutet die obere Luft, so drückt man doch dadurch nichts weniger als den Begriff Jupiter aus, wozu alles das mitgerechnet werden muß, was die Phantasie einmal hineingelegt und wodurch dieser Begriff an und für sich selbst eine Art von Vollständigkeit erhalten hat, ohne erst außer sich selbst noch etwas andeuten zu dürfen.

Der Begriff *Jupiter* bedeutet in dem Gebiete der Phantasie zuerst sich selbst, so wie der Begriff *Cäsar* in der Reihe der wirklichen Dinge den Cäsar selbst bedeutet. Denn wer würde wohl zum Beispiel bei dem Anblicke der Bildsäule des Jupiter von Phidias' Meisterhand zuerst an die obere Luft gedacht haben, die durch den Jupiter bezeichnet werden soll, als wer alles Gefühl für Erhabenheit und Schönheit verleugnet hätte und imstande gewesen wäre, das höchste Werk der Kunst wie eine Hieroglyphe oder einen toten Buchstaben zu betrachten, der seinen ganzen Wert nur dadurch hat, weil er etwas außer sich bedeutet.

Ein wahres Kunstwerk, eine schöne Dichtung ist etwas in sich Fertiges und Vollendetes, das um sein selbst willen da ist und dessen Wert in ihm selber und in dem wohlgeordneten Verhältnis seiner Teile liegt, dahingegen die bloßen Hieroglyphen oder Buchstaben an sich so ungestaltet sein können, wie sie wollen, wenn sie nur das bezeichnen, was man sich dabei denken soll.

Der müßte wenig von den hohen Dichterschönheiten des Homer gerührt sein, der nach Durchlesung desselben noch fragen könnte: was bedeutet die Iliade? was bedeutet die Odyssee?

Alles, was eine schöne Dichtung bedeutet, liegt ja in ihr selber; sie spiegelt in ihrem großen oder kleinen Umfange die Verhältnisse der Dinge, das Leben und die Schicksale der Menschen ab; sie lehrt auch Lebensweisheit, nach Horazens Ausspruch, besser als Krantor und Chrysipp.

Aber alles dieses ist den dichterischen Schönheiten untergeordnet und nicht der Hauptendzweck der Poesie; denn eben darum lehrt sie besser, weil Lehren nicht ihr Zweck ist, weil die Lehre selbst sich dem Schönen unterordnet und dadurch Anmut und Reiz gewinnt.

In den mythologischen Dichtungen ist nun die Lehre freilich so sehr untergeordnet, daß sie ja nicht darin gesucht werden muß, wenn das ganze Gewebe dieser Dichtungen uns nicht als frevelhaft erscheinen soll.

Denn der Mensch ist in diesen poetischen Darstellungen der

höhern Wesen so etwas Untergeordnetes, daß auf ihn überhaupt und also auch auf seine moralischen Bedürfnisse wenig Rücksicht genommen wird.

Er ist oft ein Spiel der höhern Mächte, die, über alle Rechenschaft erhaben, ihn nach Gefallen erhöhen und stürzen und nicht sowohl die Beleidigungen strafen, welche die Menschen sich untereinander zufügen, als vielmehr jeden Anschein von Eingriff in die Vorrechte der Götter auf das schrecklichste ahnden.

Diese höhern Mächte sind nichts weniger als moralische Wesen. Die Macht ist immer bei ihnen der Hauptbegriff, dem alles übrige untergeordnet ist. Die immerwährende Jugendkraft, welche sie besitzen, äußert sich bei ihnen in ihrer ganzen üppigen Fülle.

Denn da ein jedes dieser von der Phantasie gebornen Wesen in gewisser Rücksicht die ganze Natur mit allen ihren üppigen Auswüchsen und ihrem ganzen schwellenden Überfluß in sich darstellt, so ist es als eine solche Darstellung über alle Begriffe der Moralität erhaben. Weil man weder von der ganzen Natur sagen kann, daß sie ausschweife, noch dem Löwen seinen Grimm, dem Adler seine Raubsucht oder der giftigen Schlange ihre Schädlichkeit zum Frevel anrechnen darf.

Weil aber die Phantasie die allgemeinen Begriffe fliehet und ihre Bildungen soviel wie möglich individuell zu machen sucht, so überträgt sie den Begriff der höhern obwaltenden Macht auf Wesen, die sie als wirklich darstellt, denen sie Geschlechtsregister, Geburt und Namen und menschliche Gestalt beilegt.

Sie läßt soviel wie möglich die Wesen, die sie schafft, in das Reich der Wirklichkeit spielen. Die Götter vermählen sich mit den Töchtern der Menschen und erzeugen mit ihnen die Helden, welche durch kühne Taten zur Unsterblichkeit reifen.

Hier ist es nun, wo das Gebiet der Phantasie und der Wirklichkeit am nächsten aneinandergrenzt und wo es darauf ankommt, das, was Sprache der Phantasie oder mythologische

Dichtung ist, auch bloß als solche zu betrachten und vor allen voreiligen historischen Ausdeutungen sich hüten.

Denn diese Mischung des Wahren mit der Dichtung in der ältesten Geschichte macht an unserm Gesichtskreise, so weit wir in die Ferne zurückblicken, gleichsam den dämmernden Horizont aus. Soll uns hier eine neue Morgenröte aufgehen, so ist es nötig, die mythologischen Dichtungen als alte Völkersagen soviel wie möglich voneinander zu scheiden, um den Faden ihrer allmählichen Verwebungen und Übertragungen wieder aufzufinden. In dieser Rücksicht die ältesten Völkersagen, welche auf uns gekommen sind, nebeneinanderzustellen ist das Geschäft einer allgemeinen Mythologie, wozu die gegenwärtige, welche auf die Götterlehre der Griechen und Römer beschränkt ist, nur von fern die Hand bieten kann.

In das Gebiet der Phantasie, welches wir nun betreten wollen, soll uns ein Dichter führen, der ihr Lob am wahrsten gesungen hat.

Meine Göttin

Welcher Unsterblichen
Soll der höchste Preis sein?
Mit niemand streit' ich,
Aber ich geb' ihn
Der ewig beweglichen,
Immer neuen,
Seltsamsten Tochter Jovis,
Seinem Schoßkinde,
Der Phantasie.

Denn ihr hat er
Alle Launen,
Die er sonst nur allein
Sich vorbehält,

Zugestanden
Und hat seine Freude
An der Törin.

Sie mag rosenbekränzt
Mit dem Lilienstengel
Blumentäler betreten,
Sommervögeln gebieten,
Und leichtnährenden Tau
Mit Bienenlippen
Von Blüten saugen;

Oder sie mag
Mit fliegendem Haar
Und düsterm Blicke
Im Winde sausen
Um Felsenwände,
Und tausendfarbig,
Wie Morgen und Abend,
Immer wechselnd,
Wie Mondesblicke,
Den Sterblichen scheinen.

Laßt uns alle
Den Vater preisen,
Den alten, hohen,
Der solch eine schöne,
Unverwelkliche Gattin
Den sterblichen Menschen
Gesellen mögen!

Denn uns allein
Hat er sie verbunden
Mit Himmelsband,

Und ihr geboten,
In Freud' und Elend,
Als treue Gattin,
Nicht zu entweichen.

Alle die andern
Armen Geschlechter
Der kinderreichen,
Lebendigen Erde
Wandeln und weiden
In dunkelm Genuß
Und trüben Schmerzen
Des augenblicklichen,
Beschränkten Lebens,
Gebeugt vom Joche
Der Notdurft.

Uns aber hat er
Seine gewandteste,
Verzärtelte Tochter,
Freut euch! gegönnt.
Begegnet ihr lieblich,
Wie einer Geliebten!
Laßt ihr die Würde
Der Frauen im Haus!

Und daß die alte
Schwiegermutter Weisheit
Das zarte Seelchen
Ja nicht beleid'ge!

Doch kenn' ich ihre Schwester,
Die ältere, die gesetztere,
Meine stille Freundin:

O daß die erst
Mit dem Lichte des Lebens
Sich von mir wende,
Die edle Treiberin,
Trösterin Hoffnung!

Goethe

DIE ERZEUGUNG DER GÖTTER

Da, wo das Auge der Phantasie nicht weiter trägt, ist Chaos, Nacht und Finsternis; und doch trug die schöne Einbildungshaft der Griechen auch in diese Nacht einen sanften Schimmer, der selbst ihre Furchtbarkeit reizend macht. – Zuerst ist das Chaos, dann die weite Erde, der finstere Tartarus – und Amor, der schönste unter den unsterblichen Göttern.

Gleich im Anfange dieser Dichtungen vereinigen sich die entgegengesetzten Enden der Dinge; an das Furchtbarste und Schrecklichste grenzt das Liebenswürdigste. – Das Gebildete und Schöne entwickelt sich aus dem Unförmlichen und Ungebildeten. – Das Licht steigt aus der Finsternis empor. – Die Nacht vermählt sich mit dem Erebus, dem alten Sitze der Finsternis, und gebiert den Äther und den Tag. Die Nacht ist reich an mannigfaltigen Geburten, denn sie hüllt alle die Gestalten in sich ein, welche das Licht des Tages vor unserm Blick entfaltet.

Das Finstere, Irdische und Tiefe ist die Mutter des Himmlischen, Hohen und Leuchtenden. Die Erde erzeugt aus sich selbst den Uranos oder den Himmel, der sie umwölbet. Es ist die dunkele und feste Körpermasse, welche, von Licht und Klarheit umgeben, den Samen der Dinge in sich einschließt und aus deren Schoße alle Erzeugungen sich entwickeln.

Nachdem die Erde auch aus sich selber die Berge und den Pontus oder das Meer erzeugt hat, vermählt sie sich mit dem umwölbenden Uranus und gebiert ihm starke Söhne und Töchter, die selbst ihrem Erzeuger furchtbar werden.

Hundertärmige Riesen, den Kottus, Gyges und Briareus; ungeheure Cyklopen, den Brontes, Steropes und Arges; herrschsüchtige und mit weit um sich greifender Macht gerüstete Titanen, den Cöus, Krius, Hyperion und Japet; den Oceanus; die mächtigen Titaniden, die Thia, die Rhea, die Themis, die Mnemosyne, die Phöbe, die Tethys und den Saturnus oder Kronos, den jüngsten unter den Titanen.

Diese Kinder der Erde und des Himmels aber erblicken das Licht des Tages nicht, sondern werden von ihrem Erzeuger, der ihre angeborne Macht scheuet, sobald sie geboren sind, wieder in den Tartarus eingekerkert. Das Chaos behauptet noch seine Rechte. Die Bildungen schwanken noch zwischen Unterdrükkung und Empörung. – Die Erde seufzt in ihren innersten Tiefen über das Schicksal ihrer Kinder und denkt an Rache; sie schmiedet die erste Sichel und gibt sie als ein rächendes Werkzeug dem Saturnus, ihrem jüngsten Sohne.

Die wilden Erzeugungen müssen aufhören; Uranos, der seine eigenen Kinder im nächtlichen Dunkel gefangenhält, muß seiner Herrschaft entsetzt werden. – Sein jüngster Sohn Saturnus überlistet ihn, da er sich mit der Erde begattet, und entmannet seinen Erzeuger mit der Sichel, die ihm seine Mutter gab. Aus den Blutstropfen, welche die Erde auffängt, entstehen in der Folge der Zeit die rächerischen Furien, die furchtbaren, den Göttern drohenden Giganten und die Nymphen Meliä, welche die Berge bewohnen. – Die dem Uranos entnommene Zeugungskraft befruchtet das Meer, aus dessen Schaum Aphrodite, die Göttin der Liebe, emporsteigt. – Aus Streit und Empörung der ursprünglichen Wesen gegeneinander entwikkelt und bildet sich das Schöne.

Nun vermählen sich die Kinder des Himmels und der Erde und pflanzen das Geschlecht der Titanen fort. – Cöus mit der Phöbe, einer Tochter des Himmels, zeugt die Latona, welche nachher die Vermählte des Jupiter, und die Asteria, welche die Mutter der Hekate ward. – Hyperion mit der Thia, einer Tochter des Himmels, zeugt die Aurora, den Helios oder Sonnengott und die Luna. Oceanus mit der Tethys, einer Tochter des Himmels, erzeugt die Flüsse und Quellen. – Japet vermählt sich mit der Klymene, einer Tochter des Oceanus, und erzeugt mit ihr die Titanen Atlas, Menötios, den Prometheus, der die Menschen bildete, und den Epimetheus. – Krius mit der Eurybia, einer Tochter des Pontus, erzeugt die Titanen Asträus, Pallas und Perses.

Saturnus vermählt sich mit seiner Schwester, der Rhea, und mit ihm hebt eine Reihe von neuen Götterzeugungen an, wodurch die alten in der Zukunft verdrängt werden sollen. Die bleibenden Gestalten gewinnen endlich die Oberhand; aber sie müssen vorher noch lange mit der alles zerstörenden Zeit und dem alles verschlingenden Chaos kämpfen. Saturnus ist zugleich ein Bild dieser zerstörenden Zeit. Er, der seinen Erzeuger entmannt hat, verschlingt seine eigenen Kinder, sowie sie geboren werden: denn ihm ist von seiner Mutter, der Erde, geweissagt worden, daß einer seiner Söhne ihn seiner Herrschaft berauben werde. So rächte sich der an seinem Erzeuger verübte Frevel; Saturnus fürchtet gleich diesem die sich empörende Macht, und während er über seine Brüder, die Titanen, herrschte, hielt er dennoch gleich dem Uranos die hundertärmigen Riesen und Cyklopen in dem Tartarus eingekerkert.

Von seinen Kindern fürchtet er Verderben; denn noch lehnet das Neuentstandene sich gegen seinen Ursprung auf, der es wieder zu vernichten droht. So wie die Erde seufzte, daß der umwölbende Himmel ihre Kinder in ihrem Schoße gefangenhielt, so seufzt nun Rhea über die Grausamkeit der alles zerstörenden, ihre eigenen Bildungen verschlingenden Macht, mit welcher sie vermählt ist. Und da sie den Jupiter, den künftigen Beherrscher der Götter und Menschen, gebären soll, so fleht sie die Erde und den gestirnten Himmel um die Erhaltung ihres noch ungebornen Kindes an.

Die uralten Gottheiten sind ihrer Herrschaft entsetzt, und haben nur noch Einfluß durch Weissagung und Rat; sie raten ihrer Tochter, wie sie den Jupiter, sobald sie ihn geboren, in eine fruchtbare Gegend, in Kreta, verbergen soll. – Die wilde, umherschweifende Phantasie heftet sich nun auf einen Fleck der Erde und findet auf dem Eilande, wo dies Götterkind erzogen werden soll, den ersten Ruheplatz.

Auf den Rat ihrer Mutter Erde wickelt die Rhea einen Stein in Windeln und gibt ihn dem Saturnus, statt des neugeborenen Götterkindes, zu verschlingen. Durch diesen bedeutungsvollen Stein, dessen bei den Alten so oft Erwähnung geschieht, sind der Zerstörung ihre Grenzen gesetzt; die zerstörende Macht hat zum ersten Male das Leblose statt des Lebenden mit ihrer vernichtenden Gewalt ergriffen, und das Lebende und Gebildete hat Zeit gewonnen, gleichsam verstohlnerweise sich an das Licht emporzudrängen.

Allein es ist noch vor den Verfolgungen seines allverschlingenden Ursprungs nicht gesichert. Darum müssen die Erzieher des Götterkindes auf der Insel Kreta, die Kureten oder Korybanten, deren Wesen und Ursprung in geheimnisvolles Dunkel gehüllt ist, mit ihren Spießen und Schilden ein immerwährendes Getöse machen, damit Saturnus die Stimme des weinenden Kindes nicht vernehme. – Denn die zerstörenden Kräfte lauern, das zarte Gebildete in seinem ersten Aufkeimen womöglich wieder zu zernichten.

Die Erziehung des Jupiter auf der Insel Kreta macht eines der reizendsten Bilder der Phantasie; ihn säugt die Ziege Amalthea, welche in der Folge unter die Sterne versetzt und ihr Horn zum Horn des Überflusses erhöhet wird. Die Tauben bringen ihm Nahrung, goldgefärbte Bienen führen ihm Honig zu, und Nymphen des Waldes sind seine Pflegerinnen.

Schnell entwickeln sich nun die Kräfte dieses künftigen Beherrschers der Götter und Menschen. Das Ende von dem alten Reiche des Saturnus nähert sich. Denn fünf seiner Kinder sind noch, außer dem Jupiter, von seiner zerstörenden Macht gerettet. Die den Erdkreis mit heiliger Glut belebende Vesta, die befruchtende Ceres, Juno, Neptun und Pluto.

Mit diesen kündigt Jupiter dem Saturnus und den Titanen, welche dem Saturnus beistehen, den Krieg an, nachdem er vorher die Cyklopen aus ihrem Kerker befreiet und diese ihn dafür mit dem Donner und dem leuchtenden Blitze begabt hatten. Und nun scheiden sich die neuern Götter, die vom Saturnus und der Rhea abstammen, von den alten Gottheiten oder den Titanen, welche Kinder des Himmels und der Erde sind.

DER GÖTTERKRIEG

Die Titanen sind das Empörende, welches sich gegen jede Oberherrschaft auflehnt; es sind die unmittelbaren Kinder des Himmels und der Erde, deren weit um sich greifende Macht keine Grenzen kennet und keine Einschränkung duldet.

Jupiter aber hatte sich den Weg zu der Alleinherrschaft schon gebahnt, indem er die hundertärmigen Riesen Kottus, Gyges und Briareus und die Cyklopen, die unter dem Uranos und Saturnus gefangengehalten wurden, aus ihrem Kerker befreiet und dadurch den Donner und Blitz in seine Gewalt bekommen hatte.

Die neuern Götter, mit dem Jupiter an der Spitze, versammelten sich auf dem Olymp, die Titanen ihnen gegenüber auf dem Othrys, und der Götterkrieg hub an. – Zehn Jahre dauerte schon der Kampf der neuern Götter mit den Titanen, als der Sieg noch unentschieden war, bis Jupiter sich den Beistand der hundertärmigen Riesen erbat, die ihm die Befreiung aus ihrem Kerker dankten.

Als diese nun an dem Treffen teilnahmen, so faßten sie ungeheure Felsen in ihre hundert Hände, um sie auf die Titanen zu schleudern, welche in geschlossenen Phalangen in Schlachtordnung standen. Als nun die Götter aufeinander den ersten Angriff taten, so wallte das Meer hoch auf, die Erde seufzte, der Himmel ächzte, und der hohe Olymp wurde vom Gipfel bis zur Wurzel erschüttert.

Die Blitze flogen scharenweise aus Jupiters starker Hand, der Donner rollte, der Wald entzündete sich, das Meer siedete, und heißer Dampf und Nebel hüllte die Titanen ein.

Kottus, Gyges und Briareus standen voran im Göttertreffen, und mit jedem Wurfe schleuderten sie dreihundert Felsenstücke auf die Häupter der Titanen herab. Da lenkte sich der Sieg auf die Seite des Donnerers. Die Titanen stürzten nieder und wurden so weit in den Tartarus hinabgeschleudert, als hoch der Himmel über die Erde ist.

Nun teilten die drei siegreichen Söhne des Saturnus das alte Reich der Titanen unter sich; Jupiter beherrschte den Himmel, Neptun das Meer und Pluto die Unterwelt. Die hundertärmigen Riesen aber bewachten den Eingang zu dem furchtbaren Kerker, der die Titanen gefangenhielt.

Jupiters Blitz beherrschte nun zwar die Götter, allein sein Reich stand noch nicht fest. Die Erde seufzte aufs neue über die Schmach ihrer Kinder, die im dunkeln Kerker saßen. Mit den Blutstropfen befruchtet, die sie bei der Entmannung des Uranos in ihren Schoß aufnahm, gebar sie in den Phlegräischen Gefilden die himmelanstürmenden Giganten mit drohender Stirn und Drachenfüßen, bereit, die Schmach der Titanen zu rächen.

Zu Boden geworfen, waren sie nicht besiegt, denn mit jeder Berührung ihrer Mutter Erde gewannen sie neue Kräfte. – Porphyrion und Alcyoneus, Oromedon und Enceladus, Rhötus und der tapfere Mimas huben am stolzesten ihre Häupter empor: sie schleuderten Eichen und Felsenstücke mit jugendlicher Kraft gen Himmel und achteten Jupiters Blitze nicht.

In dem hier beigefügten, nach einem der schönsten Werke des Altertums verfertigten Umriß heben die mächtigen Söhne der Erde, unter Jupiters Donnerwagen zu Boden gestreckt, dennoch gegen ihn ihr drohendes Haupt empor. Macht ist gegen Macht empört – einer der erhabensten Gegenstände, den je die bildende Kunst benutzte.

Daraus, daß in den mythologischen Dichtungen die Giganten den Göttern entgegengesetzt werden, sieht man auch, daß die Alten den Göttern keine ungeheure Größe beilegten. Das Gebildete hatte bei ihnen immer den Vorzug, vor der Masse; und die ungeheuren Wesen, welche die Phantasie sich schuf, entstanden nur, um von der in die hohe Menschenbildung eingehüllten Götterkraft besiegt zu werden und unter ihrer eignen Unförmlichkeit zu erliegen.

Gerade die Vermeidung des Ungeheuren, das edle Maß, wodurch allen Bildungen ihre Grenzen vorgeschrieben wurden, ist ein Hauptzug in der schönen Kunst der Alten; und nicht umsonst drehet sich ihre Phantasie in den ältesten Dichtungen immer um die Vorstellung, daß das Unförmliche, Ungebildete, Unbegrenzte erst vertilgt und besiegt werden muß, ehe der Lauf der Dinge in sein Gleis kömmt.

Die ganze Dichtung des Götterkrieges scheint sich mit auf diese Vorstellung zu gründen. Uranos oder die weit ausgebreitete Himmelswölbung ließ sich noch unter keinem Bilde fassen; was die Phantasie sich dachte, war noch zu weit ausgebreitet, unförmlich und gestaltlos; dem Uranos wurden seine eigenen Erzeugungen furchtbar; seine Kinder, die Titanen, empörten sich gegen ihn, und sein Reich entschwand in Nacht und Dunkel.

Der Name der Titanen zeigt schon das weit um sich Greifende, Grenzenlose in ihrem Wesen an, wodurch die Bildungen, welche sich die Phantasie von ihnen macht, schwankend und unbestimmt werden. Die Phantasie flieht vor dem Grenzenlosen und Unbeschränkten; die neuen Götter siegen, das Reich der Titanen hört auf, und ihre Gestalten treten gleichsam im Nebel zurück, wodurch sie nur noch schwach hervorschimmern.

An der Stelle des Titanen Helios oder des Sonnengottes steht der ewig junge Apoll mit Pfeil und Bogen. Unbestimmt und schwankend schimmert das Bild vom Helios durch, und die Phantasie verwechselt in den Werken der Dichtkunst oft beide miteinander. So steht an der Stelle des alten Oceanus Neptun mit seinem Dreizack und beherrscht die Fluten des Meers.

Demohngeachtet aber bleiben die alten Gottheiten noch immer ehrwürdig, denn sie waren den neuern Göttern nicht etwa wie das Verderbliche und Hassenswürdige dem Wohltätigen und Guten entgegengesetzt, sondern Macht empörte sich gegen Macht, Macht siegte über Macht, und das Besiegte selbst blieb in seinem Sturze noch groß.

So wie man sich nämlich unter dem Reiche der Titanen und unter der Herrschaft des Saturnus, der seine eigenen Kinder verschlang, noch das Grenzenlose, Chaotische, Ungebildete dachte, worauf die Einbildungskraft nicht haften kann, so verknüpfte man doch wieder mit dieser Vorstellung von dem Ungebildeten, Umherschweifenden und Grenzenlosen, das keinem Zwange unterworfen ist, den Begriff von Freiheit und Gleichheit, der unter der Alleinherrschaft des einzigen, der mit dem Donner bewaffnet war, nicht mehr stattfinden konnte.

Man versetzte daher das Goldene Zeitalter unter die Regierung des Saturnus, welcher, nachdem er in dem Götterkriege seiner zerstörenden Macht beraubt war, nach einer alten Sage dem Schicksale der übrigen Titanen, die in den Tartarus geschleudert wurden, entfloh und sich in den mit Bergen umschlossenen Ebenen von Latium verbarg, wohin er das Goldene Zeitalter brachte, indem er in einem Schiffe auf dem Tiberstrome beim Janus anlangte und mit ihm vereint die Menschen mit Weisheit und Güte beherrschte.

Diese Dichtung ist vorzüglich schön wegen des Überganges vom Kriegerischen und Zerstörenden zum Friedlichen und Sanften. Während daß Jupiter noch immer in Gefahr, der Herrschaft entsetzt zu werden, seine Blitze gegen die Giganten schleudert, ist Saturnus fern von dem verderblichen Götterkriege in Latium angelangt, wo unter ihm sich die glücklichen Zeiten bilden, die nachher in den Liedern der Menschen als entflohenes Gut besungen und vergeblich zurückgewünscht wurden.

So ist er auf einer alten Gemme, wovon hier der Umriß beigefügt ist, mit der Sense in der Hand, auf einem Schiffe, wovon nur der Schnabel oder das Vorderteil sichtbar ist, abgebildet; neben dem Schiffe sieht man einen Teil einer Mauer und eines Gebäudes hervorragen, wahrscheinlich weil an den Ufern der Tiber vom Saturnus die alte Stadt Saturnia auf den nachmaligen Hügeln Roms erbauet wurde.

Auf diese Weise ist nun Saturnus bald ein Bild der alleszerstörenden Zeit, bald ein König, der zu einer gewissen Zeit in Latium herrschte. Die Erzählungen von ihm sind weder bloße Allegorien noch bloße Geschichte, sondern beides zusammengenommen und nach den Gesetzen der Einbildungskraft verwebt. Dies ist auch der Fall bei den Erzählungen von den übrigen Gottheiten, die wir durchgängig als schöne Dichtungen nehmen und durch zu bestimmte Ausdeutungen nicht verderben müssen. Denn da die ganze Religion der Alten eine Religion der Phantasie und nicht des Verstandes war, so ist auch ihre Götterlehre ein schöner Traum, der zwar viel an Bedeutung und Zusammenhang in sich hat, auch zuweilen erhabene Aussichten gibt, von dem man aber die Genauigkeit und Bestimmtheit der Ideen im wachenden Zustande nicht fordern muß.

Ob nun Jupiter gleich die Titanen in den Tartarus verbannt und über die Giganten zuletzt die Inseln des Meeres mit rauchenden Vulkanen gewälzt hatte, so war dennoch sein Reich noch nicht befestigt; denn die Erde zürnte aufs neue über die Gefangenschaft ihrer Kinder und gebar, nachdem sie sich mit dem Tartarus begattet hatte, den Tiphöus, ihren jüngsten Sohn.

Das furchtbarste Ungeheuer, das je aus der dunkeln Nacht emporstieg, dessen hundert Drachenhäupter mit schwarzen Zungen leckten und mit feurigen Augen blitzten, das bald verständliche Laute von sich gab und bald mit hundert verschiedenen Stimmen der Tiere des Waldes heulte und brüllte, daß die Berge davon widerhallten.

Nun wäre es um die Herrschaft der neuen Götter getan gewesen, wenn Jupiter nicht schleunig seinen Blitz ergriffen und ihn unaufhörlich auf das Ungeheuer geschleudert hätte, so lange, bis Erd' und Himmel in Flammen stand und der Weltbau erschüttert ward, so daß Pluto, der König der Schatten, und die Titanen im Tartarus über das unaufhörliche Getöse erbebten, das über ihren Häuptern rollte.

Der Sieg über dies Ungeheuer wurde dem Jupiter am schwersten unter allen und drohte ihm selber den Untergang. Er freute sich daher dieses Sieges nicht, sondern schleuderte den Tiphöus, als er zu Boden gesunken war, trauervoll in den Tartarus hinab.

Denn dem Herrscher der Götter drohte stets Gefahr, nicht nur von fremder Macht, sondern auch von seinen eigenen Entschließungen. So weissagte ihm, als er sich mit der weisheitbegabten Metis, einer Tochter des Oceanus, vermählt hatte, ein Orakelspruch, daß sie ihm einen Sohn gebären und daß dieser, zugleich mit der Weisheit seiner Mutter und der Macht seines Vaters ausgerüstet, die Götter alle beherrschen würde.

Um dem vorzubeugen, zog Jupiter die weisheitbegabte Metis mit schmeichelnden Lockungen in sich hinüber und gebar nun selbst die Minerva, welche bewaffnet aus seinem Haupte hervorsprang. – Eine ähnliche Gefahr drohte ihm noch einmal, da er sich mit der Thetis begatten wollte, von der ein Orakelspruch geweissagt hatte, sie würde einen Sohn gebären, der würde mächtiger als sein Vater sein.

So fürchtet sich in diesen Dichtungen das Mächtigste immer vor noch etwas Mächtigerm. Bei dem Begriff der ganz unumschränkten Macht hingegen hört alle Dichtung auf, und die Phantasie hat keinen Spielraum mehr. Man muß daher die Verstandesbegriffe auf keine Weise hiemit vermengen, da man überdem eins dem andern unbeschadet, jedes für sich abgesondert sehr wohl betrachten kann.

In der folgenden Zeit wurden sogar zwei Söhne des Neptun, die derselbe mit der Iphimedia, einer Tochter des Aloeus, erzeugte und welche daher die Aloiden hießen, dem Jupiter furchtbar. Ihre Namen waren Otus und Ephialtes; sie ragten im Schmuck der Jugend und Schönheit mit Riesengröße zum Himmel empor und drohten den unsterblichen Göttern, indem sie Berge aufeinandertürmten, auf den Olymp den Ossa und auf den Ossa den Pelion wälzten, um so den Himmel zu ersteigen, welches ihnen gelungen wäre, wenn sie die Jahre der Mannbarkeit erreicht hätten. Aber Apollo erlegte sie mit seinen Pfeilen, ehe noch das weiche Milchhaar ihr Kinn bedeckte.

Selbst die Sterblichen wagten es also, sich gegen die Götter aufzulehnen, welche daher auch eifersüchtig auf jede höhere Entwickelung menschlicher Kräfte waren, jede Überhebung auf das schärfste ahndeten und den armen Sterblichen anfänglich sogar das Feuer mißgönnten. Denn die Menschen mußten noch den Haß der Götter gegen die Titanen tragen, weil sie von einem Abkömmling derselben, dem Prometheus, gebildet und ins Leben gerufen waren.

DIE BILDUNG DER MENSCHEN

So untergeordnet ist in diesen Dichtungen der Ursprung der Menschen, daß sie nicht einmal den herrschenden Göttern, sondern einem Abkömmlinge der Titanen ihr Dasein danken.

Denn Prometheus, welcher die Menschen aus Ton bildete, war ein Sohn des Japet, der außer ihm noch drei Söhne erzeugt hatte, den Atlas, Menötius und Epimetheus, die alle den Göttern verhaßt waren.

Japet, der Stammvater der Menschen, lag schon vom Jupiter mit den übrigen Titanen in den Tartarus hinabgeschleudert; sein starker Sohn Menötius wurde wegen seiner den Göttern furchtbaren Macht und übermütigem Stolz, von Jupiters Blitz erschlagen, in den Erebus hinabgestürzt. Dem Atlas legte Jupiter die ganze Last des Himmels auf die Schultern; den Prometheus selber ließ er zuletzt an einen Felsen schmieden, wo ein Geier unaufhörlich an seinem Eingeweide nagte; und den Epimetheus ließ er das Unglück über die Menschen bringen.

So verhaßt war den Göttern das Geschlecht des Japet, woraus der Mensch entsprang, auf den in der Folge die unzähligen Leiden sich zusammenhäuften, wodurch er die Schuld des ihm mißgönnten Daseins vielfach büßen mußte.

Prometheus befeuchtete die noch von den himmlischen Teilchen geschwängerte Erde mit Wasser und machte den Menschen nach dem Bilde der Götter, so daß er allein seinen Blick gen Himmel emporhebt, indes alle andern Tiere ihr Haupt zur Erde neigen.

Den Göttern selber also konnte die Phantasie keine höhere Bildung als die Menschenbildung beilegen, weil nichts mehr über die erhabene aufrechte Stellung geht, in welcher sich gleichsam die ganze Natur verjüngt und erst zum Anschauen von sich selber kömmt.

Denn die Strahlen der Sonne leuchten, aber das Auge des Menschen siehet. – Der Donner rollt, und die Stürme des Meeres brausen, aber die Zunge des Menschen redet vernehmliche Töne. – Die Morgenröte schimmert in ihrer Pracht, aber die Gesichtszüge des Menschen sind sprechend und bedeutend.

Es scheint, als müsse die unermeßliche Natur sich erst in diese zarten Umrisse schmiegen, um sich selbst zu fassen und wieder umfaßt zu werden. Um die göttliche Gestalt abzubilden, gab es nichts Höheres als Aug' und Nase, und Stirn und Augenbraunen, als Wang' und Mund und Kinn; weil wir nur von dem, was lebt und diese Gestalt hat, wissen können, daß es Vorstellungen habe wie wir und daß wir Gedanken und Worte mit ihm wechseln können.

Prometheus ist daher auf den alten Kunstwerken ganz wie der bildende Künstler dargestellt, so wie auch auf dem hier beigefügten Umriß, nach einem antiken geschnittenen Steine, wo zu seinen Füßen eine Vase und vor ihm ein menschlicher Torso steht, den er, so wie jene, aus Ton gebildet und dessen Vollendung er zum einzigen Augenmerke seiner ganzen Denkkraft gemacht zu haben scheint.

Als es dem Prometheus gelungen war, die göttliche Gestalt wieder außer sich darzustellen, brannte er vor Begierde, sein Werk zu vollenden; und er stieg hinauf zum Sonnenwagen und zündete da die Fackel an, von deren Glut er seinen Bildungen die ätherische Flamme in den Busen hauchte und ihnen Wärme und Leben gab.

So ist er hier zum zweitenmal abgebildet, sitzend mit der Fackel in der Hand, über der ein Schmetterling schwebt, welcher den beseelenden Hauch andeutet, wodurch die tote Masse belebt wird. Der bildende Künstler ist zum Schöpfer geworden; seine Bildungen werden ihm gleich.

Daß Prometheus selbst ein Schöpfer göttlicher Bildungen wurde, darüber zürnte Jupiter und dachte darauf, wie er die Menschen verderben wollte. Als daher Prometheus einst einen Stier schlachtete und, um den Jupiter zu versuchen, das Fleisch und die Knochen jedes in eine Haut gewickelt besonders legte, damit Jupiter wählen möchte, so wählte dieser mit Fleiß den schlechten Teil, um wegen des Betruges auf den Prometheus zürnen zu können und seinen Zorn an den Sterblichen auszulassen, die er nun plötzlich des Feuers beraubte.

Denn an dem Prometheus selber seinen Haß auszuüben, wagte Jupiter damals noch nicht; er suchte ihm nur sein Werk zu verderben; aber auch dieses gelang ihm nicht; denn Prometheus, der den Jammer der Menschen nicht dulden konnte, stieg wiederum zum Sonnenwagen und entwendete aufs neue den ätherischen Funken, den er in dem Marke der röhrichten Pflanze verbarg und ihn den Sterblichen vom Himmel wiederbrachte.

Als nun Jupiter von fern den Glanz des Feuers unter den Menschen erblickte, so dachte er aufs neue, wie er sie durch ihre eigene Torheit strafen wollte, während daß Prometheus fortfuhr, die Menschen alle nützlichen Künste zu lehren, welche der Gebrauch des Feuers möglich macht, und, was die größte Wohltat war, ihnen den Blick in die Zukunft benahm, damit sie unvermeidliche Übel nicht voraussehen möchten.

Dem Jupiter also gleichsam zum Trotz suchte Prometheus seine Menschenschöpfung und Menschenbildung zu vollenden, ob er gleich selber wußte, daß er dereinst schrecklich würde dafür büßen müssen. – Dies ungleiche Verhältnis der Menschen zu den herrschenden Göttern gab nachher den Stoff zu den tragischen Dichtungen, deren Geist in den folgenden Zeilen atmet, worin ein Dichter unserer Zeiten den Prometheus, im Namen der Menschen, deren Jammer er in seinem Busen trägt, redend einführt.

Prometheus

Bedecke deinen Himmel, Zeus,
Mit Wolkendunst,
Und übe, dem Knaben gleich,
Der Disteln köpft,
An Eichen dich und Bergeshöhn;
Mußt mir meine Erde
Doch lassen stehn,
Und meine Hütte, die du nicht gebaut,
Und meinen Herd,

Um dessen Glut
Du mich beneidest.

Ich kenne nichts ärmers
Unter der Sonn' als euch, Götter!
Ihr nähret kümmerlich
Von Opfersteuern
Und Gebetshauch
Eure Majestät,
Und darbtet, wären
Nicht Kinder und Bettler
Hoffnungsvolle Toren.

Da ich ein Kind war,
Nicht wußte wo aus noch ein,
Kehrt' ich mein verirrtes Auge
Zur Sonne, als wenn drüber wär'
Ein Ohr zu hören meine Klage,
Ein Herz wie mein's,
Sich des Bedrängten zu erbarmen.

Wer half mir
Wider der Titanen Übermut?
Wer rettete vom Tode mich
Von Sklaverei?
Hast du nicht alles selbst vollendet,
Heilig glühend Herz?
Und glühtest jung und gut,
Betrogen, Rettungsdank
Dem Schlafenden da droben?

Ich dich ehren? Wofür?
Hast du die Schmerzen gelindert

Je des Beladenen?
Hast du die Tränen gestillet
Je des Geängsteten?
Hat nicht mich zum Manne geschmiedet
Die allmächtige Zeit
Und das ewige Schicksal,
Meine Herrn und deine?

Wähntest du etwa,
Ich sollte das Leben hassen,
In Wüsten fliehen,
Weil nicht alle
Blütenträume reiften?

Hier sitz' ich, forme Menschen
Nach meinem Bilde,
Ein Geschlecht, das mir gleich sei,
Zu leiden, zu weinen,
Zu genießen und zu freuen sich,
Und dein nicht zu achten,
Wie ich!

Goethe

Nun ließ aber Jupiter, der über den Raub des Feuers noch immer zürnte, eine weibliche Gestalt von Götterhänden bilden, die er, mit allen Gaben ausgeschmückt, Pandora nannte, und sandte sie mit allen verführerischen Reizen und mit einer Büchse, worin das ganze Heer von Übeln, das den Menschen drohte, verschlossen war, zum Prometheus, der bald den Betrug erkannte und dies gefährliche Geschenk der Götter ausschlug.

Da konnte Jupiter seinem Zorne nicht länger Einhalt tun, sondern ließ den Prometheus, für seine Klugheit zu büßen, an einen Felsen schmieden; und das Unglück kam demohngeachtet über die Menschen; denn der unvorsichtige Epimetheus, des Prometheus Bruder, ließ sich, obgleich gewarnt, durch die Reize der Pandora betören, welche, sobald er sich mit ihr vermählt hatte, die Büchse eröffnete, woraus sich plötzlich alles Unheil über die ganze Erde und über das Menschengeschlecht verbreitete.

Sie machte schnell den Deckel wieder zu, ehe noch die Hoffnung entschlüpfte, welche nach Jupiters Ratschluß allein zurückblieb, um einst noch zur rechten Zeit den Sterblichen Trost zu gewähren. Die verführerischen Reize der sinnlichen Lust brachten also auch nach dieser Dichtung zuerst das Unglück über die Menschen. Der törichte Epimetheus vereitelte bald die vorsehende Weisheit des Prometheus. Vernunft und Torheit waren sogleich bei der Bildung und Entstehung des Menschen miteinander im Kampfe.

Prometheus duldete nun, an den Felsen geschmiedet, in seiner Person die Qualen des Menschengeschlechts, das ihm seine Bildung dankte, die immerwährende Unruhe und die rastlose, stets unbefriedigte Begier der Sterblichen. – Es ist der vom Jupiter gesandte Geier, der dem Prometheus an der immer wieder wachsenden Leber, dem Sitze der Begierden, nagt.

So ist dieser Dulder für die Menschheit abgebildet, die Hände auf den Rücken gefesselt, sitzend, an den Felsen geschmiedet mit dem Geier auf dem Knie. –

Die vier Abbildungen auf der hier beigefügten Kupfertafel geben einen vollständigen Überblick von dieser Dichtung der Alten: Prometheus bildet den Menschen; er raubt die ätherische Flamme; Pandora, sitzend, eröffnet die Büchse, woraus das Unglück über die Menschen kömmt; und Prometheus duldet, an den Felsen geschmiedet.

Nachdem aus der Büchse der Pandora sich das Unglück über die Menschen verbreitet hatte, schickte Jupiter eine Sündflut, welche das Menschengeschlecht vollends vertilgte, so daß niemand übrigblieb als ein einziges Paar, Deukalion, ein Sohn des

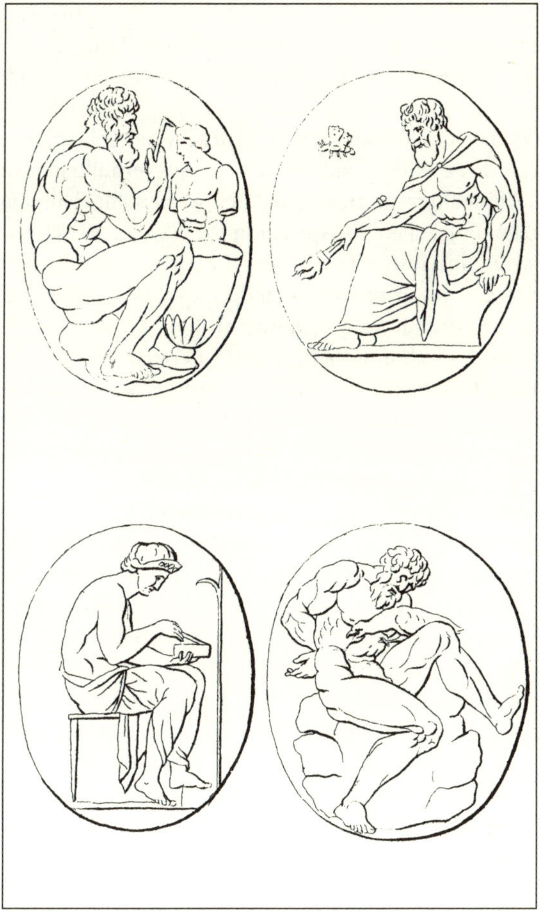

Prometheus, und Pyrrha, eine Tochter des Epimetheus, deren schwimmender Nachen sich auf dem Berge Parnassus niederließ, wo ein Orakel der Themis war, das sie wegen der Zukunft um Rat befragten.

Und das Orakel tat den Ausspruch, sie sollten, um die einsame Erde wieder zu bevölkern, mit verhülltem Antlitze die Gebeine ihrer Mutter hinter sich werfen. Sie deuteten diesen geheimnisvollen Ausspruch auf die Steine, welche sie als die harten und festen Teile ihrer Mutter Erde hinter sich warfen und gleichsam von der wunderbaren neuen Bildung ehrfurchtsvoll ihre Blicke wegwandten.

Und als sie sich umsahen, war aus den harten Kieselsteinen ein neues Geschlecht der Menschen entsprossen, deren harte Herzen keine Gefahr und keine Drohung scheuen, die kühn das Meer beschiffen, den wilden Stürmen Trotz bieten und in der blutigen Feldschlacht dem Tod ins Angesicht sehen.

Es ist merkwürdig, daß in diesen alten Dichtungen der Ursprung der Menschen immer schon ihre Anlage zum Unbiegsamen, Harten und Kriegerischen in sich faßt. So mußte Kadmus in dem einsamen Böotien auf den Befehl der Götter die Zähne des von ihm erlegten Drachen in die Erde säen, um seine gefallenen Krieger zu ersetzen.

Und aus dieser Saat des Kadmus keimten geharnischte Männer auf, die ihre Schwerter gegeneinander kehrten und eher vom Streite nicht ruhten, bis nur noch fünfe von ihnen übrig waren, die dem Kadmus beistanden.

In diese Bilder hüllte die Phantasie der Alten die Entstehung der Menschen ein, die im ewigen Zwiste mit sich selber von außen oder von innen die Spitze ihrer inwohnenden Kraft gegen sich selber kehren und gleichsam mit angestammter Grausamkeit in ihr eigenes Eingeweide wüten.

Die Qualen des Prometheus dauerten daher so lange, bis ein Sterblicher durch Tapferkeit und unüberwindlichen Mut sich den Weg zur Unsterblichkeit und zum Sitze der Götter bahnte und das Menschengeschlecht mit dem Jupiter gleichsam wieder aussöhnte. – Es ist Herkules, Jupiters und Alkmenens Sohn, der endlich mit seinen Pfeilen den Geier tötet und mit Jupiters Einwilligung den Prometheus von seiner langen Qual befreiet.

Allein die goldenen Jahre der Sterblichen versetzte die Phantasie in jene Zeiten hin, wo noch kein Jupiter mit dem Donner herrschte, unter die Regierung des Saturnus, wohin man sich alles längst Vergangene, die graue Vorzeit dachte, die zwar gleich dem Saturnus, der seine Kinder verschlang, die vorüberrollenden Jahre in Vergessenheit begrub, aber auch keine Spur von blutigen Kriegen, zerstörten Städten und unterjochten Völkern zurückließ, welches den Hauptstoff der Geschichte ausmacht, seitdem die Menschen anfingen, ihre Begebenheiten aufzuzeichnen.

Wie die Götter, lebten die Menschen damals, als noch Freiheit und Gleichheit herrschte, in Sicherheit, ohne Mühe und Sorgen und von den Beschwerlichkeiten des Alters unbedrückt. Die Erde trug ihnen Früchte, ohne mühsam bebaut zu werden; unwissend, was Krankheit war, starben sie, wie von sanftem Schlummer übermannt; und wenn der Schoß der Erde ihren Staub aufnahm, so wurden die Seelen der Abgeschiedenen, in leichte Luft gehüllt, die Schutzgeister der Überlebenden.

So schildern die Dichter jene goldnen Zeiten, worauf die Phantasie, von den geräuschvollen Szenen der geschäftigen Welt ermüdet, so gern verweilt. – Nachher aber wurden die Sterblichen die Mühebeladensten unter allen Geschöpfen, und die Dichter schildern die Arbeit und Beschwerden des kummervollen Lebens der Menschen immer im Gegensatz gegen den sorgenfreien Zustand der seligen Götter.

Um die Flüchtigkeit und Vergänglichkeit des Lebens zu bezeichnen, wurde zum dankbaren Andenken des Prometheus in Athen ein schönes Fest gefeiert; ihm war nämlich in einiger Entfernung von der Stadt ein Altar errichtet, von welchem man bis zur Stadt einen Wettlauf mit Fackeln hielt. Wer mit brennender Fackel das Ziel erreichte, trug den Preis davon. Der erste, dessen Fackel unterwegens auslöschte, trat seine Stelle dem zweiten, dieser die seinige dem dritten ab und so fort; wenn alle Fackeln verlöschten, so trug keiner den Sieg davon.

Die Alten liebten in ihren Dichtungen vorzüglich den tragischen Stoff, wozu das Verhältnis der Menschen gegen die Götter, so wie sie es sich dachten, nicht wenig beitrug. Auf die armen Sterblichen wird wenig Rücksicht genommen; sie sind den Göttern oft ein Spiel: ihnen bleibt nichts übrig, als sich der eisernen Notwendigkeit und dem unwandelbaren Schicksal zu fügen, dessen Oberherrschaft sich über Götter und Menschen erstreckt.

DIE NACHT UND DAS FATUM, DAS ÜBER GÖTTER UND MENSCHEN HERRSCHT

Als Jupiter einst auf den Gott des Schlafs erzürnt war, so hüllte diesen die Nacht in ihren Mantel, und Jupiter hielt seinen Zorn zurück, denn er fürchtete sich, die schnelle Nacht zu betrüben.

Es gibt also etwas, wovor die Götter selber Scheu tragen. Es ist das nächtliche geheimnisvolle Dunkel, worin sich noch etwas über Götter und Menschen Obwaltendes verhüllt, das die Begriffe der Sterblichen übersteigt.

Die Nacht verbirgt, verhüllt; darum ist sie die Mutter alles Schönen, so wie alles Furchtbaren.

Aus ihrem Schoße wird des Tages Glanz geboren, worin alle Bildungen sich entfalten.

Und sie ist auch die Mutter:

des in Dunkel gehüllten Schicksals;
der unerbittlichen Parzen Lachesis, Klotho und Atropos;
der rächenden Nemesis, die verborgene Vergehungen straft;
der Brüder Schlaf und Tod, wovon der eine die Menschen sanft und milde besucht, der andere aber ein eisernes Herz im Busen trägt. –
Sie ist ferner die Mutter der ganzen Schar der Träume;
der fabelhaften Hesperiden, welche an den entferntesten Ufern des Ozeans die goldne Frucht bewahren;
des Betruges, der sich in Dunkel hüllt;
der hämischen Tadelsucht;
des nagenden Kummers;
der Mühe, welche das Ende wünscht;
des Hungers;
des verderblichen Krieges;
der Zweideutigkeiten im Reden und
des Meineides.

Alle diese Geburten der Nacht sind dasjenige, was sich entweder dem Blicke der Sterblichen entzieht oder was die Phantasie selbst gern in nächtliches Dunkel hüllt.

Eine hier beigefügte Abbildung der Nacht, wie sie den Tod und den Schlaf in ihren Mantel hüllt und aus einer Felsengrotte zu ihren Füßen die phantastischen Gestalten der Träume hervorblicken, ist von dem neuern Künstler, der die Umrisse zu diesem Werke gezeichnet, nach einer Beschreibung des Pausanias entworfen.

Pausanias erzählt nämlich, daß er auf dem Kasten des Cypselus auf der einen Seite desselben die Nacht in weiblicher Gestalt abgebildet gesehen, wie sie zwei Knaben mit verschränkten oder übereinandergeschlagenen Füßen in ihren beiden Armen hielt, wovon der eine weiß, der andere schwarz war, der eine schlief, der andere zu schlafen schien.

In der hier beigefügten Abbildung ist der Tod durch eine umgekehrte Fackel und der Schlaf durch einen Mohnstengel be-

C. inv

zeichnet. Die Nacht selbst ist, als die fruchtbare Gebärerin aller Dinge, in jugendlicher Kraft und Schönheit dargestellt.

So ist sie auch auf einer antiken Gemme, deren Umriß ebenfalls hier beigefügt ist, abgebildet, wie sie unter dem umschattenden Wipfel eines Baumes dem Morpheus und seinen Brüdern Mohn austeilet. Der bildende Traumgott Morpheus, ein Sohn des Schlafs, steht in schöner jugendlicher Gestalt vor ihr und empfängt den Mohn aus ihren Händen, indes die Brüder des Morpheus, ebenfalls Götter der Träume und Kinder des Schlafes, hinter ihr gebückt gehen, um die übrigen von ihr ausgestreuten Mohnstengel aufzulesen.

Man sieht, wie die Alten das Dunkle und Furchtbare in reizende Bilder einkleideten und wie sie demohngeachtet für das höchste Tragische empfänglich waren, indem sie sich unter dem von der Nacht gebornen unvermeidlichen Schicksal oder dem Fatum das höhere Obwaltende dachten, dessen altes Reich und dessen dunkle Pläne weit außer dem menschlichen Gesichtskreise liegen;

dessen Spuren man in dem vielfältigen Jammer las, der die Menschheit drückt; indem man das Unbekannte ahndete, unter dessen Macht die untergeordneten Kräfte sich beugen müssen, und ein wunderbares Gefallen selbst an der Darstellung schrecklicher Ereignisse und verwüstender Zerstörung fand, indem die Einbildungskraft mit Vergnügen sich in das Gebiet der Nacht und der öden Schattenwelt verirrte.

Demohngeachtet stellt sich uns in den schönen Dichtungen der Alten kein einziges ganz hassens- und verabscheuungswürdiges Wesen dar. – Die unerbittlichen Parzen, welche die Nacht geboren hat, und selbst die rächerischen Furien sind immer noch ein Gegenstand der Verehrung der Sterblichen.

Selbst die Sorgen und der drückende Kummer gehören in der Vorstellungsart der Alten mit zu dem Gebiete des dunkeln Obwaltenden, das die stolzen Wünsche der Sterblichen hemmt und dem Endlichen seine Grenzen vorschreibt.

Alle diese furchtbaren Dinge treten mit in der Reihe der Göttergestalten auf und werden nicht als ausgeschlossen gedacht, weil sie sich in dem notwendigen Zusammenhange der Dinge mit befinden.

Dieser notwendige Zusammenhang der Dinge oder die Notwendigkeit selber, welche die Griechen Eimarmene nannten, war eben jene in furchtbares Dunkel gehüllte Gottheit, welche mit unsichtbarem Zepter alle übrigen beherrschte und deren Dienerinnen die unerbittlichen Parzen waren.

Klotho hält den Rocken, Lachesis spinnt den Lebensfaden, und Atropos mit der furchtbaren Schere schneidet ihn ab.

Die Parzen bezeichnen die furchtbare, schreckliche Macht, der selbst die Götter unterworfen sind, und sind doch weiblich und schön gebildet, spinnend und in den Gesang der Sirenen stimmend.

Alles ist leicht und zart bei der unbegrenzten höchsten Macht. Nichts Beschwerliches, Unbehülfliches findet hier mehr statt; aller Widerstand des Mächtigern erreicht auf diesem Gipfel seine Endschaft.

Es bedarf nur der leichtesten Berührung mit den Fingerspitzen, um den Umwälzungen der Dinge ihre Bahnen, dem Mächtigen seine Schranken vorzuschreiben. Es ist die leichteste Arbeit von weiblichen Händen, wodurch der geheimnisvolle Umlauf der Dinge gelenkt wird.

Das schöne Bild von dem zart gesponnenen, mit der leichtesten Mühe zerschnittenen Lebensfaden ist durch kein andres zu ersetzen. – Der Faden reißt nicht, sondern wird absichtlich von der Hand der Parze mit dem trennenden Eisen durchschnitten. – Die Ursache des Aufhörens liegt in der Willkür der höhern Mächte, bei denen das schon fest beschlossen ist, was Götter und Menschen noch zu bewirken oder zu verhindern sich bemühen.

Vergeblich wünscht Jupiter, dem Fatum zuwider seinem Sohne Sarpedon im Treffen vor Troja das Leben zu erhalten.

»Weh mir!« ruft er aus, »daß mein Sarpedon jetzt nach dem Schluß des Schicksals durch die Hand des Patroklus fallen muß!« Und ob er nun gleich dem Fatum zuwider ihn gerne retten möchte, so muß es sich doch so fügen, daß er auf den Rat der Juno ihn erst durch die Hand des Patroklus fallen läßt und ihn dann dem Tode und dem süßen Schlummer übergibt, die ihn in seine Heimat bringen, wo seine Freunde und Brüder ihn beweinen.

Dem Ulysses ist vom Schicksal bestimmt, nach der Zerstörung von Troja zehn Jahre umherzuirren und ohne seine Gefährten, nach vielem Kummer in seine Heimat wieder zurückzukehren. – Und gerade da, wo alles am angenehmsten und einladendsten scheinet, lauert immer die meiste Gefahr, wie in dem ruhigen Hafen der Lästrygonen, bei dem Gesange der Sirenen und beim Zaubertrank der Circe. –

Ulysses mag das Ziel seiner Wünsche noch so nahe vor sich sehen, so wird er doch immer wieder weit davon verschlagen; seine Tränen und seine heißesten Wünsche sind vergebens, – bis endlich, da es das Schicksal will, die Phäacier auf ihrem Schiffe ihn schlafend in seine Heimat bringen.

An die Vorstellung von den Parzen schloß sich in der Phantasie der Alten das Bild von den rächerischen Furien an, und diese beiden Dichtungen gehen zuweilen unmerklich ineinander über.

Auch die quälenden Furien sind furchtbare, schreckliche und dennoch verehrte geheimnisvolle Wesen, aus den Blutstropfen, welche bei der ersten Gewalttätigkeit, bei der Entmannung des Uranos, die Erde auffing, erzeugt, mit Schlangenhaaren und Dolchen in den Händen, unerbittliche Göttinnen, den Frevel und das Unrecht zu strafen.

In ähnlicher Gestalt wie die erste Figur, nach einem antiken geschnittenen Steine aus der Stoschischen Sammlung, auf der hier beigefügten Kupfertafel, mit dem Dolch und fliegendem Haar, scheint man sich zuweilen dasjenige gedacht zu haben, was man das feindselige Schicksal oder das schwarze Verhängnis nannte und womit man den erhabenen Begriff der Notwendigkeit noch nicht verknüpfte, in welchem sich alles in Harmonie auflöst und das Schreckenvolle verschwindet.

Lachesis, diejenige von den Parzen, welche den Faden spinnt und irgendwo die schöne Tochter der Notwendigkeit genannt wird, ist hier, ebenfalls nach einem geschnittenen Steine aus der Stoschischen Sammlung, in jugendlicher Schönheit abgebildet, sitzend und spinnend, einen Rocken vor, den andern hinter sich und zu ihren Füßen eine komische und eine tragische Maske.

Da man selten Abbildungen von den Parzen findet, so hat dies Denkmal aus dem Altertum einen desto größern Wert; und das Bedeutende in dieser Darstellung macht dasselbe doppelt anziehend. Die tragische und komische Maske zu den Füßen der Parze ist eine der glücklichsten Anspielungen auf das Leben, wenn man einen Blick auf dasselbe mit allen seinen ernsten und komischen Szenen wirft, wozu der zarte jungfräuliche Finger der hohen Schicksalsgöttin den Faden drehet, indem die einen ihr nicht wichtiger als die andern sind.

Auf eine ähnliche Weise, in ruhiger Stellung, sich auf eine Säule stützend, in der Linken den Rocken sorglos haltend und gleichsam mit dem Schicksalsfaden spielend, ist die Parze noch einmal auf einem andern geschnittenen Steine in der Stoschischen Sammlung abgebildet, wovon der Umriß ebenfalls hier beigefügt ist.

Diese ruhige Stellung der hohen Schicksalsgöttin, womit sie auf die weitaussehenden Pläne gleichsam lächelnd herabsieht, ist eine vorzüglich schöne Idee des alten Künstlers, von dem sich diese Bildung herschreibt. – Während daß Götter ihre ganze Macht und Sterbliche alle ihre Kräfte aufbieten, um ihre Endzwecke und Absichten durchzusetzen, hält die hohe Göttin spielend den Faden in der Hand, an welchem sie die Umwälzungen der Dinge und die stolzesten Entwürfe der Könige lenkt. –

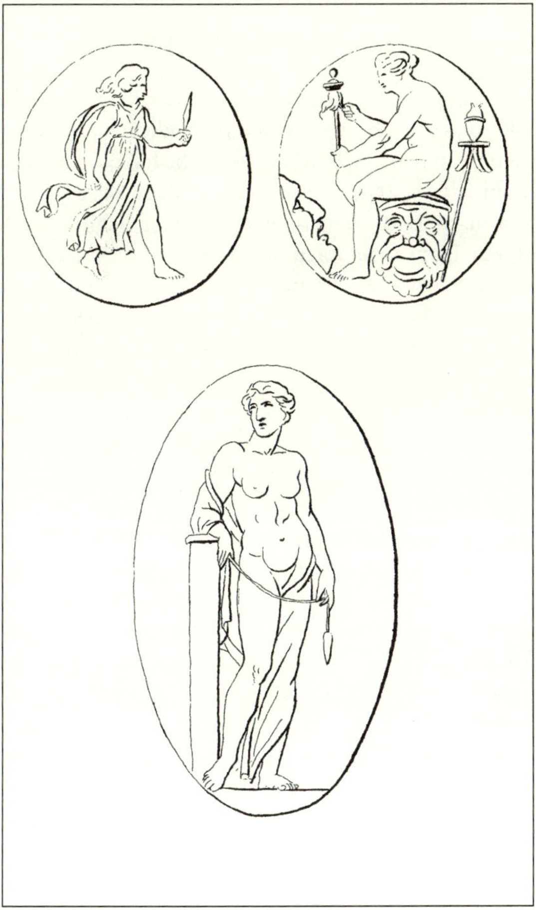

DIE ALTEN GÖTTER

Die Scheidung zwischen den alten und neuen Göttern gibt den mythologischen Dichtungen einen vorzüglichen Reiz. Die alten Gottheiten sind, wie wir schon bemerkt haben, gleichsam in Nebel zurückgetreten, woraus sie nur noch schwach hervorschimmern, indes die neuen Götter in dem Gebiete der Phantasie ihren Platz behaupten und durch die bildende Kunst bestimmte Formen erhalten, in welche sich die verkörperte Macht und Hoheit kleidet und ein Gegenstand der Verehrung der Sterblichen in Tempeln und heiligen Hainen wird.

Durch die alten Gottheiten aber sind die neuen gleichsam vorgebildet. – Das Erhabene und Göttliche, was immer schon da war, läßt die Phantasie in erneuerter und jugendlicher Gestalt von unsterblichen oder von sterblichen Müttern wiedergeboren werden und gibt ihm Geschlechtsfolge, Namen und Geburtsort, um es näher mit den Begriffen der Sterblichen zu vereinen und mit ihren Schicksalen zu verweben.

Weil demohngeachtet aber die Phantasie sich an keine bestimmte Folge ihrer Erscheinungen bindet, so ist oft eine und dieselbe Gottheit unter verschiedenen Gestalten mehrmal da. Denn die Begriffe vom Göttlichen und Erhabenen waren immer, allein sie hüllten sich von Zeit zu Zeit in menschliche Geschichten ein, die sich ihrer Ähnlichkeit wegen ineinander verloren und labyrinthisch verflochten haben, so daß in dem Zauberspiegel der dunkeln Vorzeit fast alle Göttergestalten, gleichsam im vergrößernden Widerscheine, sich noch einmal darstellen, welches die Dichter wohl genutzt haben, deren Einbildungskraft durch den Reiz des Fabelhaften in dieser dunkeln Verwebung mehrerer Geschichten einen desto freiern Spielraum fand.

Amor

Ist der älteste unter den Göttern. Er war vor allen Erzeugungen da und regte zuerst das unfruchtbare Chaos an, daß es die Finsternis gebar, woraus der Äther und der Tag hervorging.

Der komische Dichter Aristophanes führt diese alte Dichtung scherzend an, indem er die Vögel redend einführt, wie sie alle den geheimnisvollen ursprünglichen Wesen Flügel beilegen, um sie dadurch sich ähnlich zu bilden und ihren eigenen erhabenen Ursprung in ihnen wiederzufinden.

Sie lassen daher den Amor selbst, ehe er das Chaos befruchtet, aus einem Ei hervorgehen. Die schwarzgeflügelte Nacht, heißt es, brachte das erste Ei in dem weiten Schoße des Erebus hervor, aus dem nach einiger Zeit der reizende Amor, mit goldenen Flügeln versehen, hervorkam und, indem er sich mit dem geflügelten Chaos vermählte, zuerst das Geschlecht der Vögel erzeugte.

Man siehet also, daß diese Dichtungen von den komischen Dichtern ebensowohl scherzhaft als von den tragischen Dichtern tragisch genommen wurden, weil man sie einmal als eine Sprache der Phantasie betrachtete, worin sich Gedanken jeder Art hüllen ließen und selbst die gewöhnlichsten Dinge einen neuen Glanz und eine blühende Farbe erhielten.

Die Dichtung von Amor bleibt auch selber noch in der scherzhaften Einkleidung des komischen Dichters schön. – Dieser älteste Amor ist vorzüglich der erhabene Begriff von der alles erregenden und befruchtenden Liebe selber. – Unter den neuen Göttern wird Amor von der Venus geboren, und Mars ist sein Erzeuger. Es ist der geflügelte Knabe mit Pfeil und Bogen. Die Wirkung von seinem Geschoß sind die schmerzenden Wunden der Liebe – und seine Macht ist Göttern und Menschen furchtbar.

Die himmlische Venus

Sie ist das erste Schöne, was sich aus Streit und Empörung der ursprünglichen Wesen gegeneinander entwickelt und gebildet hat. – Saturnus entmannet den Uranos. Die dem Uranos entnommene Zeugungskraft befruchtet das Meer, und aus dem Schaume der Meereswellen steigt Aphrodite, die Göttin der Liebe, empor. In ihr bildet sich die himmlische Zeugungskraft zu dem vollkommenen Schönen, das alle Wesen beherrscht und welchem von Göttern und Menschen gehuldigt wird.

Unter den neuen Göttern ist Venus eine Tochter des Jupiter, die er mit der Dione, einer Tochter des Äther, erzeugte. – Sie trägt unter den Göttinnen den Preis der Schönheit davon. – Sie ist mit dem Vulkan vermählt und pflegt mit dem Mars, dem rauhen Kriegsgott, verstohlner Liebe.

Die Vorstellungen von den Göttern sind erhabener, je dunkler und unbestimmter sie sind und je weiter sie in das Altertum zurücktreten; sie werden aber immer reizender und mannigfaltiger, je näher das Göttliche mit dem Menschlichen sich verknüpft; und jene erhabenen Vorstellungen schimmern dennoch immer durch, weil die Phantasie die Zartheit und Bildsamkeit des Neuen mit der Hoheit des Alten wieder überkleidet.

Aurora

Hyperion, ein Sohn des Himmels und der Erde, erzeugte mit der Thia, einer Tochter des Himmels, die Aurora, den Helios und die Selene. Anstatt des Helios und der Selene treten unter den neuen Göttern Apoll und Diana auf. Aurora aber schimmert, selbst unter den neuen Gottheiten, in ursprünglicher Schönheit und Jugend hervor.

Sie vermählt sich mit dem Asträus aus dem Titanengeschlechte, einem Sohne des Krius, und gebiert die starken

Winde und den Morgenstern. – Man siehet, daß sie zu den alten Göttergestalten gehört, die eigentlich als erhabene Naturerscheinungen betrachtet wurden und welche die Einbildungskraft nur gleichsam mit wenigen großen Umrissen als zu Personen gebildete Wesen darstellte. – Sie erscheint in der Frühe, aus der dunkeln Luft, mit Rosenfingern den Schleier der Nacht aufhebend, und leuchtet den Sterblichen eine Weile und verschwindet wieder vor dem Glanz des Tages.

Helios

Der Lenker des Sonnenwagens ist ebenfalls eine von den Göttergestalten, die nur durch wenige große Umrisse als zu Personen gebildete Wesen dargestellt sind. Denn es ist immer die leuchtende Sonne selbst, welche in den Bildern von Helios durchschimmert.

Das Haupt des Helios ist mit Strahlen umgeben. Er leuchtet den sterblichen Menschen und den unsterblichen Göttern. Er siehet und höret alles und entdeckt das Verborgene. Ihm waren auf der Insel Sizilien die feisten Rinder heilig, die ohne Hirten weideten und an denen er sich ergötzte, sooft er am Himmel aufging und unterging.

Als die Gefährten des Ulysses einige dieser Rinder geschlachtet hatten, so drohte der Sonnengott, daß er in den Orkus hinabsteigen und unter den Toten leuchten wolle, wenn Jupiter den Frevel nicht rächte. Und Jupiter zerschmetterte bald das Schiff des Ulysses, dessen Gefährten alle ein Raub der Wellen wurden.

Zuweilen führt der Sonnengott auch von den Titanen, aus deren Geschlechte er war, den Namen Titan und von seinem Erzeuger, mit dem er in den alten Dichtungen zuweilen verwechselt wird, den Namen Hyperion, der das Hohe und Erhabene bezeichnet.

Unter den neuen Göttern heißt der Lenker des Sonnenwagens Apollo und ist ein Sohn Jupiters, der ihn und die Diana mit der Latona erzeugte, die aus dem Titanengeschlechte eine Tochter des Cöus und der Phöbe war.

Dieser Apollo ist eine bis auf die feinsten Züge ausgebildete Göttergestalt, von der Phantasie mit dem Reize ewiger Jugend und Schönheit geschmückt, der fernhin treffende Gott, den silbernen Bogen spannend, und der Vater der Dichter, die goldne Zither schlagend.

Da nun Apollo nicht zu gleicher Zeit auf Erden der Gott der Dichtkunst und der Tonkunst sein, die Götter im Olymp mit Saitenspiel und Gesang ergötzen und auch den Sonnenwagen lenken kann, so scheint es, als habe die Phantasie der Dichter den Apollo und Helios sich zu *einem* Wesen gebildet, das sich gleichsam in sich selbst verjüngt, indem es im Himmel als leuchtende Sonne von alters her auf- und untergeht und auf Erden in jugendlicher Schönheit neu geboren wandelnd, mit goldenen Locken, ein unsterblicher Jüngling, die Herzen der Götter und Menschen mit Saitenspiel und Gesang erfreuet.

Selene

Das Geschäft der Selene oder der Luna, ebenfalls eine Tochter des Hyperion, ist, mit ihrem sanften Scheine die Nacht zu erleuchten. – Unter den neuen Gottheiten heißt diejenige, welche den Wagen des Mondes lenkt, Diana und ist eine Tochter des Jupiter, die er, so wie den Apollo, mit der Latona erzeugte.

Diana ist gleich dem Apoll mit Köcher und Bogen abgebildet, denn sie ist zugleich die Göttin der Jagd. In ihr hat sich die Tochter Hyperions verjüngt, mit der sie, so wie Apollo mit dem Helios, gleichsam ein Wesen ausmacht, indem sie am Himmel von alters her als Luna allnächtlich den Wagen des Mondes lenkt und auf Erden in jugendlicher Schönheit neu geboren, von ihren Nymphen begleitet, mit Köcher und Bogen einhergeht und in den Wäldern sich mit der Jagd ergötzt.

So wie Selene und Helios von dem Titanen Hyperion, sind Apollo und Diana vom Jupiter erzeugt, der die Titanen verdrängt hat und von dem sich nun die Reihe der neuen Göttererzeugungen herschreibt, weswegen er der Vater der Götter heißt.

Hekate

Der Titane Cöus erzeugte mit der Phöbe, einer Tochter des Himmels, außer der Latona auch die Asteria. Diese vermählte sich mit dem Perses, einem Sohne des Titanen Krius, und gebar ihm die Hekate, welche, obgleich aus dem Geschlechte der Titanen entsprossen, vom Jupiter vorzüglich geehrt wurde.

Denn sie gehört zu den nächtlichen geheimnisvollen Wesen, deren Macht sich weit erstreckt. Sie ist zugleich eine Art von Schicksalsgöttin, in deren Händen das Los der Menschen steht; sie teilt nach Gefallen Sieg und Ruhm aus; sie herrscht über Erde, Meer und Lüfte; den neugebornen Kindern gibt sie Wachstum und Gedeihen, und alle verborgenen Zauberkräfte stehen ihr zu Gebote.

Auch diese alte, geheimnisvolle Gottheit läßt die Phantasie in der Gestalt der nächtlich leuchtenden Diana sich verjüngen und mit dieser gleichsam neu wieder geboren werden. – Die neue Gottheit, worauf Gedanken und Einbildung einmal haftet, zieht das Ähnliche und Verwandte in sich hinüber und überformt es in sich.

Oceanus

Ein Sohn des Himmels und der Erde, vermählte sich mit der Tethys, einer Tochter des Himmels, und erzeugte die Flüsse und Quellen. Er nahm an dem Götterkriege keinen Anteil; demohngeachtet aber ist er unter die alten Gottheiten zurückgewichen, die durch die Verehrung der neuen Götter gleichsam in Schatten gestellt sind.

Denn als Jupiter die Titanen besiegt hatte, so teilte er sich mit seinen Brüdern, dem Neptun und Pluto, in die Oberherrschaft, so daß Jupiter den Himmel, Neptun das Meer und Pluto die Unterwelt beherrschte.

Neptun ist also der König über die Gewässer, und des Oceanus wird selten mehr gedacht, obgleich die äußersten Grenzen der Erde, da, wo nach der alten Vorstellungsart die Sonne ins Meer sank, das eigentliche Gebiet des alten Oceanus sind, das aber gleichsam zu entfernt liegt, als daß die Phantasie darauf hätte haften können.

Neptun hingegen bezeichnet die Meeresfluten, insofern sie mit Schiffen befahren werden und er entweder Stürme erregt oder mit seinem mächtigen Dreizacke die Meereswogen bändigt. Darum wurden ihm allenthalben Tempel gebaut, Altäre geweiht und Opfer dargebracht.

Als Juno einst bei dem Kriege vor Troja, um den Jupiter zu überlisten, sich den liebeeinflößenden Gürtel der Venus erbat, so tat sie es unter dem Vorwande, sie wolle sich dieses Gürtels bedienen, um an den Grenzen der Erde, bei dem Oceanus und der Tethys, von denen sie zu der Zeit des Saturnus liebevoll gepflegt und erzogen sei, einen alten Zwist, wodurch dies Götterpaar schon lange entzweiet wäre, beizulegen. –

Diese beiden alten Gottheiten werden also wie ganz entfernt von der Regierung und den Geschäften der neuen Götter dargestellt und ihrer nur gedacht, indem ihre alten Zwiste der Juno zum Vorwande dienen, den Gürtel der Venus zu erhalten, womit sie den Jupiter überlisten will.

Die Oceaniden

Die Söhne und Töchter des Oceanus sind die Flüsse und Quellen. Die Töchter des Oceans werden von dem ersten tragischen Dichter der Griechen aufgeführt, wie sie den Prometheus, der an den Felsen geschmiedet ist, beklagen und über die Tyrannei des neuen Herrschers der Götter mit ihm seufzen.

Metis

Eine Tochter des Oceans, vermählte sich mit dem Jupiter; allein sie ward ihm furchtbar, weil sie einen Sohn gebären sollte, der über alle Götter herrschen würde. – Jupiter zog sie in sich hinüber und gebar selbst von ihr die Minerva aus seinem Haupte.

Eurynome

Eine Tochter des Oceans, vermählte sich ebenfalls mit dem Jupiter und gebar ihm die Grazien Aglaja, Thalia und Euphrosyne, deren Augen Liebe einflößen und die freundlich unter den Augenbraunen hervorblicken.

Styx

Die geehrteste unter den Töchtern des Oceans, die mit dem Pallas aus dem Titanengeschlechte, einem Sohne des Krius, sich vermählte und ihm die mächtigen Söhne Kampf und Sieg, Gewalt und Stärke gebar.

Auf den Rat ihres Erzeugers ging die Styx mit ihren Söhnen in dem Götterkriege zu dem Jupiter über, und seit der Zeit haben ihre Söhne beständig beim Jupiter ihren Sitz.

Gewalt und Stärke mußten auf den Befehl des Jupiters den Prometheus zu dem Felsen führen, woran er geschmiedet wurde. Jupiter siegte mit List über die Titanen, indem er die stärksten von ihnen zu seiner Partei zu ziehen wußte.

Die drei Söhne des Titanen Krius, Pallas mit der Styx, Perses mit der Asteria, der Mutter der Hekate, und Asträus mit der Aurora vermählt, treten in Dunkel zurück, und die folgenden Dichtungen scheinen vorauszusetzen, daß sie in dem Götterkriege gegen den Jupiter gestritten und mit ihrem Erzeuger und den übrigen Titanen in den Tartarus geschleudert sind.

Bei diesen Titanen im Tartarus und bei der furchtbaren Styx, dem unterirdischen Quell, dessen Wasser im nächtlichen Dunkel von hoch sich wölbenden Felsen träufelt und den Fluß bildet, über welchen keine Rückkehr stattfindet, schwören die Götter den schrecklichen unverletzlichen Schwur, von dessen Banden keine Macht im Himmel und auf Erden befreien kann.

Die *hohen* Götter können nur bei dem *Tiefen* schwören, wo Nacht und Finsternis herrscht, wo aber auch zugleich die Grundfeste der Dinge ist, auf der die Erhaltung des Daseins aller Wesen beruht.

Denn da, wo sich die schwarze Styx ergießt, ist der finstre Tartarus mit eherner Mauer umschlossen und von dreifacher Nacht umgeben. Hier ist es, wo die Titanen im dunkeln Kerker sitzen. Hier sind aber auch zugleich nach der alten Dichtung die Grundsäulen der Erde, des Meeres und des gestirnten Himmels.

Hier an den entfernten Ufern des Ozeans ist auch die unaufhörlich mit schwarzen Wolken bedeckte Wohnung der Nacht; und Atlas, der Sohn des Japet, steht davor, mit unermüdetem Haupt und Händen die Last des Himmels tragend, da, wo Tag und Nacht einander sich stets begegnen und niemals beisammen wohnen.

Hier war es auch, wo Kottus, Gyges und Briareus in den Tiefen des Ozeans ihre Behausung hatten und den Eingang zu dem Kerker der Titanen bewachten.

Mnemosyne

Auch diese schöne Bildung der Phantasie gehört zu den alten Gottheiten, denn sie ist eine Tochter des Himmels und der Erde. Ihr schöner Name bezeichnet das Denkende, sich Zurückerinnernde, welches in ihr aus der Vermählung des Himmels mit der Erde entstand. – Sie blieb jungfräulich unter den

Titanen, bis Jupiter sich mit ihr vermählte und die Musen mit ihr erzeugte, die den Schatz des Wissens unter sich teilten, den ihre erhabene Mutter vereint besaß.

Themis

Auch diese war eine Tochter des Himmels und der Erde, welche Prometheus bei dem tragischen Dichter, der ihn leidend darstellt, seine Mutter nennt, die ihm, wie auch die Erde, als *eine* Gestalt unter vielen Namen die Zukunft weissagte.

Wir haben schon bemerkt, daß die alten Götter noch durch Rat und Weissagung Einfluß hatten. Die Erde selber war das älteste Orakel, und an diese schloß sich am nächsten die Themis an, welche nach der Überschwemmung der Erde dem Deukalion und der Pyrrha auf dem Parnaß den schon angeführten Orakelspruch erteilte, sie sollten, um das Menschengeschlecht wieder herzustellen, die Gebeine ihrer Mutter mit verhülltem Antlitz hinter sich werfen.

Die Themis lehrte den Prometheus in die Zukunft blicken, und da die Titanen in dem Götterkriege seinem Rat nicht folgten, so ging er mit ihr zum Jupiter über, dem er durch klugen Rat die Titanen besiegen half, wofür dieser ihn nachher mit Schmach und Pein belohnte.

Mit der Themis aber vermählte sich Jupiter und erzeugte mit ihr die Eunomia, Dice und Irene, welche auch Horen genannt wurden, Göttinnen der Eintracht befördernden Gerechtigkeit und Gefährtinnen der Grazien, welche, ebenfalls Töchter des Jupiter, Hand in Hand geschlungen, ein schönes Sinnbild wohlwollender Freundschaft sind.

Themis selber behauptet auch unter den neuen Gottheiten als die Göttin der Gerechtigkeit ihren Platz. So wie sie dem Prometheus die Zukunft enthüllte, nahm sie sich auch der Menschen an, die sein Werk waren und durch die Befolgung ihres Orakelspruchs nach der Deukalionischen Überschwemmung aufs neue aus harten Steinen wieder gebildet wurden. – Auch erwähnen die alten Dichtungen der Asträa, einer Tochter der Themis, die von den Schutzgöttinnen der Sterblichen am längsten bei ihnen verweilte, bis sie zuletzt gen Himmel entfloh, da der Frevel der Menschen überhandnahm und weder Gerechtigkeit noch Scheu mehr galt.

Weil die Themis dem Jupiter die Zukunft oder den Schluß des Schicksals enthüllte, so läßt eine besondere Dichtung auch die Parzen Lachesis, Klotho und Atropos, die Töchter der alten Nacht, vom Jupiter wieder erzeugt und von der Themis geboren werden. Die Parzen sind also in diesen Dichtungen eine doppelte Erscheinung, einmal als Töchter der alten Nacht und als Dienerinnen des Schicksals, über den Jupiter weit erhaben, und dann als Töchter des Jupiter, die nach dem Willen des Schicksals seine Ratschlüsse vollziehen.

Die doppelten Erscheinungen der Göttergestalten sind in diesem traumähnlichen Gewebe der Phantasie nicht selten; was vor dem Jupiter da war, wird, da der Lauf der Zeiten mit ihm aufs neue beginnt, noch einmal wieder von ihm erzeugt, um seine Macht zu verherrlichen und ihn zum Vater der Götter zu erheben. – Die Dichter haben von jeher das Schwankende in diesen Dichtungen zu ihrem Vorteil benutzt und sich ihrer als einer höhern Sprache bedient, um das Erhabene anzudeuten, was oft vor den trunkenen Sinnen schwebt und der Gedanke nicht fassen kann.

Pontus

Die Erde erzeugte aus sich selber den Uranos oder den Himmel, der sie umwölbet, die hohen Berge mit ihren waldichten Gipfeln und den Pontus oder das unfruchtbare Meer; hierauf gebar sie erst, indem sie sich mit dem Himmel vermählte, den entfernten grundlosen Ozean.

Den Pontus oder das Mittelländische bekannte befahrne

Meer trägt die Erde, so wie die Berge, gleichsam in ihrem Schoße, das heißt in dieser Dichtung, sie hat diese großen Erscheinungen aus sich selbst erzeugt, und aus den aufsteigenden Nebeldünsten hat sie den umwölbenden Luftkreis um sich her gewebt.

Da aber, wo der Himmel sich gleichsam mit ihr vermählt, indem seine Wölbung auf ihr zu ruhen scheint, am äußersten westlichen Horizonte, wo die Sonne ins Meer sinkt, breitet sich erst in weiten Kreisen der unbekannte, unbegrenzte Ozean um sie her, der nach der alten Dichtung aus der Berührung oder Begattung des Himmels und der Erde geboren ward.

Der Pontus oder das Meer, das die Erde in ihrem Schoße trägt, vermählte sich mit seiner Mutter Erde und erzeugte mit ihr den sanften Nereus, den Thaumas, die Eurybia, die ein eisernes Herz im Busen trägt, den Phorkys und die schöne Ceto.

Nereus

In dem Nereus gab die Dichtung der sanften, ruhigen Meeresfläche Persönlichkeit und Bildung. Er ist wahrhaft und milde und vergißt des Rechts und der Billigkeit nie, liebt Mäßigung und haßt Gewalt. Mit ruhigem Blick schaut er in die Zukunft hin und sagt die kommenden Schicksale vorher.

Ein Dichter aus dem Altertum führt ihn redend ein, wie er bei Wind und Meeresstille dem Paris, welcher die Helena aus Griechenland entführt, das Schicksal von Troja vorherverkündigt.

Er vermählte sich mit der Doris, der schönen Tochter des Ocean; und dieses Götterpaar, sich zärtlich umarmend und auf den Wellen des Meeres sanft emporgetragen, ist eines der schönsten Bilder der Phantasie aus jenen Zeiten, wo man den großen, unübersehbaren Massen so gern Form und Bildung gab. – Nereus, der Gott der ruhigen Meeresfläche, erzeugte mit der Doris, der Tochter des Ocean:

Die Nereiden

Ihrer ist ebenso wie der Töchter des Ocean eine große Zahl. – Das wüste Meer wurde durch diese Bildungen der Phantasie ein Aufenthalt hoher Wesen, die da, wo Sterbliche ihr Grab finden würden, ihre glänzende Wohnungen hatten und von Zeit zu Zeit sich auf der stillen Meeresfläche zeigten, welches zu reizenden Dichtungen Anlaß gab.

So stieg einst Galatea, eine Tochter des Nereus, aus den Wellen empor, welche der Riese Polyphem erblickte, der sich plötzlich vom Pfeil der Liebe verwundet fühlte und, sooft sie nachher sich zeigte, ihr sein Leid vergeblich klagte.

Thetis, eine Tochter des Nereus, welche mit der Tethys, einer Tochter des Himmels und Vermählten des Oceans, nicht zu verwechseln ist, wurde ebenso wie die Metis dem Jupiter, der sich mit ihr vermählen wollte, furchtbar, als ihn die Prophezeiung schreckte: sie würde einen Sohn gebären, der würde mächtiger als sein Vater sein.

Durch die Veranstaltung der Götter wurde sie daher mit dem Könige Peleus vermählt, der den Achill mit ihr erzeugte, welcher mächtiger als sein Vater wurde; denn die Thetis tauchte ihn in den Styx, wodurch er, ausgenommen an der Ferse, woran sie ihn hielt, unverwundbar war, aber auch gerade an dieser einzigen verwundbaren Stelle in dem Kriege vor Troja die tödliche Wunde empfing.

Noch sagt die Dichtung, daß die Thetis einst, da die neuen Götter den Jupiter binden wollten und der wahrsagende Nereus ihr dies entdeckte, den hundertärmigen Briareus aus der Tiefe des Meeres hervorrief, der sich neben den Donnerer setzte, worauf es keiner der Götter wagte, die Hand an den Jupiter zu legen.

Mit der Amphitrite, einer Tochter des Nereus, vermählte sich Neptun; sie tritt also unter den neuen Gottheiten majestätisch auf und wird abgebildet, wie sie gleich dem Gott, dem sie vermählt ist, den mächtigen Dreizack in der Hand hält und die wilden Fluten bändigt.

Von funfzig Töchtern des Nereus sind die Namen aufgezeichnet, allein nur wenige unter ihnen sind in die fernere Geschichte der Götter verflochten; die übrigen machen das Gefolge glänzend, wenn Thetis oder Amphitrite aus dem Meer emporsteigt.

Thaumas

Das Staunen und die Verwunderung über die großen Erscheinungen der Natur ist aus dem Meer erzeugt und wird, obgleich nur mit wenigen Umrissen, in dem Thaumas, einem Sohne des Pontus, als persönlich dargestellt.

Thaumas vermählt sich mit der Elektra, einer Tochter des Ocean, und erzeugt mit ihr die bewundernswürdigste Erscheinung, den vielfarbichten Regenbogen, der wegen der Schnelligkeit, womit seine Füße die Erde berühren, indes sein Haupt noch in die Wolken ragt, unter dem Namen Iris als die Botin der Götter dargestellt wird, die in der neuen Göttergeschichte zum öftern handelnd wieder auftritt.

Thaumas mit der Elektra erzeugte auch die schnellen geflügelten Harpyien Aello und Ocypete, den Sterblichen ein Schrecken, die gleich den reißenden Wirbelwinden dem Meer entsteigen und unaufhaltsam ihren Raub mit sich hinwegführen.

Eurybia

Eine Tochter des Pontus, die ein eisernes Herz im Busen trägt und mit dem Titanen Krius sich vermählt, dem sie die starken Söhne Asträus, Pallas und Perses gebiert; sie ist eine dunkle Erscheinung, die in Nacht zurücktritt.

Phorkys und die schöne Ceto
oder die Erzeugung der Ungeheuer

Phorkys, ein Sohn des Pontus, erzeugte mit der schönen Ceto, einer Tochter des Pontus:

Die Gräen: Dino, Pephredo und Enyo, die ewigen alten drei schwanenweißen Jungfrauen, die von ihrer Geburt an grau waren, nur einen Zahn und ein Auge hatten und an den äußersten Grenzen der Erde wohnten, wo die Behausung der Nacht ist und wo sie nie von der Sonne noch von dem Lichte des Mondes beschienen wurden.

Die Gorgonen, Schwester der Gräen, mit furchtbarem Antlitz und Schlangenhaaren, Euryale, Stheno und Medusa.

Den Drachen, der an den äußersten Grenzen der Erde die goldenen Äpfel der Hesperiden bewacht.

Aus dem Blute der Medusa, da sie vom Perseus enthauptet wurde, sprang Chrysaor mit goldnem Schwerte und der geflügelte Pegasus hervor.

Chrysaor vermählte sich mit der Kallirrhoe, einer Tochter des Oceans, und erzeugte mit ihr den dreiköpfichten Geryon und die Echidna, halb Nymphe mit schwarzen Augen und blühenden Wangen und halb ein ungeheurer Drache; mit dieser erzeugte Typhaon, ein heulender Sturmwind:

den dreiköpfichten Hund Cerberus,
den zweiköpfichten Hund Orthrus,
die Lernäische Schlange,
die feuerspeiende Chimäre, mit dem Antlitz des Löwen, dem Leib der Ziege und dem Schweif des Drachen, – und zuletzt gebar die Echidna, nachdem sie sich mit dem Orthrus begattet hatte,
den Nemeischen Löwen und
die rätselhafte Sphinx mit dem jungfräulichen Antlitz und den Löwenklauen.

Dies ist die Nachkommenschaft des Phorkys und der schönen Ceto. – Die Erzeugung der Ungeheuer endigt sich mit der Geburt des Geheimnisvollen und Rätselhaften, worin die alten Aussprüche und dunkeln Sagen der Vorzeit gehüllet sind. –

Und so wie die Nacht die Mutter des Verborgenen, Unbekannten ist, wie zum Beispiel der Hesperiden, die an den entferntesten Ufern des Ozeans die goldenen Äpfel bewahren, so läßt die Phantasie die Ungeheuer, wie zum Beispiel den Drachen, der diese goldne Frucht bewacht, dem Meer entstammen.

Allein diese Ungeheuer entstehen nur, um in der Folge die Tapferkeit und den Mut zu prüfen und von götterentstammten Helden besiegt zu werden, die durch kühne Taten sich den Weg zur Unsterblichkeit bahnen.

Die Flüsse

Auch den Flüssen gab die Einbildungskraft Persönlichkeit. – Sie gehören als Söhne des Oceans zu den alten Gottheiten und sind zum Teil in die folgende Göttergeschichte als handelnde Wesen mit verflochten, wie zum Beispiel Skamander, Achelous, Peneus, Alpheus, Inachus.

Die Bildung der Flußgötter gibt zu schönen Dichtungen Anlaß: der Stammvater eines Volks zum Beispiel, dessen Ursprung nicht weiter zu erforschen ist, heißt der Sohn des Flusses, an welchem seine Nachkommen wohnen. Durch diese Dichtungen knüpfte die leblose Natur sich näher an die Menschen an, und man dachte sich gleichsam näher mit ihr verwandt.

Proteus

Ein Sohn des Oceans und der Tethys, der Hüter der Meerkälber, welcher gleich der geheimnisvollen Natur, die unter tausend abwechselnden Gestalten den forschenden Blicken der

Sterblichen entschlüpft, sich in Feuer und Wasser, Tier und Pflanze verwandeln konnte und nur denen, die unter jeder Verwandlung ihn mit starken Armen festhielten, zuletzt in seiner eigenen Gestalt erschien und ihnen das Wahre entdeckte.

Chiron

Schon Saturnus pflog einer verstohlnen Liebe mit der Philyra, einer Tochter des Flußgottes Asopus. Indem er sich mit ihr begattete, verwandelte er sich, um die eifersüchtigen Blicke der Rhea zu täuschen, in ein Pferd und erzeugte mit der Philyra den Chiron, der, halb Mensch, halb Pferd, dennoch Schätze hoher Weisheit in sich schloß und in der Folge der Erzieher von Königen und Helden ward, die ihm ihre Tugenden und ihre Bildung dankten.

Atlas

Unter den Nachkommen der Titanen ist Atlas eine von den großen Göttergestalten, die in die Folge der fabelhaften Geschichte zum öftern wieder verflochten werden: Jupiter vermählte sich mit seiner Tochter, der Maja, und erzeugte mit ihr den Merkur, welcher daher ein Enkel des Atlas heißt.

Nemesis

Sie ist wie die Parzen eine Tochter der Nacht; sie hemmet Stolz und Übermut, straft und belohnt nach gerechtem Maß und ahndet verborgnen Frevel. Sie gehört unter den alten Gottheiten zu den hohen geheimnisvollen Wesen, die von Göttern und Menschen mit Ehrfurcht betrachtet werden. Und unter den neuen Göttern behauptet sie bleibend und herrschend ihren Platz.

Prometheus

Der Weiseste unter den Titanen, dessen schöpferischer Genius die Menschen bildete, hat, wie die meisten alten Gottheiten, nur noch durch Weissagung und Rat in die Folge der Göttergeschichte Einfluß; seine große Erscheinung tritt in Nebel zurück.

JUPITER, DER VATER DER GÖTTER

In der Darstellung der alten Götter spielt die Phantasie der Dichter mit lauter großen Bildern. Es sind die großen Erscheinungen der Natur: der Himmel und die Erde, das Meer, die Morgenröte, die Macht der sich empörenden Elemente unter dem Bilde der Titanen, die strahlende Sonne und der leuchtende Mond, welche alle nur mit wenigen Zügen, als persönliche Wesen dargestellt, in Reihe und Glied mit stehen und mehr Stoff für die Dichtkunst als für die bildende Kunst darbieten.

Aus dem Nebel dieser Erscheinungen treten die neuen Göttergestalten im Sonnenglanz hervor: der mächtige Donnergott mit dem Adler zu seinen Füßen; Neptun, der Erderschütterer, mit dem mächtigen Dreizack; die majestätische Juno; der ewig junge Apoll mit dem silbernen Bogen; die blauäugichte Minerva mit Helm und Spieß; die goldne Aphrodite; die jungfräuliche Diana mit Köcher und Bogen; der eherne Kriegsgott Mars; Merkur, der schnelle Götterbote.

Auf den Jupiter selber fällt der höchste Glanz zurück; denn er ist der Erzeuger der strahlenden Gestalten, die in jugendlicher Schönheit neu hervorgehen. – Neptun und Pluto, Juno, Vesta und die befruchtende Ceres sind unter den neuen Göttern mit ihm zugleich vom Saturnus erzeugt und von der Rhea geboren; vom Jupiter selber ist die größre Zahl der neuen Götter entsprossen.

Unter den alten Gottheiten erzeugte Jupiter schon:
mit der Metis, einer Tochter des Oceans, die Minerva;
mit der Mnemosyne, einer Tochter des Himmels, die Musen;
mit der Themis, einer Tochter des Himmels,
die Göttinnen der Eintracht und Gerechtigkeit;
mit der Eurynome, einer Tochter des Oceans, die Grazien;
mit der Latona, einer Tochter des Cöus und der Phöbe,
den Apoll und die Diana;
mit der Maja, einer Tochter des Atlas, den Merkur.

Allein alle diese hohen Göttinnen und erhabnen Mütter himmlischer Wesen treten dennoch in Schatten zurück gegen die herrschende Juno, die vor allen das Recht behauptet, die Vermählte des Donnergottes zu sein, und deren Eifersucht dem Jupiter, nachdem er schon lange die Titanen besiegt und die Giganten überwunden hat, noch oft den Glanz seiner Göttermacht verleidet.

In die Götterehe des Jupiter und der Juno trug die Dichtung auch die menschlichen Verhältnisse hinüber, welche nach den Begriffen einer Gottheit des Verstandes freilich töricht und lächerlich waren, aber nicht nach dem Begriff einer Gottheit der Phantasie, deren nachahmende Bildungskraft sich ebensowohl ihre Götter nach dem Bilde der Menschen als ihre Menschen nach dem Bilde der Götter schuf, leise ahndend, daß die Menschheit beides in sich vereinigt.

In diesem Sinne ist Juno auch die Göttin der Ehe und gebar dem Jupiter die Lucina oder Ilithya, welche den Schwangern bei ihrer Entbindung beisteht. Mit ihr erzeugt Jupiter auch die Hebe oder die Göttin der Jugend, ein Sinnbild der Fortpflanzung, wodurch die Gattung immer neu geboren, in ewiger Jugend sich erhält. Diese Göttin ist dereinst dem Herkules, wenn er durch große und schöne Taten sich die Unsterblichkeit erworben, zum Lohn der Tugend und Tapferkeit bestimmt.

Juno gebar aber auch dem Jupiter den unversöhnlichen Mars, den schrecklichen Kriegsgott, auf welchen Jupiter oftmals zürnte und ihn vom Himmel zu schleudern drohte, aber seiner schonte, weil er sein eigner Sohn war.

Den Vulkan gebar die Juno ohne Begattung, dem Jupiter zum Trotz, weil dieser die Minerva aus seinem Haupte geboren hatte. – Es sind die beiden bildenden Gottheiten, in deren Hervorbringung Jupiter und Juno wetteifern. – Was nun aber die Entwickelung des Hohen und Göttlichen verhindert und erschwert, das ist bei den Erzeugungen des Jupiter

Die Eifersucht der Juno

Ebenso wie Jupiter, da er kaum geboren war, nur mit Mühe vor den Nachstellungen der verfolgenden zerstörenden Macht gerettet werden konnte und seine Wächter um seine Lagerstatt ein wildes Getöse erheben mußten, damit Saturnus die Stimme des weinenden Kindes nicht vernehmen möchte, so suchte auch die Tochter des Saturnus das neugebildete Hohe und Göttliche, wo möglich, in seinem Keime zu zerstören und seine Geburt mit furchtbarer Macht zu hindern, damit es nie das Licht des Tages erblicken möchte.

Als die sanfte Latona den Apollo und die Diana dem Jupiter gebären sollte, so ließ Juno sie durch einen Drachen verfolgen und beschwor die Erde, ihr keinen Platz zur Entbindung zu vergönnen. – Die Insel Delos war, als ein schwimmendes Eiland, das keine bleibende Stätte hatte, nicht mit unter dem Schwur begriffen; hier fand Latona erst, wo ihr Fuß ruhen konnte. Dieses Eiland war es, wo sie zwischen einem Ölbaum und Palmbaum zuerst die Diana und dann den Apollo gebar.

Da Semele, die Tochter des Kadmus in Theben, vom Jupiter den Bacchus gebären sollte, so wußte Juno, unter der Gestalt ihrer Amme, sie mit schwarzem Trug zu überreden, sie solle den Jupiter schwören lassen, er wolle ihr ebenso erscheinen, als wenn er der Juno Bett bestiege. Jupiter erschien ihr in der Gestalt des Donnergottes, und Semele ward ein Raub der Flammen; den jungen Bacchus rettete Jupiter und verbarg ihn in seiner Hüfte.

Und als nachher Alkmene vom Herkules, dem Sohne des Jupiter, entbunden werden sollte, so setzte sich Juno vor der Tür des Hauses auf einem Steine nieder, mit beiden Händen ihre Knie umschlungen, und machte auf die Weise der Mutter des Herkules die Entbindung schwer. Den Herkules selbst verfolgte sie von seiner Kindheit an, wodurch sein Heldenmut geprüft, seine Brust gestählt und ihm der Weg zur Unsterblichkeit und zum Sitz der Götter gebahnet wurde.

Von der Eifersucht der Juno ist, nach einer wohlerfundenen Dichtung, selbst ein Gestirn am Himmel ein unauslöschliches Zeichen. Sie verwandelte nämlich die vom Jupiter geliebte Nymphe Kallisto in eine Bärin, die nachher von ihm unter die Sterne versetzt ward. Da bat die Juno den Ocean, er möchte diese neue glänzende Gestalt am Himmel nicht in seinen Schoß aufnehmen – und dies Gestirn geht niemals unter.

Die Eifersucht der Juno haucht diesen Dichtungen Leben ein, so wie die Winde das stille Meer aufregen. Auch ist diese Eifersucht an sich selbst erhaben, weil sie nicht ohnmächtig, sondern mit Götterkraft und Hoheit verknüpft den Gott des Donners selber auf dem höchsten Gipfel seiner Macht beschränkt.

Vesta

Die den Erdkreis mit heiliger Glut belebt, ist selbst unter den neuen Göttern ein geheimnisvolles Wesen; sie blieb jungfräulich unter den Töchtern des Saturnus und der Rhea, und der keusche Schleier hüllt ihre Bildung ein.

I ZEUS UND GANYMEDES

Ceres

Mit ihr, der alles befruchtenden und alles ernährenden Göttin, die vom Saturnus erzeugt und aus dem Schoß der Rhea geboren ward, erzeugte Jupiter die jungfräuliche Proserpina, die, vom Pluto entführt, in der Unterwelt die Königin der Schatten ward.

Pluto und Proserpina sind also unter den neuen Göttern die Beherrscher des Orkus oder der Schattenwelt. – Der Tartarus ist eine der größten Erscheinungen aus dem Zeitraume der alten Götter; er ist, tief unter dem Orkus, mit eherner Mauer umgeben und dreifacher Nacht umgossen, der Aufenthalt der Titanen, die ewiges Dunkel gefangenhält.

Diese sind nun besiegt, und Jupiter, Neptun und Pluto haben sich in die Herrschaft über Erde, Meer und Luft geteilt. – Das Chaos hat sich gebildet, die Elemente haben sich gesondert, aber des Himmels Glanz umgibt den herrschenden

Jupiter

Er hat auf dem Olymp den höchsten Sitz; er winkt mit den Augenbraunen, und der Olymp erbebt; er ist das umgebende Ganze selber; vor ihm beugt sich der Erdkreis; er lächelt, und der ganze Himmel heitert auf einmal sich auf.

Mit seiner Macht und Hoheit vereint sich die ganze Fülle der Jugendkraft, welche durch nichts gehemmt ist. Der Himmel faßt die Fülle seines Wesens nicht. – Um seine Götterkraft in manchem Heldenstamme auf Erden fortzupflanzen, richtete er auf die Töchter der Sterblichen seine Blicke; und damit sie Semelens Schicksal nicht erführen, hüllte der Allesdurchwebende in täuschende Gestalten seine Gottheit ein.

Von seinem hohen Sitze senkte er sich in dem goldnen Regen in Danaens Schoß hernieder und erzeugte mit ihr den tapfern Perseus, der die Ungeheuer mit mächtigem Arm besiegte.

Mit dem majestätischen Schwanenhalse schmiegte er sich an Ledas Busen, und sie gebar den edelmütigen Pollux und die göttliche Helena, das schönste Weib auf Erden, aus Jupiters Umarmung.

In der Kraft des mutigen Stiers lud er mit sanftem Blick die jungfräuliche Europa auf seinen Rücken ein und trug sie durch die Meeresfluten an Kretas Ufer, wo er den Minos mit ihr erzeugte, der den Völkern Gesetze gab und über sie mit Macht und Weisheit herrschte.

Auch die Tiergestalten sind in diesen Dichtungen heilig, wo man unter dem Bilde der Gottheit die ganze Natur verehrte und nichts Unedles in der Vorstellung lag, den höchsten unter den Göttern in irgendeiner der Gestalten der allumfassenden Natur sich verhüllt zu denken.

Daß nun eine widerstrebende, eifersüchtige und doch auch erhabene Macht die höchste Macht zu beschränken und ihre Plane zu vereiteln sucht, daß Jupiters verstohlnen Umarmungen die tapfern Söhne entstammen, ist ganz in dem Geiste dieser Dichtungen, wo alles Schöne und Starke, was sich entwickeln und bilden soll, mit Widerstand und Schwierigkeiten kämpfen und manche Not und Gefahr bestehen muß, bis sein Wert erprobt ist.

Von nun ist die Göttergeschichte in die Geschichte der Menschen verflochten und verwebt. Die Götterkriege haben nun aufgehört, und was die seligen Götter noch beschäftigt, das sind die Schicksale der Sterblichen, mit denen ihre Macht, den einen hebend, und den andern stürzend, zum öftern gern ihr Spiel treibt, zum öftern aber auch der hohen Heldentugend und Tapferkeit sich annimmt; zuerst am Kampf des Helden sich ergötzt und dann mit Unsterblichkeit den Sieger lohnt. –

Nun ist es aber das Verhältnis des Donnergottes zu der hohen Juno, worin die Verwickelung dieser Geschichten größtenteils sich gründet. Ihre verfolgende Eifersucht ist es, die den Helden ihre schwere Laufbahn vorschreibt. – So bildet sich das

Gewebe dieser Dichtungen aus einem erhabenen Punkte und knüpft sich immer wieder an die Majestät der herrschenden Gottheit an.

DIE NEUE BILDUNG DES MENSCHENGESCHLECHTS

Nachdem das Menschengeschlecht nun einmal da war, so schien es unvertilgbar zu sein. Jupiter schickte vergeblich seine Sündflut, – es wuchs aus Kieselsteinen und keimte aus Drachenzähnen wieder auf. Dem Schlamm der feuchten Erde entsproßten Menschen, und Menschen entstammten den Eichen des Waldes, der ihnen Nahrung gab.

Allein das Goldne Zeitalter war entflohen, und noch waren die Künste nicht erfunden, die das harte Leben der Menschen sanft und erträglich machen. Des Feuers beraubt, war dies Geschlecht nun das unseligste unter allen und mußte durch manche Not sein unverschuldetes Dasein büßen.

Bis selbst, durch diese Not gedrungen, der langverborgene Götterfunken sich endlich in den Tiefgesunkenen wieder regte und sie aus eigener Kraft nun wurden, wozu kein Gott sie bilden konnte, indem sie jedes Gut mit unverdrossenem Fleiß sich selbst verschafften, dessen Besitz sie nun der Wohltat keines Gottes mehr verdankten.

Als Hasser des Prometheus und der Titanen Feind suchte Jupiter durch die Beraubung des Feuers die Menschen zu verderben. Aber als die über ihren eigenen Zorn erhabene, ruhige, mit dem Schicksal einverstandene Macht sahe er aus der Unterdrückung, die sein eigenes Werk war, ein neues Geschlecht hervorgehen, das durch Ausharren, Kraft und Duldung den Göttern ähnlich ward. – So stellt ein Dichter aus dem Altertum in folgenden Zeilen den Jupiter nicht als den Hasser, sondern als den Wohltäter und Vater der Menschen dar.

Selbst der Vater beschied dem Feldbau Müh und bestellt' ihn
Erst durch Kunst, mit Sorgen den Geist der Sterblichen schärfend,
Daß nicht starrte sein Reich in des Schlummers dumpfer Betäubung.
Nie vor Jupiter bauten das Fruchtfeld ackernde Pflüger,
Weder Mal noch Teilung durchschnitt die gemeinsamen Fluren:
Alle suchten für alle; ja selbst die Erde, da niemand
Forderte, trug unsklavisch und gern. Doch Jupiters Ratschluß
Gab ihr tötendes Gift der schwarz aufschwellenden Natter,
Sandte die hungrigen Wölfe zum Raub' und regte das Meer auf,
Schüttelt' ihr Honig den Bäumen herab und entrückte das Feuer,
Hieß auch stocken den Wein, der in schlängelnden Bächen umherfloß,
Daß der Gebrauch allmählich die mancherlei Künste mit regen
Sinnen erzwäng' und den nährenden Halm in Furchen erzeugte,
Auch das verborgene Feuer entschlüg' aus den Adern des Kiesels.
Jetzo führte zuerst der Strom die gehöhleten Erlen;
Jetzo gab dem Gestirne der Steuerer Zahlen und Namen,
Merkend Plejad' und die leuchtende Bärin Lykaons.
Jetzo laurte die Schling' im Gesträuch und die Rute voll zähes
Vogelleims; es drohten die Hund' um den mächtigen Bergwald.
Dort nun fuhr in die Tiefe des breiten Stromes das Wurfnetz
Rauschend hinab, dort schwebt' in dem Meer das triefende Zuggarn.
Jetzo starrte das Eisen, es klang die knarrende Säge;
Denn sonst pflegte der Keil den klüftigen Samen zu zerspalten;
Jetzo kamen die Künst und Erfindungen. Alles besieget
Unverdrossener Fleiß und die Not des dringenden Mangels.

Virgil. Von Voß übersetzt

Da nun Prometheus in Schatten zurückgewichen ist und eine neue Menschenerzeugung anhebt, so sind, außer dem Deukalion, die Stammväter oder neuen Schöpfer des Menschengeschlechts, mit denen es gleichsam aus der Vergessenheit wieder emporragt: Ogyges, Cekrops und Inachus.

Ogyges

In die Zeiten des Ogyges fällt eine Überschwemmung, die noch älter als die Deukalionische ist. Der Gesichtskreis schließt sich mit dieser Ogygischen Flut, über welche selbst die fabelhafte Geschichte nicht weiter hinausgeht.

Ogyges, welcher die Gegend beherrschte, die in der Folge der Zeit Attika und Böotien hieß, erzeugte mit der Thebe, einer Tochter des Jupiter, den Eleusinus, der damals schon die Stadt Eleusis erbauete, in welcher nachher die Eleusinischen Geheimnisse gestiftet wurden.

Inachus

Auf den Inachus, einen Sohn des Oceans, wird ein großer Teil der ältesten Geschichte zurückgeführt. Dieser Inachus war ein Strom, der die Fluren von Argolis im Peloponnes bewässerte. Die Dichtung gab ihm Persönlichkeit und machte ihn selber zum Stammvater des Menschengeschlechts, das an seinen Ufern sich ausgebreitet hatte.

Sein Sohn Phoroneus lehrte die Menschen den Gebrauch des Feuers wieder und beredete sie, sich gemeinschaftliche Wohnplätze zu erbauen, da sie vorher zerstreut in Wäldern lebten. Er war einer der ältesten Wohltäter des gleichsam wiedergebornen Menschengeschlechts.

Io, eine Tochter des Inachus, wurde vom Jupiter geliebt und von der Juno verfolgt, in die Gestalt einer Kuh verwandelt, in rasender Wut auf dem ganzen Erdkreise umhergetrieben, bis sie endlich in Ägypten einen Ruheplatz fand, wo sie göttlich verehrt wurde und Jupiter den Epaphus mit ihr erzeugte. – Von diesem Epaphus stammte ein königlich Geschlecht, das lange nachher in Griechenland wieder herrschte und dessen Recht zur Oberherrschaft auf seinen Ursprung vom alten Inachus sich stützte.

Mit der Libya, einer Tochter des ägyptischen Königs Epaphus, erzeugte Neptun den Belus und Agenor.

Agenor herrschte zu Tyrus; Kadmus, welcher Theben erbaute und die erste Schrift nach Griechenland brachte, war sein Sohn und die vom Jupiter entführte Europa seine Tochter. – Die Tochter des Kadmus war Semele, die den Bacchus gebar.

Belus, der andre Enkel des Epaphus, erzeugte den Danaus und Ägyptus. Danaus kam nach Griechenland und herrschte über Argos; von ihm stammte Akrisius ab, mit dessen Tochter, der Danae, Jupiter in einem goldenen Regen sich vermählte und den Perseus mit ihr erzeugte.

Alcäus war ein Sohn des Perseus, und eine Enkelin des Alcäus war Alkmene, die Mutter des Herkules. – Dies sind die vornehmsten Erzeugungen aus dem vom Inachus abgeleiteten Heldenstamme.

Weil man nun nicht weiter als bis auf den Inachus den Stamm der ältesten Könige und Helden zurückzuführen vermochte, so heißt es nachher in der Dichtersprache: Du magst vom alten Inachus dein Geschlecht herleiten, so bleibst du doch ein Opfer des unerbittlichen Orkus!

Cekrops

Mit ihm bildete sich in der Gegend von Attika ein Geschlecht von Menschen, die er lehrte, in Hütten zusammenzuwohnen, und unter denen er zuerst den Ehestand einführte, weswegen man ihn mit doppeltem Antlitz, einem männlichen und weiblichen, gebildet hat. – Aus dem nachmaligen Stamme der atheniensischen Könige, welche vom Erechtheus die Erechthiden hießen, war Theseus der berühmteste Held.

Athen wurde nachher die gebildetste unter den Städten Griechenlands, und bis in die älteste fabelhafte Geschichte derselben ist die Idee von bildender Kunst die herrschende.

Neptun und Minerva, die auch Pallas Athene heißt, wetteiferten, nach wessen Namen die neu sich bildende Stadt benannt werden sollte; Minerva trug den Sieg davon, und nach ihrem Namen wurde die Stadt Athen genannt.

Deukalion

Obgleich Deukalion als der eigentliche Wiederhersteller des vertilgten Menschengeschlechts betrachtet wurde, so sehen wir doch, wie ältere Sagen sich an diese Dichtung anschließen und die neue Menschenschöpfung oder Menschenbildung des Deukalion nur auf einen Teil von Griechenland beschränken.

Amphyktion, ein Sohn des Deukalion, stiftete zuerst eine heilige Verbindung unter mehrern Völkern, die durch gemeinschaftliche Beratschlagungen gleichsam zu einem Volke sich vereinigten. Diese heilige Stiftung wurde lange nachher nach seinem Namen die Versammlung der Amphyktionen genannt.

Hellen, der zweite Sohn des Deukalion, herrschte in Thessalien und erzeugte den Äolus, den Stammvater vieler Helden. Die berühmtesten aus dem Äolischen Heldenstamme sind Meleager, Iason und Bellerophon. Meleager überwand den Kalydonischen Eber, Bellerophon besiegte die Chimära, und Iason erbeutete das Goldne Vlies.

Die alten Einwohner von Arkadien

Unter diesen dachte man sich die ältesten Menschen, die schon vor irgendeiner Zeitrechnung da waren, welches man in die Dichtung einkleidete, sie wären eher als der Mond gewesen. – Auch bei diesem Geschlechte der Menschen artete die ursprüngliche Einfalt und Unschuld der Sitten dergestalt in Laster und Bosheit aus, daß Jupiter einst so lange seine Blitze auf Arkadien fallen ließ, bis endlich selbst die Erde ihre Arme ausstreckte und ihn um Erbarmung flehte.

Der Dodonische Wald

In Chaonien, einer Gegend von Epirus, war der Dodonische Eichenwald, worin sich ein Orakel des Jupiter befand und in welchen man auch den Aufenthalt von dem uralten Geschlecht der Menschen versetzte, die noch keine andere Nahrung als Eicheln kannten.

DIE MENSCHENÄHNLICHE BILDUNG DER GÖTTER

Wir haben schon bemerkt, daß die Phantasie sich ebensowohl ihre Götter nach dem Bilde der Menschen als ihre Menschen nach dem Bilde der Götter schuf.

Das Unendliche, Unbegrenzte ohne Gestalt und Form ist ein untröstlicher Anblick. Das Gebildete sucht sich an dem Gebildeten festzuhalten. Und so wie dem Schiffer, der Land erblickt, sein Mut erhöhet und seine Kraft belebt wird, so ist für die Phantasie der tröstliche Umriß einer Menschenbildung das sichere Steuer, woran sie auf dem Ozean der großen Erscheinungen der Natur sich festhält.

Dies Gefühl war bei den Alten vorzüglich lebhaft. Die unendlichen Massen, die den Menschen umgeben, Himmel, Erd' und Meer, erhielten in ihrer heitern Imagination Bildung und Form. Man suchte die Zartheit des Gebildeten mit der Stärke des Ungebildeten zu vereinen; und gleichwie in dem hohen aufrechten Körperbau des Menschen die Festigkeit des Eichenstammes sich mit der Biegsamkeit des zarten Halms verknüpft, so verband sein schöpferischer Genius auch mit der Stärke des tobenden Elements und mit der Majestät des rollenden Donners die Züge der redenden Menschenlippe, die winkenden Augenbraunen und das sprechende Auge.

Jupiter

Die Bildung, welcher die schaffende Phantasie den Donner in die Hand gab, mußte über jede Menschenbildung erhaben und doch mit ihr harmonisch sein, weil eine denkende Macht bezeichnet werden sollte, die nur durch Züge des redenden Antlitzes ausgedrückt werden kann; und bis zu dem Gipfel hub die bildende Kunst der Griechen, durch ihren Gegenstand selbst geheiligt, sich empor, daß sie menschenähnliche und doch über die Menschenbildung erhabene Göttergestalten schuf, in welchen alles Zufällige ausgeschlossen und alle wesentlichen Züge von Macht und Hoheit vereinigt sind.

So wie nun aber der Begriff der Macht in der Vorstellungsart der Alten von ihren Göttern und Helden fast immer der herrschende ist, so ist auch in ihren erhabensten Götterbildungen der Ausdruck der Macht das Überwiegende.

Jupiters schweres Haupt, aus dem die Weisheit geboren ward, senkt sich vorwärts über; es waltet über den Wechsel der Dinge, es wägt die Umwälzungen. Doch zieht die ewig heitre Stirn sich nie in sinnende Falten.

Am unbeschränktesten ist die Macht des Donnergottes; es ist die minder mächtige Juno, die den Jupiter überlistet;

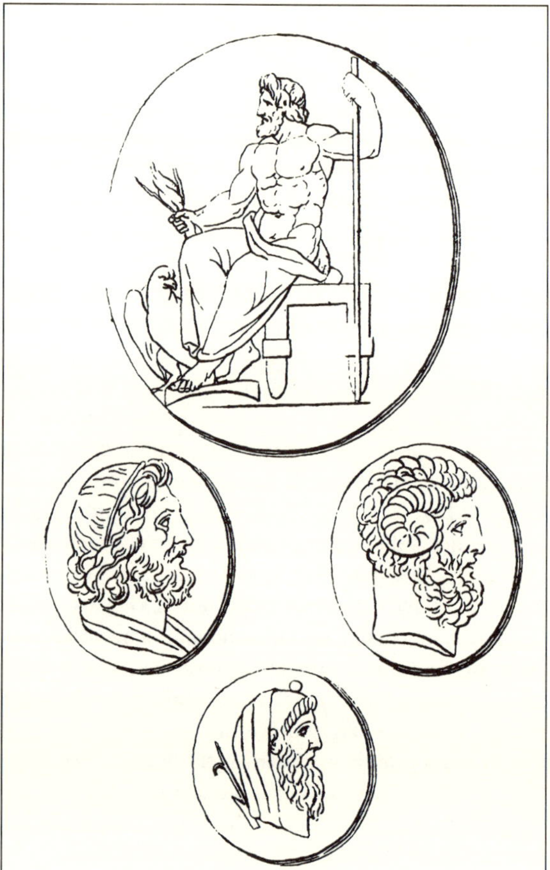

und Merkur, der Götterbote, der nur die Befehle der höhern Mächte vollzieht, ist der Listigste unter den Göttern.

Auch stellt die bildende Kunst der Alten den Jupiter am häufigsten dar, wie er gleichsam in seiner ganzen Macht sich fühlt und dieser Macht sich freut. So ist er auf der hier beigefügten Kupfertafel, nach dem Abdrucke einer antiken Gemme in der Lippertschen Daktyliothek, sitzend abgebildet, den Donner in der Rechten, den Zepter in der Linken und den Adler zu seinen Füßen.

Auf ebendieser Kupfertafel befindet sich noch, ebenfalls aus der Lippertschen Daktyliothek der Umriß einer Büste des Jupiter, mit dem Mantel bekleidet und mit der königlichen Binde um das Haupt, daneben ein Jupiterkopf mit Widderhörnern und unten zur Gegeneinanderstellung ein geschleierter Saturnuskopf mit einer Kugel auf demselben und einem sichelähnlichen Zepter, der im Nacken hervorragt.

Der Kopf mit Widderhörnern bezeichnet den Jupiter Ammon, der in Libyen, wo er Orakelsprüche erteilte, unter dieser Gestalt verehrt wurde.

Und in dieser Bildung tritt selbst Jupiter unter die alten Göttergestalten zurück, wo er, nicht mit dem Donner bewaffnet, nur weissagend seine Gottheit offenbart, obgleich die bildende Kunst der Alten auch in diese Darstellung den Ausdruck der Macht des Donnergottes zum Teil übertragen hat.

In dem geschleierten Saturnuskopf aber tritt eine alte, in Schatten zurückgewichene Göttergestalt im Gegensatz gegen die neue, herrschende auf. Es ist der seines alten Reichs entsetzte Erzeuger des Jupiter, den aber die Sterblichen noch immer als den Stifter des Goldnen Zeitalters unter einer sanftern und mildern Gestalt verehrten.

Bart und Haupthaar sind beim Jupiter bezeichnend in Ansehung der inwohnenden Kraft und jugendlichen Stärke, welche in den dichtgekräuselten Locken sich zusammendrängt.

›Er winket mit den schwarzen Augenbraunen; – er schüttelt

die ambrosischen Locken auf seinem unsterblichen Haupte, – und der Olymp erbebt.‹

Bei dem ältesten Dichter spricht Jupiter selbst, indem er den übrigen Göttern drohet, auf folgende Weise die Macht seines Wesens aus: Eine goldne Kette will ich aus meiner Hand vom Himmel zur Erde senken; versucht es, all' ihr Götter und Göttinnen, und hängt das Gewicht eurer ganzen vereinten Macht an diese Kette; es wird euch nicht gelingen, den höchsten Jupiter vom Himmel zur Erde herabzuziehen; dieser aber wird die Kette mit leichter Hand, und mit ihr Erd' und Meer, gen Himmel heben und sie an seinem hohen Sitz befestigen, daß die Welt an ihr schwebend hängt.

Hieraus erhellet deutlich, daß man sich zu dem erhabensten Begriff vom Jupiter das umgebende Ganze selber als Urbild dachte. Da sich nun in dem Begriff dieser Umgebung alles veredelt, was Wunder denn, daß man die Helden, deren Erzeuger man nicht wußte, Söhne des Jupiter nannte, der in täuschenden Verwandlungen sie mit ihren Müttern erzeugte.

Denn mit dieser Gottheit, die das Spielende und Zarte, so wie das Majestätische und Hohe, in sich vereinte und selber sich in tausend Gestalten hüllte, konnte die Phantasie noch frei in kühnen Bildern scherzen; sie durfte sich mit an die goldne Kette hängen, den Jupiter vom Himmel herabzuziehen; so wurde sie selber zum Himmel emporgezogen.

Und hier ist es, wo demohngeachtet die Gottheit über die Menschheit, selbst in diesen Dichtungen, überschwenglich sich emporhebt. – In den folgenden Zeilen hat ein neuer Dichter diesen Abstand ganz im Geiste der Alten besungen:

Grenzen der Menschheit

Wenn der uralte,
Heilige Vater
Mit gelassener Hand

Aus rollenden Wolken
Segnende Blitze
Über die Erde sä't,
Küss' ich den letzten
Saum seines Kleides,
Kindliche Schauer
Treu in der Brust.

Denn mit Göttern
Soll sich nicht messen
Irgend ein Mensch.
Hebt er sich aufwärts
Und berührt
Mit dem Scheitel die Sterne,
Nirgends haften dann
Die unsichern Sohlen,
Und mit ihm spielen
Wolken und Winde.

Steht er mit festen,
Markigen Knochen
Auf der wohlgegründeten,
Dauernden Erde;
Reicht er nicht auf,
Nur mit der Eiche
Oder der Rebe
Sich zu vergleichen.

Was unterscheidet
Götter von Menschen?
Daß viele Wellen
Vor jenen wandeln,
Ein ewiger Strom:
Uns hebt die Welle,

Verschlingt die Welle,
Und wir versinken.

Ein kleiner Ring
Begrenzt unser Leben,
Und viele Geschlechter
Reihen sich dauernd
An ihres Daseins
Unendliche Kette.

Goethe

Nichts Höheres aber konnte man sich denken als den umwölbenden Äther, in welchem alle Bildungen und Gestalten ruhen; dieser war daher auch Jupiters höchstes Urbild. – So sang ein Dichter aus dem Altertum: Du siehst den erhabenen ungemessenen Äther, der mit sanfter Umgebung die Erd' umfaßt; den sollst du für die höchste Gottheit, du sollst für Jupiter ihn halten!

Juno

Unter der Juno dachte man sich das Erhabene, mit der Macht vereinte Schöne. Der Juno hohes Urbild war der Luftkreis, welcher die Erde umgibt; dieser vermählte sich mit dem ewigen Äther, der auf ihm ruht.

In der vom Glanz der Sonne durchschimmerten Atmosphäre bildet sich der vielfarbichte Regenbogen. Dieser ist wiederum das Urbild der schnellen Götterbotin, welche die Befehle der Juno vollzieht. Es ist die glänzende Iris, eine Tochter des Thaumas, welche, wenn sie in den Wolken steht, die Gegenwart der hohen Himmelskönigin verkündigt.

Der Regenbogen spiegelt den majestätischen Schweif der Pfauen, die den Wagen der Juno in den Wolken ziehn. – Alles ist übereinstimmend in dieser schönen Dichtung; die Harmonie des Ganzen wird durch kein einziges Bild gestört.

Die erhabene Juno heißt die Herrschende, Großäugichte, Weißarmichte; es ist nicht sanfter Reiz der Augen, der ihre Bildung zeichnet, sondern Ehrfurcht einprägende Größe – und von dem übrigen Umriß dieser Göttergestalt berührt die Dichtkunst nur die Schönheit des mächtigen Arms.

So wie nun aber gleich den Stürmen, die das Meer aufregen, die Eifersucht der Juno den Dichtungen Leben einhaucht, so sind ihr Urbild auch die tobenden Elemente, wovon das ganze Spiel der menschlichen Leidenschaften im Kleinen ein Abdruck ist.

Die Elemente sind im Streit; sie zürnen in Ungewittern, verdrängen und unterdrücken einander, berauben und rächen sich. Der Felsen kracht im tobenden Meere, und unter dem Windstoß heult die Welle. – Dies alles aber beschränkt sich nur auf die niedre Atmosphäre.

Über dieser ist alles blendend und regelmäßig. – Alles hat Raum genug; im stillen Äther vollenden die Weltkörper ihre Bahnen, und nichts verdrängt, nichts hemmt das andre.

Krieg und Empörung sind erst da, wo das ungemessene Ganze sich in die kleinern Punkte zusammendrängt, wo es sich aneinander reibt, stößt und lebendig wird. Da ist die immerwährende Werkstatt der Bildung und Zerstörung, aber auch der Sitz der Wehklage, des Zorns, des Jammers. Da muß Hektor fallen, Hekuba muß ihr Haar zerraufen und Troja ein Raub der Flammen werden.

Aber der Gipfel des hohen Olymp ragt über die Wolken in dem umwölbenden Äther empor. Dahin versetzt die Einbildungskraft den Wohnsitz der seligen Götter, die, selbst über Sorgen und Ungemach erhaben, bei frohem Saitenspiel den süßen Nektar schlürfen und lächeln, daß sie der mühebeladenen Sterblichen wegen sich entzweien konnten.

So knüpft die Phantasie die menschenähnliche Gestalt der Götter beständig wieder an ihr himmlisches Urbild an. Der Schwan in Ledas Schoße umwölbt im blauen Äther Erde, Meer und Luft. Juno, die Königin, umströmt den Erdkreis in dem zarten, durchsichtigen Nebeldunste, worin der Regenbogen mit glänzenden Farben spielt.

Als Juno sich einst empörte, hing Jupiter in dem Luftkreise, den sie selbst beherrschte, schwere Ambosse an ihre Füße. Das Hohe und Erhabene mußte die Schmach des Niederziehens dulden – und alle Himmlische trauerten bei dem Anblick.

Da wir nichts Übermenschliches kennen, so konnte mit den erhabenen aus der Natur genommenen Bildern auch nur das Menschliche sich verknüpfen. Es ist daher, als ob die Menschheit selber in diesen Dichtungen sich näher mit der großen Natur verwebte und sich in süßen Träumen an sie anschmiegt.

Juno bezeichnet nun in einer höhern Sprache die hohe Gebietende, über den sanften Leibreiz selbst erhabene Schönheit. Als Juno den Jupiter mit Liebreiz fesseln wollte, so mußte sie erst den Gürtel der Venus leihen, deren sanftere Schönheit schon vorher den Preis davontrug, als der Hirt auf Idas Gipfel den kühnen, entscheidenden Ausspruch tat.

Da nun Juno sich schmückt, dem Jupiter zu gefallen, so ordnet sie in ihrem Schlafgemach ihr glänzendes Haar in Locken; sie salbet sich mit dem Öle der Götter, wovon der Wohlgeruch, sobald es nur geregt wird, vom Himmel bis zur Erde sich verbreitet.

Sie zieht ihr göttliches Kleid an, das von der Minerva selbst gewebt ist, und hakt es auf der Brust mit goldenen Haken zu. Sie umgürtet sich mit ihrem Gürtel und bindet an ihre Füße die glänzenden Schuhe, den Gürtel der Venus aber verbirgt sie in ihrem Busen.

So vollendet sich diese schöne Dichtung, indem sie von ihrem hohen Urbilde allmählich niedersteigt und bei der Darstellung der Königin des Himmels auch nicht den kleinsten weiblichen Schmuck vergißt. – Auf der hier beigefügten Kupfertafel befindet sich im Umriß nach antiken geschnittenen Steinen aus der Lippertschen Daktyliothek außer einem Kopf der Juno

noch eine Abbildung von ihr, wo sie der bildende Künstler sitzend auf Jupiters Adler, den Zepter in der Hand und einen Schleier über sich schwebend haltend, ihr Haupt mit Sternen umgeben, gleichsam auf dem Gipfel ihrer Hoheit darstellt.

Apollo

Das erste Urbild des Apollo ist der Sonnenstrahl in ewigem Jugendglanze. Den hüllt die Menschenbildung in sich ein und hebt mit ihm zum Ideal der Schönheit sich empor, wo der Ausdruck der zerstörenden Macht selbst in die Harmonie der jugendlichen Züge sich verliert.

Die hohe Bildung des Apollo stellt die ewig junge Menschheit in sich dar, die gleich den Blättern auf den immergrünenden Bäumen, nur durch den allmählichen Abfall und Zerstörung des Verwelkten, sich in ihrer immerwährenden Blüte und frischen Farbe erhält.

Der Gott der Schönheit und Jugend, den Saitenspiel und Gesang erfreut, trägt auch den Köcher auf seiner Schulter, spannt den silbernen Bogen und sendet zürnend seine Pfeile, daß sie verderbliche Seuchen bringen, oder er tötet auch mit sanftem Geschoß die Menschen.

Unter den Dichtungen der Alten ist diese eine der erhabensten und liebenswürdigsten, weil sie selbst den Begriff der Zerstörung, ohne davor zurückzubeben, in den Begriff der Jugend und Schönheit wieder auflöst und auf diese Weise dem ganz Entgegengesetzten dennoch einen harmonischen Einklang gibt.

Daher scheint auch die bildende Kunst der Alten in der schönsten Darstellung von Apollo, die unsre Zeiten noch besitzen, ein Ideal von Schönheit erreicht zu haben, die alles übrige in sich faßt und deren Anblick wegen des unendlich Mannigfaltigen, was sie in sich begreift, die Seele mit Staunen erfüllt.

Apollo und Diana sind die verschwisterten Todesgötter; sie teilen sich in die Gattung: jener nimmt sich den Mann und diese das Weib zum Ziele; und wen das Alter beschleicht, den töten sie mit sanftem Pfeil, damit die Gattung sich in ewiger Jugend erhalte, während daß Bildung und Zerstörung immer gleichen Schritt hält.

Gleich den vom Vater der Götter gesandten Tauben, die vor der gefahrvollen Scylla vorbeifliegend beständig eine aus ihrer Mitte verlieren, die vom Jupiter sogleich ersetzt wird, damit die Zahl voll bleibe, macht auch *ein* Menschengeschlecht unmerklich dem andern Platz; und wer von Alter und Schwachheit übermannt entschlummert, den hat in der Dichtersprache Diana oder Apollo mit sanftem Pfeil getötet.

Daß dies die Vorstellungsart der Alten war, erhellet aus ihrer Sprache. »Das kleine glückliche Eiland, wo ich geboren bin«, erzählt der Hirt Eumäus dem Ulysses, »liegt unter einem gesunden, wohltätigen Himmelsstrich; keine verhaßte Krankheit rafft da die Menschen hin, sondern wenn nun das Alter da ist, so kommen Diana und Apoll mit ihrem silbernen Bogen und töten die Menschen mit ihrem sanften Pfeil.«

Wenn Ulysses in der Unterwelt den Schatten seiner Mutter frägt, wie sie gestorben sei, so gibt sie ihm zur Antwort: »Mich hat nicht Dianens sanfter Pfeil getötet, auch hat mich keine Krankheit dahingerafft, sondern mein Verlangen nach dir und mein Kummer um dich, mein Sohn, haben mich des süßen Lebens beraubt.«

Wenn aber der Gott mit dem silbernen Bogen auf das Heer der Griechen zürnend eine Pest in ihr Lager schickt, die plötzlich Mann auf Mann dahinrafft, daß unaufhörlich die Scheiterhaufen der Verstorbenen lodern, so schreitet er wie die Nacht einher, spannt den silbernen Bogen und sendet die verderblichen Pfeile in das Lager der Griechen.

Allein der jugendliche Gott des Todes zürnt nicht immer; der, dessen Pfeil verwundet, heilt auch wieder; er selbst wird unter dem Namen ›der Heilende‹ mit einer Handvoll Kräuter abgebildet, auch zeugte er den sanften Äskulap, der Mittel für jeden Schmerz und jede Krankheit wußte und selbst durch seine Kunst vom Tod' erretten konnte.

Gleichwie nun in den wohltätigen und verderblichen Sonnenstrahlen und in der befruchtenden und Verwesung brütenden Sonnenwärme das Bildende mit dem Zerstörenden sich vereint, so war auch hier das Furchtbare mit dem Sanften in der Göttergestalt verknüpft, die jene Strahlen und jene Wärme als ihr erhabnes Urbild in sich faßte.

Daher gibt diesen Trost ein Dichter aus dem Altertum, indem er das Gemüt zu sanfter Freud' aufheitert: ›Wenn du jetzt trauren mußt, so wird es nicht stets so sein. Nicht immer spannt Apollo den Bogen, zuweilen weckt er auch aufs neue wieder zum Saitenspiel die schweigende Muse.‹

Bei allen diesen Dichtungen schimmert das Bild vom Helios durch; es ist der erfreuende Sonnenstrahl, welcher das Herz zum Saitenspiel und Gesang belebt. – So ehrte Aurora den Memnon, ihren frühverstorbenen Sohn, indem seine metallene Gedächtnissäule in Ägypten, sooft die Strahlen der aufgehenden Sonne sie berührten, mit sanftem Klang ertönte.

Aber es ist auch der alles entdeckende, alles enthüllende Strahl, der in dem wahrsagenden Apollo sich verjüngt. Eben eine solche verjüngte Erscheinung ist Apollo der Hirt; denn nach der alten Dichtung wurden schon die Herden, die ohne Hirten weiden, von der allsehenden Sonne gehütet.

Alle diese großen Bilder aber fügen sich in zartere Umrisse, da Apollo vom Jupiter erzeugt und von der sanften Latona geboren wird. Er weidet die Herden des Admet, begeistert die wahrsagende Pythia und führt die Chöre der Musen an. Nach seiner Geburt entwickelt sich schnell die in ihm wohnende Götterkraft.

Auf Delos entwindet er sich dem Schoß der Mutter. Die hohen Göttinnen Themis, Rhea, Dione und Amphitrite sind bei seiner Geburt zugegen; sie wickelten ihn in zarte Windeln, allein er sog die Brust der Mutter nicht; ihm reichte Themis Nektar und Ambrosia dar.

Und als ihn nun zum erstenmal die Götterkost genährt, da hielten seine Bande ihn nicht mehr; auf seinen Füßen stand der blühende Götterknabe, und auch das Band der Zunge war gelöst: »Die goldne Zither«, sprach er, »soll meine Freude sein, der gekrümmte Bogen meine Lust, und in Orakelsprüchen will ich die dunkle Zukunft prophezeien.«

Und als er dies gesagt, so schritt er schon als ewig blühender Jüngling majestätisch über die Berge und Inseln einher; er kam zur felsichten Pytho und stieg von da zum Olymp hinauf, schnell wie ein Gedanke, in die Versammlung der übrigen Götter. Da herrschte auf einmal Gesang und Saitenspiel; die Grazien und die Horen tanzten, und die Musen sangen mit wechselnden Stimmen die Freuden der seligen Götter und den Kummer der Menschen, die kein Mittel finden, dem Tode und dem Alter zu entgehen.

Als er nun vom Olymp herabstieg, so tötete er den Drachen Python, auf dem Fleck, wo künftig seine Orakelsprüche sich über den Erdkreis verbreiten sollten.

Den getöteten Drachen ließ die Sonne in Verwesung übergehen; von dieser Verwesung ward er Python, und Apollo selbst von dieser Tat der Pythische benannt. – Hier stand auf einem hohen Felsen der Tempel des Apollo, und über der Öffnung einer Höhle stand der Dreifuß, auf welchem die Priesterin saß, die auch den Namen Pythia führte und durch deren Mund der Gott die Zukunft offenbarte.

So ist er auf der hier beigefügten Kupfertafel nach einem antiken geschnittenen Steine, der als ein Meisterwerk der griechischen Kunst berühmt ist, abgebildet, wie er auf dem Haupte der Pythia, welche die Opferschale in der Hand hält, seine Leier stimmt. Er flößte der Priesterin, die seine Göttersprüche verkündigen sollte, selber die himmlischen Harmonien ein, die ihr den Blick in die Zukunft gaben.

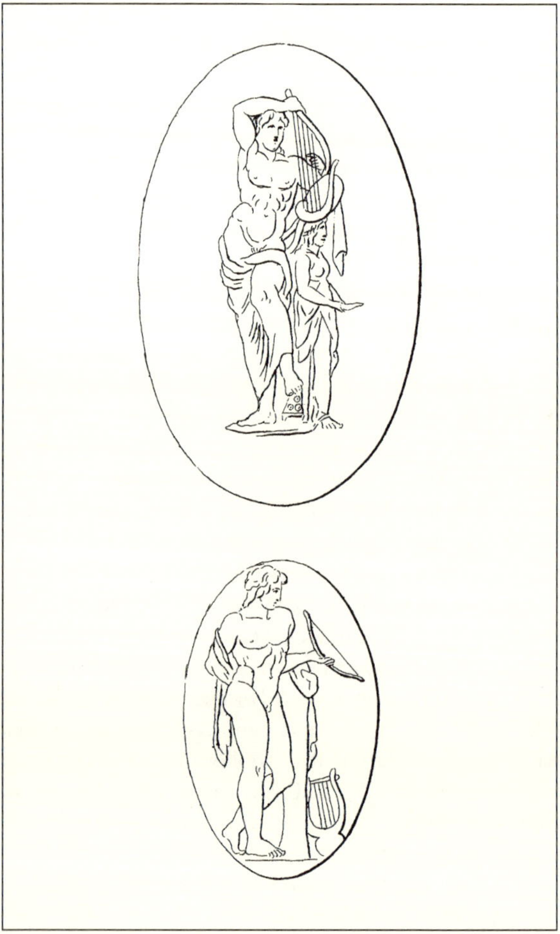

Die andere Abbildung des Apollo, ebenfalls nach einer antiken Gemme, stellt ihn dar, auf einen attischen Pfeiler gelehnt, in der Linken den Bogen, die Leier zu seinen Füßen. Man sieht in ihm den Gott, den, nach des Dichters Ausdruck, der blitzende Bogen schmückt, der aber auch den Chören der Musen sich zugesellt und der die zerschellten Glieder durch heilende Kunst erquickt.

Neptun

Sowie die hohen Göttergestalten Pontus, Oceanus und Nereus in Schatten zurückgewichen sind, steigt nun in herrschender Majestät Neptun empor, den mächtigen Dreizack in der Hand, womit er die empörten Wogen ebnet, daß auf der stillen Meeresfläche sich sanfte Furchen bilden.

Was schnell sich fortbewegt, ergötzt den Herrscher der Wasserwogen; zu Lande lenkt er Roß und Wagen, und auf dem Meere sind die schnellen Schiffe seine Lust. – Er schlug die Erde mit seinem Dreizack, da sprang das Roß hervor.

Mit der Medusa erzeugte er den geflügelten Pegasus, der noch aus ihrem Blute hervorsprang, als sie vom Perseus enthauptet ward. – Ceres verwandelte sich in ein Pferd, um seiner Umarmung zu entfliehen, allein er verfolgte sie in ähnlicher Gestalt und zeugte mit ihr den Arion, das edelste, mit der Schnelligkeit des Windes begabte Roß, das Könige und Helden trug und bei den Kampfspielen in Griechenland seinen Reiter abwarf und selbst für sich den Preis davontrug.

Wir sehen in diesen Dichtungen die Tierwelt mit der Götterwelt immer nahe verknüpft. Das Tier wird als ein hohes Sinnbild der Natur betrachtet, worin die Gottheit selbst sich wieder darstellt. In der ägyptischen Götterlehre hüllte die Gottheit sich in lauter Tiergestalten, welches in einer sinnreichen Dichtung heißt, die Götter wären aus Furcht vor den Giganten nach Ägypten geflohen und hätten dort sich alle in Tiere verwandelt.

Obgleich mit dem Donnergott von einem Vater erzeugt, ist dennoch Neptun, gleich dem Element, das er beherrscht, die untergeordnete Macht. Da Iris in dem Kriege vor Troja dem Neptun die Drohung des Jupiter überbringt, er möge sich ja mit des Donnerers Macht nicht messen und ablassen, den Griechen beizustehn, so antwortet ihr der Erderschütterer: »Jupiter sei so mächtig er wolle, so hat er doch sehr stolz geredet! Sind wir nicht alle drei vom Saturnus erzeugt und von der Rhea geboren? Ist nicht unter uns das Reich geteilt? Er mag seine Söhne und Töchter, aber nicht mich mit solchen Worten schrecken!« Iris stellt ihm vor: »Den ältern Bruder schützt die Macht der Erinnyen!« Und Neptun gibt dem Donnerer nach und sagt die sanften Worte: »Du hast sehr wohl gesprochen, o Göttin, und es ist gut, wenn auch ein Bote das Nützliche weiß.«

Das Urbild des Neptuns ist die ungeheure Wasserfläche, die gleichsam auf das Erhabene zürnt und es sich gleichzumachen strebt. – Als die Griechen in der Belagerung von Troja nahe am Ufer des Meeres um ihre Schiffe eine Mauer zu einem Bollwerk gegen die Feinde errichtet hatten, so zürnte Neptun darüber und beklagte sich beim Jupiter: »Der Ruhm dieser Mauer«, sagte er, »wird sich verbreiten, so weit sich das Licht erstreckt; der meinigen aber, die ich einst dem Laomedon um Troja erbaute, wird man vergessen!«

Da antwortete ihm Jupiter: »O du großer Erderschüttrer, mich sollt' es nicht wundern, wenn ein andrer, nicht so mächtiger Gott ein solches Werk sich anfechten ließe; aber dein Ruhm verbreitet sich ja schon, so weit sich das Licht erstreckt, – und du wirst ja, sobald die Griechen hinweg sind, die Mauer ins Meer versenken und die Ufer mit Sand bedecken, daß keine Spur von ihr übrigbleibt.« Mit diesen Worten verwies Jupiter dem Neptun diese Art von kindischer Mißgunst gegen ein Werk der sterblichen Menschen.

Allein es ist das zürnende Element und seine gleichsam kindische, gedankenlose Macht, die durch den Mund der Götter spricht; wenn nun die Dichtung dem tobenden Elemente Bildung und Sprache gibt, so drücken seine Worte auch die Natur seines Wesens aus; das Wort bezeichnet selbst die unbehülfliche Macht und sinkt wieder unter die Menschenrede herab, in welcher der leichte Gedanke herrscht.

Auch die Erzeugungen des Neptun sind größtenteils ungeheuer. Die Aloiden, seine Söhne, welche auf den Olymp den Ossa wälzten, wurden selbst dem Jupiter furchtbar. Den ungeheuern Polyphem, einen Sohn des Neptun, hatte der klugheitbegabte Ulysses seines Auges beraubt; von der Zeit an verfolgte Neptun den Ulysses mit unversöhnlichem Haß.

Er vereitelte ihm, so lang er konnte, die Rückkehr in sein Vaterland; und da diese nach dem Schluß des Schicksals dennoch zuletzt erfolgen mußte, so nahm er an dem unschuldigen Schiffe der gastfreien Phäacier, die den Ulysses nach Ithaka gebracht hatten, seine Rache, indem er es auf der Rückkehr in einen Fels verwandelte.

So gefahrvoll war es, selbst für den Günstling der Minerva, die ungeheure Macht des starken Elementes, und was mit ihr verwandt war, zum Zorn gereizt zu haben.

Als einst die Musen auf dem Helikon Gesang und Saitenspiel so mächtig ertönen ließen, daß alles rundherum belebt ward und selbst der Berg zu ihren Füßen hüpfte, da zürnte Neptun und sandte den Pegasus hinauf, daß er den zu kühn gen Himmel sich Erhebenden Grenzen setzen sollte; als dieser nun auf dem Gipfel des Helikon mit dem Fuße stampfte, war alles wieder in dem ruhigern, sanftern Gleise und unter seinem stampfenden Fuße brach der Dichterquell hervor, der von des Rosses Tritt die Hippokrene heißt.

Im Kriege vor Troja saß Neptun auf der Spitze des waldichten Samos und sahe dem Treffen zu. Er zürnte heftig auf den Jupiter, daß er den Trojanern Sieg gab. Er stieg vom Berge hinunter; der Berg erbebte unter seinem Fußtritt. Drei Schritte tat er vorwärts, und mit dem vierten war er in Äge, wo tief im Meere sein Palast ist.

Er bestieg seinen Wagen und fuhr auf den Wellen daher. Die Heere der Wasserwelt stiegen empor und erkannten ihren König. Das Meer wich ehrfurchtsvoll zu beiden Seiten, und schnell flog der Wagen des Gottes, daß die eherne Achse unbenetzt blieb.

In dem zornigen Blick des Neptun malt sich das tobende Element; so ist er auf der hier beigefügten Kupfertafel, nach einem antiken geschnittenen Steine aus der Lippertschen Daktyliothek im Umriß abgebildet, in der Rechten den Dreizack haltend und mit der erhobenen Linken die Zügel zusammenfassend, woran er die stolzen Rosse vor seinem Wagen lenkt, während daß sein Gewand im Sturmwinde flattert.

Auf ebendieser Kupfertafel ist Neptun, nach einer andern Gemme aus Lipperts Daktyliothek, noch einmal abgebildet, wie er mit dem ganzen Gewicht seiner Macht, den Dreizack auf der Schulter, die Hand auf den Rücken haltend, aus dem Meere auf einen Felsen steigt.

Die Dichtkunst sowohl als die bildende Kunst stellt zwar den König der Gewässer in ähnlicher Majestät wie den Jupiter dar, nur bleibt der Ausdruck von Macht und Hoheit immer untergeordnet.

Es ist nicht die ruhige, erhabene, mit dem Wink der Augenbraunen gebietende Macht, mit deren Lächeln sich der ganze Himmel aufheitert und welche nur selten zürnen darf, weil sie am wenigsten beschränkt ist. Vielmehr ist beim Neptun der Ausdruck des Zorns der herrschende. Er schilt die Winde, die auf die Veranlassung der Juno ohne seinen Wink die Wellen des Meeres auftürmten; und sein ›Quos ego!‹, womit er sie bedrohet, ist dasjenige, dessen Ausdruck die bildende Kunst, auch in neuern Zeiten, am öftersten versucht hat.

Minerva

Als die blauäugichte Göttin aus Jupiters unsterblichem Haupte mit glänzenden Waffen hervorsprang, so bebte der Olymp, die Erd' und das Meer erzitterte, und der Lenker des Sonnenwagens hielt seine schnaubenden Rosse an, bis sie die göttlichen Waffen von ihrer Schulter nahm.

Aus keiner Mutter Schoß geboren, war ihre Brust so kalt wie der Stahl, der sie bedeckte. Sie näherte sich dem männlich Großen, und weiblicher Zärtlichkeit war ihr Busen ganz verschlossen.

Der Mangel an weiblicher Zärtlichkeit aber ist mit Zerstörungssucht verknüpft, welche stets mit jenem in gleichem Grade zunimmt. – Es ist die sanfte Venus, die nur aus Liebe zum Adonis mit ihm die Rehe verfolgt; die kältere Diana findet an der Jagd und an der Zerstörung selbst schon ihre Lust, indes sie doch zuweilen noch mit verstohlner Zärtlichkeit sich an Endymions Schönheit weidet.

Der kalten jungfräulichen Minerva aber ist jedes Gefühl von Zärtlichkeit und schmachtender Sehnsucht fremd; sie findet daher auch gleich dem Kriegsgott am Schlachtgetümmel und an zerstörten Städten ihr Ergötzen, nur daß sie nicht von jenem die rauhe Wildheit hat, weil sie zugleich die friedlichen Künste schützt.

Zurückschreckende Kälte macht den Hauptzug in dem Wesen dieser erhabenen Götterbildung aus, wodurch sie zur grausamen Zerstörung und zur mühsamen Arbeit des Webens, zur Erfindung nützlicher Künste und zur Lenkung der aufgebrachten Gemüter der Helden gleich fähig ist.

Als Achill im Begriff war, gegen den Agamemnon sein Schwert zu ziehen, so stand plötzlich, ihm allein nur sichtbar, die blauäugichte Göttin hinter ihm, mit schrecklichem Blick, bei seinem gelben Haar ihn fassend, und hielt mit weisem Rat den jungen Held zurück, daß er am silbernen Griff sein Schwert wieder in die Scheide drückte.

So ist die himmlische Pallas mitten im Kriege selbst noch Friedensstifterin. – Die wilde Bellona hingegen, welche mit fliegendem Haar, die Geißel in der einen, die Waffen in der andern Hand, den Wagen des Kriegsgottes lenkt, ist eine untergeordnete Göttergestalt. In ihr ist nicht die erhabene Friedensstifterin, die Erfinderin der Künste noch mitten im wütenden Treffen sichtbar, sondern nur die rasende Wut, die Grausamkeit, die Mordlust und die Zerstörung für sich allein.

Daß in Minervens hoher Götterbildung, so wie beim Apollo, das ganz Entgegengesetzte sich zusammenfindet, macht eben diese Dichtung schön, welche hier gleichsam zu einer höhern Sprache wird, die eine ganze Anzahl harmonisch ineinandertönender Begriffe, die sonst zerstreut und einzeln sind, in einem Ausdruck zusammenfaßt.

So ist Minerva die verwundende und die heilende, die zerstörende und die bildende; eben die Göttin, welche am Waffengetümmel und an der tobenden Feldschlacht sich ergötzt, lehrt auch die Menschen die Kunst, zu weben und aus den Oliven das Öl zu pressen.

Die furchtbare Zerstörerin der Städte wetteifert mit dem Neptun, nach wessen Namen die gebildetste Stadt, die je den Erdkreis zierte, genannt werden sollte; und als der König der Gewässer mit seinem Dreizack das kriegerische Roß hervorrief, so ließ sie den friedlichen Ölbaum aus der Erde sprossen und gab der Stadt, worin die Künste blühen sollten, ihren sanftern Namen.

Die Wildheit des Kriegerischen war bei dieser Göttergestalt durch ihre Weiblichkeit gemildert, und die Weichheit und Sanftheit des Friedens und der bildenden Künste lag unter der kriegerischen Gestalt verdeckt. – Was man sich selten zusammendenkt und was in diesem schönen Ganzen der Natur doch eingehüllt noch schlummert, das rief die hohe Dichtung in eine einzige vielumfassende Göttergestalt herauf und hauchte dem neu sich bildenden Begriffe Leben ein.

Ohngeachtet des Entgegengesetzten stört doch keins der Bilder, welche diese Dichtung in sich vereinigt, die Harmonie des Ganzen. Alles deutet auf kalte überlegende Weisheit, welche nie die Stimme der Leidenschaft hört und zugleich in das Zurückschreckende der gänzlichen Unzärtlichkeit sich einhüllt.

Das versteinernde Haupt der Medusa drohet auf dem Schilde, welcher Minervens Brust bedeckt; es ist der düstre, freudenlose Nachtvogel, der über ihrem Haupte schwebt. Sie selber ist es, die den duldenden, standhaften, kalten und verschlagenen Ulysses in Schutz nimmt und die aufgebrachten Helden zur Kaltblütigkeit zurückruft.

Auch wird in diesen Dichtungen die sanftre kriegerische Macht der ungestümern als überlegen dargestellt. Da nämlich in dem Kriege vor Troja zuletzt die Götter selber, nachdem sie die Partei der Griechen oder Trojaner nahmen, sich zum Streit auffordern, so tritt der wilde Kriegsgott Mars gegen die sanftre und erhabnere Pallas auf und rennt mit seiner Lanze wütend gegen ihren Schild an, wogegen selbst Jupiters Blitze nichts vermögen.

Sie aber tritt ein wenig zurück und hebt mit starker Hand vom Felde einen ungeheuren Grenzstein auf, den schleudert sie gegen die Stirne des Kriegsgottes, daß er darniederfällt und sieben Joch Landes deckt.

Demohngeachtet aber läßt die Dichtung auch die Züge dieser männlich starken erhabnen Göttin ganz leise wieder ins Weibliche übergehen. Denn da sie die Flöte erfunden hatte und in der klaren Flut sich spiegelnd sahe, daß durch das Blasen sich ihr Gesicht entstellte, so warf sie die Flöte weg, die Marsyas nachher zu seinem Unglück fand.

Auch war sie gleich der Juno eifersüchtig, daß Venus den goldnen Apfel als den Preis der Schönheit aus Paris' Hand erhielt. Sie ruhte gleich der Juno nicht eher, bis Troja in Flammen stand, des Priamus Geschlecht vertilgt und ihre Rache befriedigt war. – Die Götterbildung wird menschenähnlich und stellt die Rachsucht selbst, wegen der Macht, mit der sie ausgeübt wird, in hoher dichterischer Schönheit dar.

Eine einfache und schöne Darstellung der Minerva im Brustbilde nach einem antiken geschnittnen Steine aus der Lippertschen Daktyliothek befindet sich auf der hier beigefügten Kupfertafel und darunter das Haupt der Medusa, wie es die Alten gebildet haben, so daß es groß in seinen Zügen und schrecklich, dennoch schön ist.

Dies Haupt, vom Körper abgesondert, macht in seinen großen Zügen gleichsam für sich ein Ganzes aus und stellt sich wie eine furchtbare Erscheinung dar; – so fürchtet Ulysses in der Unterwelt, als sich die Schatten scharenweise zu ihm drängen, daß Proserpina endlich das Haupt der Gorgo ihm entgegensenden möchte, und eilte, dem tödlichen Anblick zu entfliehen.

Mars

Auch dem Furchtbaren und Schrecklichen, dem verderblichen Kriege selber gab die Einbildungskraft der Alten Persönlichkeit und Bildung und milderte selbst dadurch den Begriff des Wilden und Ungestümen, das durch die Heere wie ein Wetter hinfährt, Wagen zertrümmert, Helme zerschellt, den Tapfern wie den Feigen im wirbelnden Sturme zu Boden wirft und über der grauenvollen Verwüstung triumphiert.

Die menschenähnliche Bildung, worin die Dichtung diese furchtbare Erscheinung hüllte und sie dem Chor der seligen Götter zugesellte, gab nun dem Krieger auch ein hohes Urbild, das über ihm in Majestät gehüllt war und das er durch Künheit und Tapferkeit nachahmend in sich übertrug.

Demohngeachtet verliert sich zuweilen in den Dichtungen

2 ATHENE

die menschenähnliche Bildung des Mars wieder in den Begriff des streitenden Heers. Als er selbst im Treffen vor Troja, mit Hilfe der Minerva, von dem tapfern Diomedes verwundet wurde, so brüllte er wie zehntausend Mann im Schlachtgetümmel, und Furcht und Entsetzen kam die Trojaner und Griechen an, als sie den ehernen Kriegsgott brüllen hörten. Dieser aber schien dem Diomed wie nächtliches Dunkel, das vor dem Sturme hergeht, als er in Wolken gehüllt zum Himmel aufstieg.

Und als er nun hier beim Jupiter sich beklagte, so schalt ihn dieser mit zürnenden Worten: »Belästige mich nicht mit deinen Klagen, Unbeständiger, der du mir der verhaßteste unter allen Göttern bist, die den Olymp bewohnen. Denn du hast nur Gefallen an Krieg und Streit; in dir wohnt ganz die Gemütsart deiner Mutter; und wärst du der Sohn eines andern Gottes und nicht mein Sohn, so lägst du längst schon tiefer, als Uranos' Söhne liegen.«

Die Unbeständigkeit des Mars, welche ihm auch Minerva vorwirft, die ihn einen Überläufer schilt, der es bald mit dem einen Heer, bald mit dem andern hält, ist wiederum der Begriff des Krieges selber, den die Dichtkunst hier als ein Wesen darstellt, das gleichsam um sein selbst willen da ist, unbekümmert, wer überwunden wird oder siegt, wenn nur das Schlachtgetümmel fortwährt.

So zürnen die erhabenern und eben deswegen auch sanftern Gottheiten, Minerva und Jupiter, auf den ungestümen und unbeständigen Mars, der aber demohngeachtet als ein hohes Wesen seinen Sitz unter den himmlischen Göttern hat und dem auf Erden Tempel und Altäre geweiht sind.

Auch wußte der wilde Mars mit seinem jugendlichen Ungestüm die sanfte Venus selbst zu fesseln, die ihrem Gatten, dem kunstreichen bildenden Vulkan, den zerstörenden Kriegsgott vorzog, mit dem sie ein verstohlnes Liebesbündnis knüpfte.

Aus diesem verstohlnen Bündnis des Sanften mit dem Ungestümen entstand Harmonia, der Venus schönste Tochter, die mit Kadmus, dem Stifter und Erbauer von Theben, sich vermählte.

Auf der Untreue der Venus verweilt die bildende Kunst der Alten und ihre Dichtkunst gern. Vulkanus zürnt vergeblich; die Schönheit bindet sich an kein Gesetz, sie ist über allen Zwang erhaben, und das verderbliche Jugendliche ist, was ihr wohlgefällt.

So wie nun Venus mit Zärtlichkeit den Kriegsgott fesselt, so hält Minerva ihn mit Weisheit von seinem Ungestüm zurück. Denn als einst Jupiters drohendes Verbot den Göttern untersagt hatte, in den Krieg der Trojaner und Griechen sich zu mischen, und Mars vernahm, sein Sohn Askalaphus sei erschlagen, so ließ er seine Diener, das Schrecken und das Entsetzen, die Pferde vor seinen Wagen spannen und legte seine leuchtenden Waffen an.

»Zürnt nicht, ihr Götter«, sprach er, »daß ich den Tod meines Sohnes räche, wenn Jupiter selbst auch seine Blitze auf mich schleudert.« Da sprang Minerva zu, riß ihm den ehernen Spieß aus seiner starken Hand, den Helm vom Haupte, den Schild von seiner Schulter. »Rasender«, sprach sie, »willst du uns alle ins Verderben stürzen, wenn aufs höchste Jupiters Zorn gereizt ist? Laß ab zu zürnen, denn mancher ist erschlagen, der stärker war als dein Sohn, und mancher Stärkere wird noch fallen. Wer kann die Sterblichen vom Tode befreien?« so sprach sie und brachte den Mars zu seinem Sitz zurück.

Wer sieht nicht durch alle diese menschenähnlichen Darstellungen der Götter die großen Bilder und Gedanken durchschimmern, welche diesen Dichtungen Hoheit und Würde geben; es sind immer die Begriffe von wilder Zerstörung, Sanftheit des Erhabenen, hohem Reiz des Schönen und von lenkender Weisheit, die auf mannigfaltige Weise ineinanderspielen und unter der Decke des Menschenähnlichen sich verhüllen.

Auf der hier beigefügten Kupfertafel ist nach einem antiken

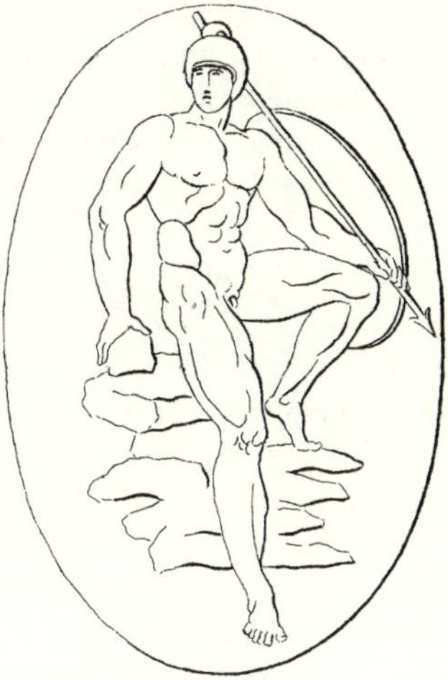

geschnittenen Steine aus der Lippertschen Daktyliothek der Kriegsgott abgebildet, wie er, sich mit der Rechten stützend und Spieß und Schild in der Linken tragend, vom Gipfel des umwölkten Olymps herniedersteigt. Auf ebendieser Tafel ist Venus mit dem Liebesgott ebenfalls nach einem antiken geschnittenen Steine im Umriß abgebildet.

Venus

Man verehrte in dieser reizenden Göttergestalt den heiligen Trieb, der alle Wesen fortpflanzt; die Fülle der Lebenskraft, die in die nachkommenden Geschlechter sich ergießt; den Reiz der Schönheit, der zur Vermählung anlockt. Sie war es, welche den Blick der Götter selbst auf Jugend und Schönheit in sterblichen Hüllen lenkte und triumphierend ihrer Macht sich freute, bis auch sie erlag, dem blühenden Anchises sich in die Arme werfend, von welchem sie Äneas, den göttergleichen Held, gebar.

So wie nun aber jener sanfte, wohltätige Trieb auch oft verderblich wird und über ganze Nationen Krieg und Unheil bringt, so stellt die Sanfteste unter den Göttinnen sich in den Dichtungen der Alten auch als ein furchtbares Wesen dar.

Sie hatte dem Paris, der ihr vor allen Göttinnen den Preis der Schönheit zuerkannte, das schönste Weib versprochen; nun stiftete sie selbst ihn an, dem griechischen Menelaus seine Gattin, die Helena, zu entführen, und flößte dieser selbst zuerst den Wankelmut und die Treulosigkeit in den Busen ein.

So hielt sie dem Paris ihr Wort, ganz unbekümmert, was für Zerstörung und Jammer daraus entstehen würde. Im Kriege vor Troja hüllte sie den Paris, als Menelaus im Zweikampf ihn töten wollte, in nächtliches Dunkel ein und führte ihn in sein duftendes Schlafgemach, wo sie selber die Helena zu ihm rief.

Und als diese, ihre Schuld bereuend, sich weigerte, der Liebesgöttin Ruf zu folgen, so sprach Venus mit zürnenden Worten: »Elende, reize mich nicht, damit ich nicht ebensosehr dich hasse, als ich bis jetzt dich liebte! Unter den Trojanern und Griechen stifte ich dennoch verderblichen Hader an, dich aber soll ein unseliges Schicksal treffen!«

Und nun läßt die gebietende Venus, dem rechtmäßigen erzürnten Gatten gleichsam zum Trotz, den wollüstigen Paris die Freuden der Liebe genießen. – Wenn nun diese Göttergestalt zugleich die kalte Weisheit der Minerva oder den Ernst der Themis in sich vereinte, so würde sie freilich nicht so ungerecht, um die verderbliche Lust eines einzigen Lieblings zu begünstigen, der alles verwüstenden Zerstörung, die sie dadurch veranlaßt, ruhig zusehn.

Dann wäre sie aber auch nicht mehr ausschließend die Göttin der Liebe; sie bliebe kein Gegenstand der Phantasie und wäre nicht mehr die hohe dichterische Darstellung desjenigen, was in der ganzen Natur mit unwiderstehlichem Reize unaufhörlich fortwirkt, unbekümmert, ob es Spuren blutiger Kriege oder glücklich durchlebter Menschenalter hinter sich zurückläßt.

Überhaupt ist es das Mangelhafte oder die gleichsam fehlenden Züge in den Erscheinungen der Göttergestalten, was denselben den höchsten Reiz gibt und wodurch ebendiese Dichtungen ineinander verflochten werden.

Der hohen Juno mangelte es an sanftem Liebreiz; sie muß den Gürtel der Venus borgen. Die überlegende Weisheit fehlt dem mächtigen Kriegsgotte; Minerva lenkt seinen Ungestüm.

Venus besitzt den höchsten Liebreiz; aber Minerva, der es ganz an weiblicher Zärtlichkeit mangelt, ist ihr an Macht weit überlegen. Im Treffen vor Troja, wo zuletzt die Götter selber sich zum Streit auffordern und Venus den Trojanern, Minerva den Griechen beisteht, gibt Minerva der Venus, die dem Mars zu Hülfe eilt, mit starker Hand einen Schlag auf die Brust, daß ihre Knie sinken; und Minerva sagt triumphierend: »Mögen doch alle, die den Trojanern beistehen, der Venus an Tapferkeit und Kühnheit gleichen!«

Als Venus, vom Diomed in die Hand verwundet, gen Himmel stieg und bei ihrer Mutter Dione über die verwegene Kühnheit der Sterblichen sich beklagte, so spottete Minerva ihrer mit den Worten: »Gewiß hat Venus irgendeine schöne geschmückte Griechin überreden wollen, daß sie ihren geliebten Trojanern folgen möchte, und beim Liebkosen hat sie sich in die goldene Schnalle die zarte Hand geritzt.«

Da lächelte der Vater der Götter und Menschen, rief die Venus zu sich und sprach zu ihr mit sanften Worten: »Die kriegerischen Geschäfte, mein Kind, sind nicht dein Werk; die Freuden der Hochzeit zu bereiten ist dein süß Geschäft; laß du nur für das wilde Kriegsgetümmel Mars und Minerva sorgen!«

So scherzte in diesen Dichtungen der Alten die Phantasie in kühnen Bildern mit der Gottheit, die sie sich in den kleinsten Zügen nach dem Bilde der Menschen schuf und dennoch die größten und erhabensten Erscheinungen der alles umfassenden Natur beständig zu ihrem hohen Urbild nahm.

Die Horen empfangen die Venus, wenn sie, nach der alten Dichtung, dem Meer entsteigt; sie ziehen ihr göttliche Kleider an, setzen ihr aufs unsterbliche Haupt die goldene Krone, schmücken ihr mit goldenem Geschmeide Hals und Arme und hängen blitzende Ohrgehänge in ihre durchlöcherten Ohren; – so malt sich bis auf den kleinsten weiblichen Schmuck das Bild der hohen Göttin aus.

Der Venus waren vom Jupiter die Grazien zugesellt; in ihrem Gefolge waren die Liebesgötter; vor ihren Wagen waren Tauben gespannt. – Alles ist sanft und weich in diesem Bilde; doch ist der Liebesgott mit Bogen und Pfeil bewaffnet und stellt die furchtbare Macht seiner himmlischen Mutter, der alles besiegenden Göttin, in sich dar.

Diana

Drei himmlische Göttinnen sind über die Macht der Venus erhaben: Minerva, welche dem Kriege vorsteht und nützliche Künste die Menschen lehrt; die jungfräuliche Vesta, welche bei Jupiters Haupte schwur, sich nie einem Manne zu vermählen, und Diana mit dem goldenen Bogen, die sich der Pfeile freut, an schattichten Wäldern ihre Lust hat und an der Verfolgung der schnellen Hirsche sich ergötzt.

Als Jupiter, den sie schmeichelnd bat, ihr den jungfräulichen Stand vergönnte, so nahm sie Pfeil und Bogen, zündete ihre Fackel bei Jupiters Blitzen an und ging, von ihren Nymphen begleitet, hoch in den Wäldern einher und auf den stürmischen Gipfeln.

Sie spannt den goldenen Bogen und sendet die tödlichen Pfeile ab. Die Spitzen der Berge zittern, vom Ächzen des Wildes ertönt der Wald. Hoch über alle ihre Nymphen ragt die Göttin mit Stirn und Haupt empor und wendet ihr Geschoß nach allen Seiten.

Doch vergißt die hohe Göttin auch im Getümmel der Jagd des himmlischen Bruders nicht. Und wenn sie genug mit Jagen sich ergötzt hat, so spannt sie den goldenen Bogen ab und eilet nach Delphi zu dem Sitze des leuchtenden Apollo. Da hängt sie ihren Bogen auf und führt die Chöre der Musen und Grazien an, welche das Lob der himmlischen Latona singen, die solche Kinder gebar.

Als die Schwester des Apollo schimmert Diana am hellsten hervor, weil dieser seinen Glanz mit auf sie wirft. So wie sie mit ihm vereint die Kinder der Niobe mit schrecklichen Pfeilen tötet, so richtet sie auch mit ihm vereint ihr sanftes Geschoß auf die Geschlechter der Menschen, die gleich den welkenden Blättern der blühenden Nachkommenschaft allmählich weichen.

Nach einer schönen Dichtung übte sich Diana zu diesem Geschäft zuerst an Bäumen, dann an Tieren und zuletzt an einer ungerechten Stadt, wo sie die Menschen mit verderblichen, Krankheit und Seuchen bringenden Pfeilen erlegte.

Das Urbild der Diana ist der leuchtende Mond, der kalt und keusch in nächtlicher Stille über die Wälder seinen Glanz ausstreuet. – Diese Keuschheit der Diana selber aber ist ein furchtbarer Zug in ihrem Wesen. Den Jäger Aktäon, der sie im Bade erblickte, ließ sie, in einen Hirsch verwandelt, von seinen eigenen Hunden zerrissen, ihrer jungfräulichen Schamhaftigkeit ein schreckliches Opfer werden.

Und als eine Priesterin der Diana ihren Tempel durch die Annahme der Besuche ihres geliebten Jünglings in demselben entweihte, bestrafte die Göttin das ganze Land mit Pest und Seuchen, bis man das schuldige Paar ihr selber zum Opfer brachte. – Ihr widmeten sich die Jungfrauen, die das Gelübde der Keuschheit taten, dessen Verletzung sie mit grausamen Strafen rächte.

Wenn Jungfrauen, die dies Gelübde taten, sich dennoch, ihren Entschluß bereuend, vermählen wollten, so zitterten sie vor Dianens Rache und suchten die zürnende Göttin mit Opfern zu versöhnen.

Diana und Venus waren die Allerentgegengesetztesten unter den himmlischen Göttergestalten. Demohngeachtet wurden beide verehrt. Die ausschweifende Lust der einen und die Keuschheit der andern war über Lob und Tadel der Sterblichen weit erhaben, die eine wie die andre gleich wohltätig und gleich furchtbar.

Als aber die mächtige Diana in dem Treffen vor Troja die mächtigere Juno zum Streit aufforderte, so fühlte sie die starken Arme der Vermählten des Donnergottes. »Das Wild auf den Bergen«, sprach Juno, »kannst du töten, aber nicht mit Mächtigern streiten!«

Darauf faßte sie die beiden Hände der Diana an dem Gelenke in ihre Linke zusammen, nahm mit der Rechten den Köcher von

Dianens Schulter und schlug sie damit auf beide Wangen, daß die Pfeile zur Erde fielen; – und gleich der furchtsamen Taube vor dem Habicht, floh die sonst so mächtige Göttin weinend davon und ließ ihren Köcher zurück, welchen Latona wieder aufhob und die zerstreueten Pfeile wieder auflas.

So menschenähnlich auch diese hohen Göttergestalten handeln, ist dennoch diese Dichtung groß und schön, sobald man sie nicht einzeln, sondern im Sinn des Ganzen dieser Dichtung nimmt.

Derselbe furchtbare Köcher, aus welchem die tödlichen Pfeile sich über das Geschlecht der Sterblichen verbreiten, ist ein leichtes Spielwerk in den Händen der erhabenen Juno, die ihn als ein Werkzeug braucht, den Übermut der Mindermächtigen zu bestrafen, deren errötende Wange von einer stärkern Hand die Schläge des rasselnden Köchers fühlt, mit welchem sie sonst furchtbar einhergeht. – Es gibt kein treffenderes Bild der tief gedemütigten weiblichen Macht als dies.

Der weisere Apoll antwortet dem Neptun, der ihn zum Streit auffordert: »Warum sollte ich mit dir der elenden Sterblichen wegen fechten, die gleich den Blättern auf den Bäumen nur eine Zeitlang dauern und bald verwelken! Laß uns vom Kampf abstehen; sie mögen untereinander sich selbst bekriegen!«

Auf der hier beigefügten Kupfertafel befindet sich eine Abbildung der Diana nach einem antiken geschnittenen Steine, wo sie, im aufgeschürzten Kleide, auf einen attischen Pfeiler gelehnt, in ruhiger Stellung steht, den Köcher und Bogen auf der Schulter und als die Erleuchterin der Nacht mit einer Fackel in der Hand, welche sie auszulöschen im Begriff ist.

Hinter ihr ragt ein Berg hervor, welcher sie als die Göttin bezeichnet, die auf den waldichten Gipfeln einhergehend die Spur des Wildes verfolgt.

Auf ebendieser Kupfertafel befindet sich auch eine Abbildung der Ceres nach einem antiken geschnittenen Steine. In der Rechten hält sie eine Sichel, in der Linken eine Fackel, die sie

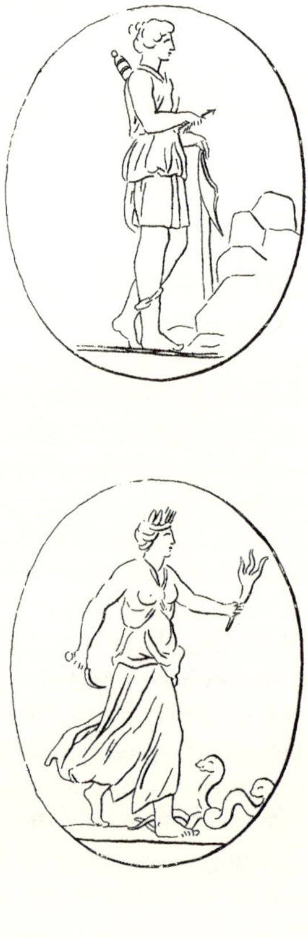

auf dem Ätna anzündete, um ihre geraubte Tochter in den verborgensten Winkeln der Erde zu suchen. Zu ihren Füßen schmiegen sich die Drachen, die ihren Wagen zogen.

Ceres

Unter den drei hohen Göttinnen, die vom Saturnus erzeugt und von der Rhea geboren sind, ist Juno allein die Königin des Himmels. Ceres und Vesta sind auf Erden wohltätige Wesen, wovon die eine den nährenden Halm hervorruft, die andre, selbst jungfräulich, dennoch den Schoß der Erde mit heiliger, fruchtbar machender Wärme durchglüht.

Mit der Ceres erzeugte der Vater der Götter die jungfräuliche Proserpina, welcher des Lichtes süßer Anblick nur kurze Zeit gewährt war – denn nur zu bald wurde Jugend und Schönheit ein Opfer des unerbittlichen Orkus.

Da sie in sorgenfreier Unschuld mit ihren Gespielinnen auf der Wiese Blumen sammelt, schlingt schon der König der Schrecken die starken Arme um sie her und hebt die umsonst sich Sträubende auf seinen mit schwarzen Rossen bespannten Wagen.

Zürnend und mitleidsvoll versucht die Nymphe Cyane die schnaubenden Rosse aufzuhalten. Pluto aber stampft mit seinem zweizackigen Zepter von Ebenholz den Boden und öffnet sich mitten durch die Klüfte der Erde zu seinem unterirdischen Palast einen Weg.

Ceres aber, da sie den Raub ihrer Tochter vernimmt, unwissend, wer sie entführte, zündet auf dem flammenden Ätna ihre Fackel an, setzt sich auf ihren mit Drachen bespannten Wagen und sucht ihre Tochter in den verborgensten Winkeln der Erde, wohin kein Strahl der Sonne drang. Sie sucht die Nacht zu erleuchten, das Verborgene aufzudecken, um das Verlorne und Entschwundene, was ihr so nah verwandt ist, wieder ans Licht zu bringen.

Nachdem sie ihre Tochter nun vergebens auf der ganzen Erde gesucht hatte, so kam sie endlich in Eleusis, einem Flecken in Attika, ermüdet an.

Mit der Macht der Gottheit verknüpft die schöne Dichtung menschliches Leiden. – Die erhabene Göttin war jammervoll; sie setzte sich betrübt auf einem Steine nieder, bis der gastfreie Celeus sie in seine Wohnung einlud, ohngeachtet sein Haus voll Trauer war, weil sein geliebter Sohn in letzten Zügen lag.

Die Göttin nahm an dieser Trauer teil, weil sie den Schmerz über den Verlust eines Kindes in seiner ganzen Größe selber kannte. Nun aber tat sie, was als Göttin ihr ein leichtes war: sie machte des Celeus Sohn gesund.

Auch wollte sie die Unsterblichkeit dem blühenden Knaben schenken, indem sie ihn alle Nacht auf ihrem Schoße in Flammen hüllte, um alles Sterbliche an ihm zu tilgen, bis durch den ungestümen Schrei und durch die unzeitige Furcht der Mutter, welche die Ceres einst bei diesem Geschäft belauschte, auch dieser Wunsch der Göttin vereitelt ward.

Dennoch setzte sie ihrer Wohltätigkeit keine Schranken; sie gab dem Triptolemus, des Celeus älterm Sohne, einen Wagen, mit fliegenden Drachen bespannt, und schenkte ihm den edlen Weizen, daß er ihn auf der ganzen Erde mit vollen Händen ausstreuen und Segen allenthalben seine Spur begleiten sollte.

Endlich entdeckte nun auch der Ceres die allsehende Sonne den Aufenthalt ihrer Tochter; da forderte sie die gewaltsam Geraubte zürnend vom Orkus wieder, – und Jupiter selber bewilligte Proserpinens Rückkehr unter der Bedingung, daß von der Kost in Plutos Reiche ihre Lippe noch unberührt sei.

Proserpina aber hatte dem Reiz nicht widerstanden, aus einem Granatapfel einige Körner zu verzehren, – nun war sie dem Orkus eigen und konnte keine Rückkehr hoffen.

Dennoch bewirkte ihre mächtige Mutter, daß sie nur einen Teil des Jahres beim Pluto verweilen durfte, den andern aber wieder auf der Oberwelt des himmlischen Lichts genösse, damit die liebende Mutter sich alljährlich der wiedergefundenen Tochter freue.

Durch alle diese Dichtungen schimmern die Begriffe von der geheimnisvollen Entwickelung des Keims im Schoß der Erde, von dem innern verborgenen Leben der Natur hervor. Es gibt keine Erscheinung in der Natur, wo Leben und Tod dem Ansehen nach näher aneinandergrenzen als da, wo das Samenkorn, dem Auge ganz verdeckt, im Schoß der Erde vergraben und gänzlich verschwunden ist und dennoch gerade auf dem Punkte, wo das Leben ganz seine Endschaft zu erreichen scheint, ein neues Leben anhebt.

Durch den sanften Schoß der Ceres pflanzen sich bis in das dunkle Reich des Pluto die himmlischen Einflüsse fort. – Pluto heißt auch der Stygische oder Unterirdische Jupiter; und mit ihm vermählt sich des himmlischen Jupiters reizende Tochter, in welcher die Dichtung die entgegengesetzten Begriffe von Leben und Tod zusammenfaßt und durch welche sich zwischen dem Hohen und Tiefen ein zartes geheimnisvolles Band knüpft.

Auf den Marmorsärgen der Alten findet man oft den Raub der Proserpina abgebildet, und bei den geheimnisvollen Festen, welche der Ceres und der Proserpina gefeiert wurden, scheint es, als habe man grade dies Aneinandergrenzen des Furchtbaren und Schönen zum Augenmerk genommen, um die Gemüter der Eingeweihten mit einem sanften Staunen zu erfüllen, wenn das ganz Entgegengesetzte sich am Ende in Harmonie auflöste.

An die Vorstellung vom Ackerbau, welche den Menschen nachher so gewöhnlich und alltäglich geworden ist, knüpften sich in jenen Zeiten, wo man noch die Gaben der Natur gleichsam unmittelbar aus ihrer Hand empfing, erhabne und schöne Begriffe an; es war die Menschheit und ihre höhere Bildung selber, die man in dieser einfachen Vorstellung wiederfand, unter welcher man sich auch die ganze Natur mit ihren wunderbarsten abwechselnden Erscheinungen dachte und sich an dieselbe unter allen ihren Gestalten so nahe wie möglich anschloß.

Unter den höhern Göttergestalten ist Ceres eine der sanftesten und mildesten; demohngeachtet ließ sie auch den Erysichthon, welcher an einem ihr geweihten heiligen Haine Frevel verübte, ihre furchtbare Macht empfinden. Sie selber warnte ihn zuvor, da er im Begriff war, die heilige Pappel umzuhauen; als er aber dennoch den grausamen Hieb vollführte, so mußte er für sein Vergehen gegen die alles ernährende Göttin mit ewig nicht zu stillendem Hunger büßen.

Und als sie, ihre verlorne Tochter auf dem ganzen Erdkreis suchend, einst lechzend und ermattet in eine Hütte einkehrte, wo sie begierig trinkend von einem Knaben verspottet ward, so duldete sie die Schmach nicht, sondern besprengte den kindischen Frevler mit Wassertropfen, der, plötzlich in eine Eidechse verwandelt, von der furchtbaren Macht der Göttin ein Zeuge ward.

Vulkan

Das Mühsame und Beschwerliche der Arbeit in der mit Rauch und Dampf erfüllten Werkstatt, zusammengedacht mit der erhabnen Kunst, die unermüdet hier mit schaffendem Geiste wirkt, hüllte die Phantasie der Alten in eine eigene hohe Götterbildung ein, bei welcher alle Kraft sich in dem mächtigen Arm vereint, der den gewaltigen Hammer auf dem Amboß führt, indes die gelähmten Füße hinken.

Wetteifernd mit dem Jupiter, hatte Juno den Vulkan, wie dieser die Minerva, aus sich selbst geboren und erzeugt. Jupiter aber schleuderte ihn vom Himmel hinab; er sollte in den glänzenden Reihen des hohen Götterchors nicht aufgenommen sein.

Der Rauch, der schwarze Dampf, die halberstickte Flamme vereinte sich mit dem reinen Äther nicht und widerstrebte dem

Begriff von Klarheit, Schönheit und hoher Götterwürde. Die Häßlichkeit Vulkans ist ihm ein bittrer Vorwurf.

Und dennoch nahm die Phantasie auch diese Götterbildung unter den Glanz des Hohen und Himmlischen durch den Weg des Komischen wieder auf. Die seligen Götter geraten in ein unendliches Lachen, wenn der hinkende Vulkan, das Amt des Ganymed verwaltend und selbst über sein Gebrechen scherzend, den mit Nektar gefüllten Becher in der Versammlung der Götter umherreicht.

Die kühne Einbildungskraft der Alten aber wußte das Komische selber wieder mit Göttermacht und Hoheit und einer über alles Menschliche erhabnen Würde zu umkleiden, wodurch sie eine Schattierung mehr erhielten, die ihren Dichtungen einen unnachahmlichen Reiz gibt.

Der hinkende, wegen seiner Häßlichkeit vom Himmel geschleuderte Sohn der Juno, welcher unbehülflich das Amt des zarten Ganymed verrichtet, ist in der mechanischen Kunst vortrefflich; bei dieser schaden ihm die gelähmten Füße nicht; auch schmälert sein Sturz vom Himmel die Macht und Hoheit nicht, wodurch er ein Gegenstand der Verehrung der Völker wird.

In seiner Schmiede führt er auf dem Amboß mit mächtigen Schlägen selbst den Hammer; aber Luft und Feuer stehn ihm zu Gebote. Die Blasebälge atmen auf seinen Wink und hauchen die Flamme schwächer oder stärker an; jeder seiner Gedanken führt schnell mit Götterkraft sich aus, und unter seinen bildenden Händen tritt majestätisch das Werk hervor.

Ihm ist es ein leichtes, seinen Bildungen Leben einzuhauchen; er schmiedet zwanzig Dreifüße, auf goldenen Rädern rollend, welche auf seinen Wink in die Versammlung der Götter gehen und wiederkehren. Auch hat er sich goldne Mägde gebildet, die Leben und Bewegung haben und ihn im Gehen stützen.

Wenn er aus seiner Schmiede tritt, so trägt er ein königlich

Gewand und Zepter; auch ist in ihm die hohe bildende Kunst, obgleich in unansehnliche Gestalt verhüllt, doch mit der Schönheit selbst vermählt; durch diese Vermählung mit der Venus aber erhält das Komische in den Zügen der Götterbildung des Vulkan den höchsten Reiz, weil auch die Eifersucht sich dazugesellt.

Das künstliche Netz, welches der eifersüchtige Gatte um den Mars und die Venus schmiedet und alle Götter herbeiruft, um über sein Unglück sich zu beklagen, ist in den Dichtungen der Alten unter Göttern und Menschen zu einer belustigenden Fabel geworden, wodurch der finstre Ernst gemildert und das Gemüt zu frohem Lächeln aufgeheitert wird.

In der Götterbildung des Vulkan aber findet sich das ganz Entgegengesetzte zusammen, was die Alten vorzüglich in ihren Dichtungen liebten; in ihm vermählt sich die Häßlichkeit mit der Schönheit selber; das Komische ist in ihm mit Würde, die Schwachheit mit der Stärke, die Lähmung des Fußes mit der Kraft des mächtigen Arms vereint. – Es ist, wie wir schon bemerkt haben, gleichsam das Mangelhafte oder die fehlenden Züge, wodurch auch diese Göttergestalt sich an die übrigen anschließt.

Wie hoch aber die Kunst, das Eisen zu schmieden, von den Alten geschätzt wurde, erhellet auch aus dieser Dichtung, wo sie unter allen Künsten allein das ausschließende Geschäft eines Gottes ist, der selber mit in dem Rate der hohen Götter sitzt.

Ob nun gleich Vulkan erst unter den neuern Göttern auftritt, so schimmert dennoch auch sein Urbild unter den alten Göttergestalten dunkel hervor; die Kureten oder Korybanten, welche den Jupiter auf der Insel Kreta bewachten, waren nach einer alten Sage seine Abkömmlinge; auch war er einer der ältesten oder die älteste unter den ägyptischen Gottheiten.

Die Kureten machten schon ein Getöse mit Waffen, die von Eisen geschmiedet waren. Die Cyklopen hatten schon vorher, ehe Jupiters Reich begann, in den Höhlen der Erde den Blitz und den Donner bereitet, und die Erde selber hatte schon eine Sichel geschmiedet, womit Saturnus seinen Erzeuger entmannte.

Auch waren eine Art geheimnisvoller Götterbildungen aus dem höchsten Altertum, welche unter dem Namen der Kabiren in Ägypten und Samothracien verehrt wurden, nach einer alten Sage Söhne oder Abkömmlinge des Vulkan, dessen Erscheinung hiedurch auf einmal weit zurücktritt und in den Nebel der grauen Vorzeit sich verhüllt.

Schön und bedeutend ist es in diesen Dichtungen, daß die bildenden Götter einander hülfreich sind. Als Prometheus die Menschen bildete, so standen Minerva und Vulkan ihm bei. Vulkan aber mußte nachher selber auf Jupiters Befehl den Prometheus an den Felsen schmieden, welches er nach der Darstellung des tragischen Dichters, da er dem Donnerer nicht widerstreben durfte, mit lautem Jammer tat.

Auch wünschte Vulkan, obgleich vergeblich, sich mit der Minerva zu vermählen. Und als er gewaltsam sich ihrer zu bemächtigen suchte, wurde, während er mit der Göttin kämpfte, die Erde von seiner Zeugungskraft befruchtet und gebar den Erichthonius mit Drachenfüßen, den Minerva selbst in Schutz nahm und ihn den Einwohnern ihrer geliebten Stadt Athen zum Könige setzte, wo er, um seine ungestalten Füße zu verbergen, den vierrädrigen bedeckten Wagen erfand.

Die Drachengestalt und Drachenfüße bezeichnen in diesen Dichtungen fast immer das der Erde Entsprossene, mit der Erde nah Verwandte; so bildet die Phantasie die himmelanstürmenden Giganten als Kinder der Erde mit Drachenfüßen; und auch der Wagen der Ceres, die die Erde befruchtet, ist mit Drachen bespannt.

Ganz menschenähnlich stellt die Dichtung den Gott der Flammen dar, wie er, um die Thetis zu empfangen, die zu ihm kömmt, um für ihren geliebten Sohn Achilles einen neuen

Schild und Rüstung zu erbitten, sich mit dem nassen Schwamme erst Brust und Nacken, Gesicht und Hände wäscht, um mit dem Schmutz der Arbeit nicht vor der besuchenden Göttin zu erscheinen.

Als er aber in dem Treffen vor Troja auf den Befehl seiner Mutter sich mit seinen Flammen dem Flußgott Skamander widersetzte, der mit seinen anschwellenden Fluten den Achill verfolgte, so begann ein furchtbarer Kampf zwischen den beiden entgegengesetzten Elementen. Zuerst verbrannte Vulkan das Feld mit allen Toten; dann richtete er die leuchtende Flamme gegen den hochaufschwellenden Strom, daß das Schilf an seinen Ufern verbrannte, das Wasser siedete und die Fische geängstiget wurden. Da flehte der Flußgott die Juno um Erbarmung an, und Vulkan ließ ab, ihn zu ängstigen, da seine Mutter es ihm befahl und zu ihm sprach: »Höre auf! Es ist nicht billig, daß ein unsterblicher Gott der sterblichen Menschen wegen so gequält werde.«

Auf der hier beigefügten Kupfertafel befindet sich im Umriß nach antiken geschnittnen Steinen aus der Lippertschen Daktyliothek außer einem Kopf des Vulkan noch eine Abbildung desselben, wie er einen Pfeil schmiedet und ihm zur Seite Venus mit dem Kupido steht, der nach den Pfeilen greift, die Venus in der Hand hält.

Vesta

So wie Vulkan die zerstörende und auch die bildende Flamme, das verzehrende Feuer und die alles zerschmelzende Glut bezeichnet, so ist der Vesta höheres Urbild das heilige glühende Leben der Natur, das unsichtbar mit sanfter Wärme durch alle Wesen sich verbreitet.

Es ist die reine Flamme in dem keuschen Busen der hohen Himmelsgöttin, welche als ein erhabnes Sinnbild auf dem Altar der Vesta loderte und, wenn sie verloschen war, nur durch den elektrischen, durch Reibung hervorgelockten Funken sich wieder entzünden durfte.

Unter diesem hohen Sinnbilde wurde das umgebende Ganze selber in seinem geheimsten Mittelpunkte verehrt, wo Gestalt und Bildung aufhörte und der runde, umwölbende Tempel mit dem Altar und der darauf lodernden Flamme selbst das Bild der inwohnenden Gottheit war.

Dieser uralte Gottesdienst verflocht sich auch in das schöne häusliche Leben der Alten: Man dankte der Vesta jede wohltätige Wirkung des Feuers, die auf Erhaltung und Ernährung abzweckt. Sie war es, welche die Menschen lehrte, sich auf dem heiligen Herde die nährende Kost zu bereiten.

Auch das Häuserbauen lehrte Vesta die Menschen; und so wie das umgebende Ganze selber ihr Tempel war, so war auch die schützende Umgebung des Menschen ihr wohltätiges Werk, das ihr die Sterblichen dankten; denn der Eintritt zu jeglichem Hause und der Vorhof waren ihr heilig.

Es war ein reines dankbares Gefühl bei den Alten, wodurch sie jede einzelne Wohltat der Natur unter irgendeinem bezeichnenden Sinnbilde besonders anerkannten; es war eine schöne Idee, der heiligen Flamme, welche wohltätig den Menschen dient, gleichsam wieder zu pflegen und unbefleckte Jungfrauen als die heiligsten Priesterinnen ihrem immerwährenden Dienste zu weihen.

Für das Feuer, welches allenthalben den Menschen nützt, gab es auch einen Fleck, wo es, nie durch den Gebrauch zu menschlichem Bedürfnis herabgezogen, stets um sein selbst willen loderte und die Ehrfurcht der Sterblichen auf sich zog.

Wenn die Kunst der Alten es wagte, die Vesta abzubilden, so trug die geheimnisvolle Göttin eine Fackel in der Hand; aber der keusche Schleier hüllte dennoch ihre Bildung ein. Auf der hier beigefügten Kupfertafel befindet sich eine Abbildung der Vesta, nach einem antiken geschnittenen Steine aus der Lippertschen Daktyliothek, die aber so zusammengesetzt und

rätselhaft ist, daß man leicht sieht, der Künstler habe vorzüglich nur das Geheimnisvolle in dem Begriff von dieser Gottheit selbst bezeichnen wollen.

Pluto oder der Stygische Jupiter, der auch Jupiter Serapis heißt, sitzt auf einem Throne und legt, in der Linken den Zepter haltend, seine Rechte auf eine geflügelte Tiergestalt. Zu seiner Linken steht Harpokrates, der Gott des Stillschweigens, mit dem Finger auf dem Munde, und zur Rechten die geschleierte Vesta mit der Fackel in der Hand. Auch hält Harpokrates ein Horn des Überflusses. Lauter Sinnbilder des Tiefen, Verborgenen, Geheimnisvollen im Innersten der Natur, woraus sich unaufhörlich Leben und Fülle ergießt.

Unter der Abbildung der Vesta mit der Fackel denkt man sich eine ältere Vesta, welche mit der Erde einerlei ist, die unter mannigfaltigen Namen auch diesen trägt. Allein die ähnlichen alten und neuen Göttergestalten verlieren sich in den Dichtungen der Alten ineinander; und da die Erde als eine der alten Gottheiten unter den neuen herrschenden Göttern nicht mit auftritt, so scheint sie in der Vesta, wie Helios im Apollo, sich gleichsam verjüngt zu haben und wohnt in ihr dem Rat der himmlischen Götter bei.

Auf ebendieser Kupfertafel befindet sich auch, nach einem schönen antiken geschnittenen Steine, eine Abbildung des Merkur, der als der Gott der Wege den Altar, worauf ein antiker Meilenzeiger steht, mit seinem Stabe berührt. Auf dem Altare liegt ein Stab, zum Zeichen, daß die Reisenden dem Merkur, wenn sie die Reise vollbracht, ihre Wanderstäbe weihten. Zum Zeichen der Sicherheit der Wege windet sich der friedliche Ölzweig um die Meilensäule. Merkur trägt auf dem Haupte den geflügelten Hut und ist mit einem kurzen Mantel bekleidet.

Merkur und Vesta waren beide die Menschen lehrende wohltätige Wesen, und der Gesang vereint ihr Lob. In allen Häusern und Palästen der Götter und der Menschen hat Vesta ihren eignen Sitz und ihre alte Ehre; der ersten und der letzten Vesta wird bei jedem Gastmahle süßer Wein mit Ehrfurcht ausgegossen.

Der Sohn des Jupiter und der Maja, der Bote der Götter mit dem goldenen Stabe, der Geber vieles Guten, bewohnet mit der Vesta die Häuser der Sterblichen, und beide sind einander lieb, weil beide in schöner Übereinstimmung nützliche Künste lehren.

Merkur

In diese leichte Götterbildung hüllte die Phantasie der Alten die Begriffe von schneller Erfindungskraft, List und Gewandtheit ein, die sich sowohl in der täuschenden Überredung als in dem leicht vollführten scherzenden Diebstahl zeigte, worüber selbst der Beraubte, wenn er die kühne Schalkheit wahrnahm, lächeln mußte.

Schalkheit und List ist hier mit der Macht der Gottheit und mit Unsterblichkeit gepaart; denn nichts war unheilig in der Vorstellungsart der Alten, was aus dem mannigfaltigen Bildungstriebe der Natur hervorging und, wenn gleich durch sich selber schadend, dennoch den Stoff des Schönen und Nützlichen in sich enthielt.

Die Phantasie setzt ihren Göttergestalten keine Schranken, sie läßt bei jeglicher den herrschenden inwohnenden Trieb in seinem weitesten Umfange spielen und führt ihn gern bis auf den Punkt des Schädlichen hin; eben weil in diesen Dichtungen die großen Massen von Licht und Schatten und die furchtbaren Gegensätze in der Natur sich zusammendrängen, die sonst das Auge nur zerstreut und einzeln wahrnimmt, und weil gewissermaßen jede Göttergestalt das Wesen der Dinge selbst, aus irgendeinem erhabenen Gesichtspunkt betrachtet, in sich zusammenfaßt.

In dieser Rücksicht ist die Dichtung vom Merkur eine der schönsten und vielumfassendsten. Er ist der behende Götterbote, der Gott der Rede, der Gott der Wege; in ihm verjüngt sich das schnelle geflügelte Wort und wiederholt sich auf seinen Lippen, wenn er die Befehle der Götter überbringt.

Darum ist auch sein erhabenes Urbild die Rede selber, welche als der zarteste Hauch der Luft sich in den mächtigen Zusammenhang der Dinge gleichsam stehlen muß, um durch den Gedanken und die Klugheit zu ersetzen, was ihrer Wirksamkeit an Macht abgeht.

Auch lieh die Phantasie der Alten gern dem Worte Flügel, weil es vom schnellen Hauch begleitet erst hörbar wird; und wenn der Laut nicht über die Lippen kam, so war ihr schöner Ausdruck: dem Worte fehlten die Flügel.

Die Zunge der Opfertiere war dem Merkur geweiht; Milch und Honig brachte man dem Gott der sanft hinströmenden Unterredung dar. Aus seinem Munde senkte sich, nach einer dichterischen Darstellung, vom Himmel eine goldene Kette nieder, bis zu dem lauschenden Ohre der Sterblichen, die der süße Wohllaut von seinen Lippen mit mächtigem Zauber lenkte.

Unwiderstehlich ist seine Macht, den Zwist zu schlichten, das Streitende zu versöhnen und das Mißtönende harmonisch zu verbinden. Dem Schoß der Mutter noch nicht lange entwunden, schlug er mit seinem goldnen Stabe zwischen zwei erzürnte, miteinander streitende Schlangen, – und diese vergaßen plötzlich ihrer Wut und wickelten sich vereint, in sanften Krümmungen um den Stab, bis an die Spitze, wo ihre Häupter in ewiger Eintracht sich begegnen.

Es gibt kein schöneres Sinnbild, um die Versöhnung und den Frieden sowie die harmonische Verbindung des Widerstreitenden und Entgegengesetzten zu bezeichnen, als diesen schlangenumwundenen Stab, der in der Hand des Götterboten der Herold seiner Macht ist.

Nichts ist reizender als die dichterischen Schilderungen der Alten von der schnell sich entwickelnden Götterkraft, die gleichsam lange vorher schon war und nun, in verjüngter Gestalt aus dem Schoß der Mutter neu geboren, die Fülle ihres Wesens, welche sie in sich spürt, nicht lange durch Windeln und durch die Wiege beschränken läßt.

Während daß Juno schlief, hatte Jupiter in verstohlner Umarmung mit der holden Maja den Merkur in einer schattichten Höhle erzeugt. Und als die Zeit der Entbindung da war, so wurde am frühen Morgen der Götterknabe geboren, am Mittag schlug er schon die von ihm selbst erfundene Laute, und am Abend entwandte er die Rinder des Apollo.

Die Laute erfand er, da er am ersten Mittage sich aus der Wiege stahl und, indem er über die Schwelle trat, eine Schildkröte ihm entgegenkam, deren umwölbende Schale ihm sogleich ein schickliches Werkzeug schien, um von dem Klange daraufgespannter Saiten widerzutönen.

»Wenn du tot bist«, sprach er zu der Schildkröte, »dann wird erst dein Gesang anheben.« Und als er ihr nun das Leben geraubt hatte und die Umwölbung leer war, spannte er sieben aus Sehnen geflochtene miteinander tönende Saiten darüber und schlug sie mit dem klangentlockenden Stäbchen, jeden einzelnen Ton versuchend, der tief im Bauch der Wölbung widerhallte. – Nun konnte er auch der Lust zu singen nicht widerstehen und besang, die Laute schlagend, was nur sein Auge erblickte, die Dreifüße und Gefäße in seiner Mutter Hause; aber er sang auch schon mit höherm Schwunge Jupiters Liebesbündnis mit der holden Maja als seiner eigenen Gottheit Ursprung.

Als nun am Abend die Sonne sich in den Ozean tauchte, war er schon auf den piräischen Gebirgen, wo die Herden der unsterblichen Götter weiden. Funfzig entwandte er von Apollos Rindern und trieb sie mit manchem listigen Kunstgriff über Berg und Tal, daß niemand die Spur des Raubes entdecken konnte, wenn nicht ein Greis, der auf dem Felde grub, den Knaben mit den Rindern vor sich her bemerkt und ihn dem Apollo verraten hätte.

Als er nun am Alpheusstrome zwei von den Rindern geschlachtet und sie sich selber geopfert hatte, so löschte er wieder das Feuer aus, verscharrte die Asche in den Sand und warf die Schuh von grünen Reisern, womit er die Fußstapfen unkenntlich zu machen gesucht, in den vorüberströmenden Alpheus, damit auch hier sich keine Spur mehr zeige.

Dies alles tat er bei Nacht und hellem Mondenschein.

Als nun der Tag anbrach, da schlich er sich leise wieder in die Wohnung seiner Mutter und legte sich in die Wiege, die Windeln um sich her, die Laute, als sein liebstes Spielwerk, mit der Linken haltend.

Und als nun Apollo wegen der geraubten Rinder zürnend kam, so stellte sich der Räuber, als ob er in der Wiege in süßem Schlummer läge, die Laute unterm Arme. Apollo drohte, ihn in den Tartarus zu schleudern, wenn er nicht schnell den Ort anzeigte, wo die entwandten Rinder wären.

Da antwortete der listige Knabe, mit den Augen blinzelnd: »Wie grausam redest du, Latonens Sohn, einen kleinen Knaben an, der gestern geboren ist und dem ganz andre Dinge lieb sind, als Rinder hinwegzutreiben; der sich nach süßem Schlummer und nach der Brust der Mutter sehnt und dessen Füße viel zu weich und zart sind, als daß sie rauhe Pfade betreten könnten. Doch ich will bei meines Vaters Jupiter Haupte schwören, daß ich die Rinder weder selber entwandt habe noch den Täter weiß.«

Und als sie nun beide, um ihren Streit zu schlichten, vor dem Vater der Götter auf dem Olymp erschienen, so bringt zuerst Apollo wegen der entwandten Rinder seine Klage vor. Merkur aber stand in Windeln da, um durch sein zartes Alter selbst die Klage zu widerlegen.

»Seh' ich denn wohl«, so sprach er zum Jupiter, »einem starken Manne gleich, der Rinder hinwegzutreiben vermag? Gewiß sollst du, mein Erzeuger selbst, die Wahrheit von mir hören: Ich lag in süßem Schlummer und habe die Schwelle unsrer Wohnung nicht überschritten; du weißt auch selber wohl, daß ich nicht schuldig bin; doch will ich's auch durch den größten Schwur beteuern und jenem einst sein grausames Wort vergelten; du aber stehe dem Jüngern bei!«

So sprach Merkur, mit den Augen blinzelnd, und Jupiter lächelte über den Knaben, daß er so schön und klug den Diebstahl zu leugnen wußte.

Zugleich befahl er dem Merkur, den Ort zu zeigen, wo die Rinder verborgen wären. Als dieser nun Jupiters Befehl gehorchte, ward auch Apollo wieder mit ihm versöhnt, und die vom Merkur erfundene Laute war der Versöhnung Unterpfand.

Denn als der Gott der Harmonien ganz entzückt den lieblichen Ton vernahm, der fähig ist, Liebe und Freude und Schlummer zu bewirken, gewann er auch den klugen Erfinder lieb und sprach: »Die Erfindung sei der funfzig geraubten Rinder wert!« Da schenkte ihm Merkur die Laute, und Apollo war über den Besitz des kostbaren Schatzes hocherfreut; damit ihm dieser aber vollkommen gesichert sei, so bat er den Merkur, ihm noch beim Styx zu schwören, daß er die sanft ertönende Laute ihrem nunmehrigen Besitzer nie wieder entwenden wolle.

Apollo schenkte nachher dem Merkur den goldenen Stab, der alle Zwiste schlichtet; jetzt aber kehrten die beiden Nahverwandten Hand in Hand geschlungen zum Olymp zurück; es war die Kunst, die ein schönes Band zwischen ihnen knüpfte, und Jupiter freute sich ihrer Eintracht.

Merkur wird nun der Götterbote; er ist die behende Macht, das schnell sich Bewegende unter den hohen Göttergestalten, die gleichsam fest gegründet in ihrer Majestät den schnellen, erfindungsreichen Gedanken vom Himmel zur Erde senden, und wenn er wiederkehrt, ihn in ihrem hohen Rat aufnehmen.

Auch die Kunst, zu ringen und durch Behendigkeit der Stärke überlegen zu sein, lehrte Merkur die Menschen. Alles, wodurch der zarte Gedanke, sich in der Dinge geheimste Fugen stehlend, des mächtigen Zusammenhangs Meister wird, ist das Werk des leichten Götterboten.

Er stieg vom hohen Olymp ins Reich des Pluto nieder. Die Seelen der Verstorbenen führt er mit seinem Stabe der öden Schattenwelt, der dunkeln Behausung der Toten zu; er selber steigt wieder zum Olymp empor, wo ewiger Glanz und Klarheit herrscht.

Die Erde

Obgleich die Erde, die den umwölbenden Uranos aus sich gebar und sich mit ihm vermählte, unter die uralten, über Bildung und Form erhabenen Erscheinungen, worauf die Phantasie noch nicht haften kann, zurücktritt, so hat dennoch die bildende Kunst versucht, auch diese Göttergestalt durch allegorische Darstellung zu bezeichnen.

So ist auf der hier beigefügten Kupfertafel, nach einem antiken geschnittenen Steine, die alles ernährende Erde gebildet, in ruhiger Stellung am Boden sitzend und mit ihrer Rechten den Stamm eines Baumes umfassend, dessen Zweige sich über ihrem Haupte ausbreiten. Neben ihr liegt ein Horn des Überflusses, mit der Linken berührt sie die neben ihr ruhende Himmelskugel, vor ihr steht die Siegesgöttin, und unter dem Bilde zweier kleinen weiblichen Figuren, welche Gefäße in den Händen tragen, bringen die wechselnden Jahreszeiten der segnenden Mutter ihre Gaben dar.

Von der Göttin Cybele, unter welchem Namen Rhea, eine Tochter der Erde und des Saturnus Vermählte, als die große Mutter oder die Mutter aller Götter verehrt ward, befindet sich auf ebendieser Tafel eine Abbildung nach einem antiken geschnittenen Steine aus der Stoschischen Sammlung, wo die mächtige Göttin dargestellt ist, auf einem Löwen reitend, das leuchtende Gestirn zu ihrer Rechten, zu ihrer Linken den ge-

hörnten Mond, die Handpauke nah am Haupte haltend und gleichsam auf das Getöse lauschend.

Cybele

In dieser fremden Göttergestalt, die phrygischen Ursprungs war, verjüngte sich die Dichtung von der Rhea, welche, da sie den Jupiter geboren, statt seiner einen eingewickelten Stein dem Saturnus zu verschlingen gab und heimlich auf der Insel Kreta das Götterkind erziehen ließ, um welches die Korybanten mit ihren Waffen ein wildes Getöse machten, damit Saturnus nicht die Stimme des weinenden Kindes hörte.

An diese alte Sage knüpften sich die Begriffe von Entstehung und Erzeugung des Gebildeten an. Es war die Mutter aller Dinge, welche die zerstörende Obermacht zu täuschen, das zarte Gebildete vom Untergange zu retten und es heimlich und sorgsam zu pflegen wußte, so wie die allbefruchtende Natur es mit dem zarten Keime macht, den sie im Schoß der Erde vor Wind und Stürmen schützt.

So war das Urbild der Cybele die große Erzeugungskraft, die alle Naturen bändigt, den Löwen zähmt, den Schoß der Erde befruchtet. Man dachte sie sich als die Beherrscherin der Elemente, den Anfang aller Zeiten, die höchste Himmelsgöttin, die Königin der Unterwelt und selber als das Urbild jeder Gottheit, die wegen der immer herrschenden, erzeugenden und gebärenden Kraft in ihr sich weiblich darstellt.

Ob aber gleich diese Göttin auf einem mit Löwen bespannten Wagen und mit einer Mauer- oder Turmkrone auf dem Haupte abgebildet wurde, wodurch ihre alles bändigende Macht und zugleich ihre Herrschaft über den mit Städten besäeten Erdkreis dargestellt werden sollte, so war doch diese Abbildung gleichsam nur eine äußere Überkleidung ihres unbegreiflichen gestaltlosen Wesens, welches man sich gerade unter dem Unförmlichen am ehrwürdigsten dachte.

Im Tempel der großen Mutter in Pessinunt war es ein kleiner schwarzgrauer, unebener, spitziger Stein, an welchem die Idee von Gestalt und Form am wenigsten haften konnte, der die verehrte Mutter der Dinge bezeichnete.

Es war derselbe Begriff von diesem hohen Wesen, das sich auch in die Gestalt der ägyptischen Isis hüllte, auf deren Tempel geschrieben stand: ›Ich bin alles, was da ist, was da war, was da sein wird, und meinen Schleier hat kein Sterblicher aufgedeckt.‹

So verehrt nun diese große Göttin selber war, so verächtlich waren größtenteils ihre Priester, an welchen sie dafür, daß sie sich ihr gleichsam zu sehr nähern wollten, eine furchtbare Rache nahm. – Die Priester der Cybele entmannten in ihrer fanatischen Wut sich selber und geißelten und zerfleischten sich. Sie liefen in wilder Begeisterung mit fliegendem Haar umher, das Haupt in den Nacken und von einer Seite zur andern werfend. Die hohe Göttin sahe den Trupp entmannter Weichlinge gleichsam triumphierend in ihrem Gefolge.

Es war die üppigste, ausschweifendste, sich selbst überströmende und in zerfleischende Wut ausartende Lebensfülle, welche den Zug der großen Erzeugerin, der mächtigen Löwenbändigerin allenthalben begleitete.

Die große Mutter aber selber blieb stets verehrt. Der Gottheit schadete die Raserei ihrer Priester nicht, und der Begriff von ihr behielt unter allem Mißbrauch ihrer Hoheit seine ursprüngliche Erhabenheit, indem man in ihr unter jeder Benennung nichts anders als die allerzeugende, allbefruchtende und allbelebende Mutter Natur selbst verehrte.

Bacchus

Obgleich von sterblichen Müttern geboren, sind Bacchus und Herkules dennoch dem Chore der himmlischen Götter zugesellt. Bacchus aber ist demohngeachtet die höhere Göttergestalt; in ihm offenbart sich gleich die ganze Fülle seines Wesens, und er hat unmittelbar unter den himmlischen Göttern seinen Sitz, wozu sich Herkules durch unüberwindlichen Heldenmut den Weg erst bahnen muß.

Dieser tritt daher auch in den Dichtungen der Alten erst unter den götterähnlichen Helden auf, indes sich Bacchus gleich dem Chor der Götter anschließt.

Des Bacchus hohes Urbild war die innre schwellende Lebensfülle der Natur, womit sie dem Geweihten begeisternden Genuß und süßen Taumel aus ihrem schäumenden Becher schenkt. Der Dienst des Bacchus war daher, so wie der Dienst der Ceres, geheimnisvoll; denn beide Gottheiten sind ein Sinnbild der ganzen wohltätigen Natur, die keines Sterblichen Blick umfaßt und deren Heiligtum keiner ungestraft entweiht.

Die Dichtung von der Geburt des Bacchus selber enthält einen hohen Sinn. Die eifersüchtige Juno verleitet Semelen zu dem törichten Wunsche, in Jupiters Umarmung auch seine Gottheit zu umfassen; sie fordert vom Jupiter erst den unverletzlichen Schwur, ihre Bitte zu erfüllen, und nun verlangt sie, daß er in seiner wahren Göttergestalt bei ihr erscheinen solle. Jupiter nähert sich ihr mit seinem Donner, sie aber wird, vom Blitz erschlagen, ein Opfer ihres vermessenen Wunsches.

Den jungen Bacchus reißt der Donnergott aus der Mutter Schoße und verbirgt ihn bis zur Zeit der Geburt in seine eigene Hüfte. – Das Sterbliche wird zerstört, ehe das Unsterbliche hervorgeht. – Die Menschheit kann den Glanz der Gottheit nicht ertragen und wird von ihrer furchtbaren Majestät vernichtet. –

Merkur trug nun den jungen Bacchus zu den Nymphen, die ihn erziehen sollten, und die Inseln und Länder streiten sich um den Vorzug, die wohltätige Gottheit, welche die Menschen den Weinbau lehrte, in ihrem Schoße gepflegt zu haben.

Als Knaben stellen die Dichtungen den Bacchus dar, wie er, gleichsam halb in süßem Schlummer taumelnd, noch nicht die ganze Fülle seines Wesens faßt und vor den Beleidigungen der

3 APOLLO

Menschen furchtsam scheint, bis sich auf einmal durch wunderbare Ereignisse seine furchtbare Macht entdeckt.

Lykurgus, ein König in Thracien, verfolgte die Pflegerinnen des Bacchus auf dem Berge Nysa und verwundete sie mit seinem Beile. Bacchus selber warf sich vor Schrecken ins Meer, wo ihn die Thetis in ihre Arme aufnahm, die ehemals auch den Vulkan bei sich verbarg, als Jupiter ihn vom Himmel geschleudert hatte. Lykurgus aber wurde für seinen Frevel von den Göttern mit Blindheit bestraft und lebte nicht lange mehr, denn er war den unsterblichen Göttern verhaßt.

Als Seeräuber einst den Bacchus, den sie für den Sohn eines Königs hielten, in Hoffnung eines kostbaren Lösegelds, entführen und binden wollten, so fielen dem lächelnden Knaben die Banden von selber ab; und da sie dennoch seine Gottheit nicht erkannten, so ergoß sich erst ein duftender Strom von Weine durch das Schiff; dann breitete sich plötzlich bis zum höchsten Segel ein Weinstock aus, an welchem schwere Trauben hingen; um den Mastbaum wand sich dunkler Efeu, und mit Weinlaub waren alle Ruder bekränzt.

Auf dem Verdeck des Schiffes aber zeigte sich ein Löwe und warf die grimmigen drohenden Blicke umher. Da ergriff die Frevler Angst und grauenvolles Entsetzen; zur Flucht stand ihnen kein Weg mehr offen; sie sprangen vom Schiffe ins Meer, wo sie, sich plötzlich als Delphinen krümmend, Zeugen von der Macht der alles besiegenden Gottheit wurden.

Pentheus, ein König in Theben, der gleich dem Bacchus ein Enkel des Kadmus war und der Verehrung der neuen Gottheit, welcher alles Volk Altäre weihte, sich spottend widersetzte, mußte gleich den Frevlern auf dem Schiffe des Weingottes furchtbare Macht empfinden.

Unter der Gestalt eines Jünglings aus dem Gefolge des Bacchus erschien der Gott ihm selber und warnte ihn durch die Erzählung von dem Schicksal, das die frevelnden Männer traf, die den mächtigen Pflanzer der Reben auf ihrem Schiffe gebunden entführen wollten.

Pentheus, noch mehr vom Zorn entbrannt, ließ den vermeinten Jüngling ins Gefängnis werfen und zu seiner Marter und Hinrichtung die grausamen Werkzeuge bringen.

Plötzlich stürzte das Gefängnis ein, der Gott schüttelte seine Banden ab, und Pentheus, der voll rasender Wut auf dem Berge Cythäron die Priesterinnen des Bacchus verfolgte, ward von seiner eigenen Mutter und ihren Schwestern, die in der wilden Begeisterung ihn für einen Löwen ansahen, in Stücken gerissen und sein Haupt im Triumph emporgetragen.

Der Zug des Bacchus in Indien ist eine schöne und erhabne Dichtung. Mit einem Kriegsheer von Männern und Weibern, das mit freudigem Getümmel einherzog, breitete er seine wohltätigen Eroberungen bis an den Ganges aus. Er lehrte die besiegten Völker höhern Lebensgenuß, den Weinbau und Gesetze.

In seiner Götterbildung verehrten die Sterblichen das Hohe, Freudenreiche des Genusses, was in die menschliche Natur verwebt ist, als ein für sich bestehendes hohes Wesen, das in der Gestalt des ewig blühenden Knaben Löwen und Tiger bändigt, die seinen Wagen ziehen, und im göttlich süßen Taumel, unter dem Schall der Flöten und Trommeln, vom Aufgange bis zum Niedergange durch die Länder aller Nationen triumphierend seinen Einzug hält.

In drei Jahren vollendete Bacchus seinen siegreichen, die Völker der Erde beglückenden Zug, zu dessen Andenken stets nachher, sooft drei Jahre verflossen waren, die Feste gefeiert wurden, an denen das freudige Getümmel, womit der Zug des Bacchus begleitet war, aufs neue von den Bergen widerhallte.

Die Priesterinnen des Bacchus, mit zerstreutem Haar auf den Bergen umherschweifend, erfüllten die Luft mit dem Getöse ihrer Trommeln und mit ihrem wilden Geschrei: »Evoe Bacchus!«

Der drohende Thyrsusstab in ihrer Hand, an dem die farbichten Bänder wehten, während daß unter dem Fichtenapfel sich oben die verwundende Spitze barg, bezeichnet den schönen Feldzug, wo das Furchtbare und Kriegerische unter Gesang und Flötenspiel verborgen lauschte.

Diese begeisterten Priesterinnen des Bacchus, welche auch Bacchantinnen hießen, sind ein erhabner Gegenstand der Poesie. Eine Bacchantin ist gleichsam über die Menschheit erhaben. Von der Macht der Gottheit erfüllt, sind die Grenzen der Menschheit ihr zu enge.

So schildert ein Dichter aus dem Altertume die Begeisterte, wie sie auf dem Gipfel des Gebirges, den sie bewußtlos erstiegen hat, auf einmal vom Schlummer erwacht und nun den Hebrus und das ganze mit Schnee bedeckte Thracien vor sich liegen sieht. »Die Gefahr ist süß«, ruft der Dichter aus, »dem Gott zu folgen, der mit grünendem Laube die Schläfe umkränzt hat.«

Ebendiese Anstrengung aller Kräfte, dies Emporstreben in der wilden, furchtbaren Begeisterung ist es, wodurch dies Bild so schön wird.

Auch das Alter wird in dem Gefolge des Bacchus berauscht vom Lebensgenuß und taumelnd mit aufgeführt. Auf seinem Esel reitet der alte Silen mit schwerem Haupte, von Satyrn und Faunen gestützt, und macht in dem jugendlichen Gemälde den reizendsten Kontrast.

Ohngeachtet dieses Lächerlichen wurde Silen in den Dichtungen der Alten als ein hohes Wesen dargestellt. Ihm wird eine hohe Kenntnis göttlicher Dinge zugeschrieben, und seine Trunkenheit selber wurde sinnbildlich auf den hohen Taumel, worin sein Nachdenken über die erhabensten Dinge ihn versetzte, gedeutet. Auch war er nebst dem weisheitbegabten Chiron der Erzieher des jungen Bacchus.

Zwei Hirtenknaben binden einst den trunkenen, schlummernden Silen, – weil sich ein Gott, den Sterbliche im Schlummer binden können, durch die Gewährung einer Bitte lösen muß; – schalkhaft malt die Nymphe mit dem Saft der Beeren des Trunkenen Schläfe rot, und da nun Silen erwacht, so fordern die Hirten nichts weiter als ein Lied von ihm zum Lösegelde.

Und nun ertönet hohe Weisheit von den Lippen, die der Nektartrank der süßen Trauben netzte. Er singt der Dinge Entstehung und ihren wunderbaren Wechsel. Die Hirten lauschen entzückt auf den Gesang und halten dieses Lied ihrer höchsten Wünsche wert.

Auch diese schöne Dichtung zeigt, wie die Alten das Komische selber wieder mit Würde zu überkleiden wußten und einen Vereinigungspunkt für lachenden Scherz und himmlische Hoheit fanden, der uns entschwunden scheint. – In Elis in Griechenland hatte Silen einen eigenen Tempel, wo man ihm göttliche Ehre erzeigte. –

Der schalkhaft lächelnde Faun, der boshaft spottende Satyr gehörten mit in das Gefolge des Bacchus, worin sich alles vereinigte, was bei jugendlicher Schalkhaftigkeit und frohem Leichtsinn durch eine höhere Natur über die Sorgen und Pflichten der Sterblichen erhaben und durch menschliche Bedürfnisse auf keinen Grad der Mäßigung beschränkt war.

Denn in dem hohen Sinnbilde, welches den fröhlichen Genuß des Lebens selbst bezeichnet, der, über den ganzen Erdkreis sich mitteilend und verbreitend, keine Grenzen kennt, mußte auch die Darstellung des höchsten Genusses unbeschränkt sein und alles das sich in der Dichtung zusammenfinden, was, wenn es wirklich wäre, die Menschheit zerstören würde.

Denn freilich ist es die Allgewalt des Genusses, die furchtbar über den Menschen waltet und ebenso wohltätig, wie sie ist, auch wieder Verderben drohet.

Eben der Dichter aus dem Altertum, welcher mit hoher Begeisterung das Lob des Bacchus singt, ermahnt daher die Trinker, des blutigen Zanks sich zu enthalten und führt zum warnenden Beispiel das Gefecht der Centauren und Lapithen an, welche, vom Wein erhitzt, des gastfreundschaftlichen Mahls vergaßen und, von wilder Mordlust hingerissen, in rasendem Getümmel gegeneinander stürmten, bis die Leichname der Erschlagnen den Boden deckten.

Ohngeachtet dieser drohenden Gefahr war aber dennoch hoher Lebensgenuß und selbst die wilde Freude bei den Alten in der Reihe der Dinge mit gezählt und von den Festen der Götter nicht ausgeschlossen. Das Leben war ein saftvoller Baum, der ungehindert Äste und Zweige emporschoß und den auch seine üppigen Auswüchse nicht entstellten.

Bis zu der hellsten Flamme wurden die Leidenschaften angefacht und hielten dennoch, alle gleich mächtig, sich die mehrste Zeit einander im schönen Gleichgewicht. Heldenruhm, Triumphe, frohlockende Gesänge und hohe Lebensfreuden waren in immerwährendem Gefolge: durch diesen süßen Wechsel wurde das Gemüt stets offen und frei erhalten; geheime Wünsche und Gedanken durften noch unter keiner Larve von falscher Bescheidenheit und Demut sich verstecken.

Sobald man ein Bacchanal sich ohne Üppigkeit denken wollte, würde es aufhören, ein Gegenstand der Kunst zu sein; denn gerade die Wildheit, das Taumeln, das Schwingen des Thyrsusstabes, die Ausgelassenheit, der Mutwille macht das Schöne bei diesen frohen Wesen aus, die nur in der Einbildungskraft ihr Dasein hatten und, bei den Festen der Alten in einer Art von Schauspiel dargestellt, den düstern Ernst verscheuchten.

Auf den Marmorsärgen der Alten findet man häufig Bacchanale abgebildet. Um selbst noch hier den Ernst mit frohem Lächeln, die Trauer mit der Fröhlichkeit zu vermählen, ist gerade der Punkt gewählt, wo Tod und Leben auf dem Gipfel der Lust am nächsten aneinandergrenzen. Denn der höchste Genuß grenzt an das Tragische, er droht Verderben und Untergang; dasselbe, was die Menschengattung mit jugendlichem Feuer beseelet, untergräbt und zerstört sie auch.

Da nun durch das frohe Getümmel des Bacchus die höchste Fülle der Lust bezeichnet werden soll, so ist ein gemäßigtes Bacchanal kein Bacchanal, ebenso wie eine sanfte Juno keine Juno, ein ehrlicher Merkur kein Merkur, ein enthaltsamer kalter Jupiter kein Jupiter und eine dem Vulkan getreue Venus keine Venus ist.

In der Göttergestalt des ewig jungen Bacchus verjüngten sich nun auch wie bei den übrigen Göttern die ähnlichen Erscheinungen, welche die Vorwelt in dunkle Sagen hüllte.

Demohngeachtet gab es noch einen Indischen oder Ägyptischen Bacchus, welcher bärtig dargestellt wurde und dessen Abbildung man nicht selten unter den alten Denkmälern findet. – Die goldnen Hörner auf dem Haupte des Bacchus, welche die bildende Kunst der Griechen versteckte oder sie nur ein wenig hervorscheinen ließ, geben dieser Dichtung ebenfalls ein Gepräge des hohen Altertums, wo das Horn auf die erhabensten Begriffe von inwohnender wohltätiger Götterkraft und unbesiegter Stärke deutet.

Unter den Tieren ist der gefleckte Panther dem Bacchus geweiht; es ist die Wut, die Grausamkeit selber, welche durch ihn gezähmt wird und sich zu seinen Füßen schmiegt.

Der immergrünende Efeu, die Schlange, die sich verjüngt, indem sie ihr Fell abstreift, sind schöne Sinnbilder der nie verwelkenden Jugend, worin die Göttergestalt des Bacchus dem Apollo gleicht, nur daß die bildende Kunst der Alten den Bacchus weicher und weiblicher, mit stärkern Hüften darstellt.

Auf der hier beigefügten Kupfertafel befindet sich eine Abbildung des Bacchus nach einem schönen antiken geschnittenen Steine aus der Lippertschen Daktyliothek; Bacchus sitzt auf einem Wagen, der von zwei Panthern gezogen wird; auf den Panthern sitzen Liebesgötter, von denen der eine die Flöte spielt. Das Grausame und Wilde schmiegt sich unter die Herrschaft des Sanften und Fröhlichen.

Auf ebendieser Tafel ist auch Silen nach einem antiken geschnittenen Steine abgebildet, in seiner Rechten eine Hippe und mit der Linken sich auf eine Leier stützend. Ein schönes Sinnbild des hohen Taumels, der in harmonische Gesänge überströmt.

DIE HEILIGEN WOHNPLÄTZE DER GÖTTER UNTER DEN MENSCHEN

Die Phantasie der Alten ließ ihre Dichtungen, über der Wirklichkeit schwebend, allmählich sich vom Himmel zur Erde niedersenken. Sie heiligte die Plätze, wo nach der Sage der Vorwelt die junge Gottheit neugeboren zuerst in jugendlichem Glanz hervortrat oder wo ein Land oder eine Insel so glücklich war, in ihrem Schoße ein Götterkind zu pflegen.

Sie weihte auch die Örter, wo in Orakelsprüchen die Gottheit ihre nahe Gegenwart offenbarte; und jeder Platz, den irgendeine Gottheit nach der alten Sage zu ihrem Lieblingsaufenthalte sich wählte, ward in der Dichtersprache zu einem schönen Namen, an welchen sich der Begriff der Gottheit selber knüpfte, die unter irgendeiner besondern bedeutenden Gestalt auf diesem Fleck verehrt ward.

Nun fand die Einbildungskraft so viele Ruhepunkte, worauf sie sich heften konnte, als Tempel waren, welche die Menschen den über den Wolken thronenden Göttern weihten, die oft zu ihnen herniederstiegen und in ihre geringsten Angelegenheiten sich mit zärtlicher Sorgfalt mischten.

Kreta

Auf diesem Eilande senkte sich durch irgendeine in Dunkel gehüllte Veranlassung zuerst die kühne Dichtung nieder, welche den höchsten Jupiter auf dem Ida mit der Stimme des neugebornen Kindes weinen und nach der süßen Nahrung und Pflege sich sehnen ließ.

In der Diktäischen Grotte wurde das Götterkind erzogen, und durch das Getöse, welches die Korybanten machten, wurden, nach einer artigen Dichtung, die Bienen herbeigelockt, die den Jupiter mit ihrem Honig nährten, dem auch die Tauben in ihrem Schnabel übers Meer Ambrosia zuführten, indes die Ziege Amalthea mit ihrer Milch ihn säugte.

Auch legte man dem Jupiter von dem Berge, wo seine Kindheit gepflegt war, den Zunamen des Idäischen bei. – Bei Troja war ein Berg, der auch den Namen Ida führte – der Gargarus war dieses Berges höchster Gipfel – ; hier übersah Jupiter das Schlachtfeld der Griechen und Trojaner und wog mit der furchtbaren Waage wechselsweise Sieg und Tod den streitenden Heeren zu.

Dodona

In dem Dodonischen Walde in Epirus, welches vormals Chaonien hieß und wo die ältesten Bewohner der Erde nach der Sage der Vorzeit von Eicheln lebten, war ein Orakel des Jupiter.

Dies Orakel war das älteste in Griechenland. Aus Theben in Ägypten entflohen nach der uralten Dichtung zwei Tauben des Jupiter, wovon die eine sich nach Libyen, die andere nach Dodona wandte, um Jupiters Ratschlüsse den Menschen kundzutun. – Unter dem schönen Bilde der redenden Taube stellt die alte Dichtung die wahrsagende Priesterin dar, welche zuerst in den Wald von Epirus kam und die unaufmerksamen Menschen auf das sanfte Gemurmel eines Quelles lauschen lehrte, der den Fuß einer Eiche netzte und dessen wechselnden Tönen sie eine geheime Deutung auf die Zukunft gab.

Nachher wurden auf diesem Fleck zwei Säulen errichtet; auf der einen stand ein ehernes Becken, auf der andern die Bildsäule eines Knaben mit einer metallenen Rute, die der Wind bewegen konnte und welche, sooft sich nur ein Lüftchen regte, an das helltönende Becken schlug.

Aus dem Getöne des Erzes wurde nun, wie vorher aus dem Murmeln des Quelles, die dunkle Zukunft prophezeit. Es war der wechselnde Hauch der alles umströmenden Luft, deren geheime Sprache man durch das sanft berührte Metall zu vernehmen lauschte. Es war die umgebende sprachlose Natur, womit der Mensch sich gleichsam in vertraute Gespräche einzulassen und künftige Ereignisse, die sich in ihr bilden, von ihr zu erforschen wünschte.

Die Deutung aus einem zufälligen Getöne ist der natürlichste Anfang der Orakelsprüche, weil das Gemüt ohnedem geneigt ist, dem Klange, den das Ohr vernimmt, die Wünsche des Herzens unterzulegen, die gern aus jedem Geräusche widerhallen. Auch war es kein Wunder, daß die Sehnsucht, irgendeinen Wunsch so gut als erfüllt zu wissen, sich willig täuschen ließ.

Selbst aus den Höhlungen der Bäume in dem Dodonischen Walde ließen die Priester ihre Orakelsprüche hören, welches die Dichtung in die Fabel kleidet, daß die dem Jupiter geweihten Eichen selbst geredet und die Zukunft enthüllet haben. Die immer tätige Phantasie suchte auch hier das Leblose zu beleben. Die gegenwärtige Gottheit erfüllte den ganzen ihr geweihten Hain, und jedes Rauschen des Blattes war bedeutend.

Delos

Die Länder und Inseln zittern, auf denen Latona den fernhin treffenden Apoll gebären will; kein hervorragendes Eiland wagt es, den Gott in seinem Schoße zu tragen. Bis Latona endlich das rauhe, unfruchtbare Delos besteigt und ihm verspricht, daß ein Tempel auf seinem felsichten Boden erbauet werden soll, in welchen alle Völker Geschenke und Hekatomben bringen werden, wenn es den fernhin treffenden Gott in seinen Schoß aufnimmt.

Da schwebte Delos zwischen Freude und Furcht, daß, wenn sein Name gleich zu ewigen Zeiten glänzte, der Gott, sobald er das Licht erblickte, es wegen seines rauhen Bodens verachten und in den Abgrund des Meeres zürnend versenken möchte. Latona mußte mit dem unverletzlichen Schwur der Götter dem besorgten Eilande schwören, daß auf ihm der erste Tempel dem Apollo erbaut werden und auf seinem Altar beständig die Opferflamme lodern solle.

Und nun war Delos hocherfreut, daß der fernhin treffende Gott es zu seiner Wiege wählte. Denn Reichtümer strömten nun von allen Seiten dem unfruchtbaren Eilande zu, und die Jungfrauen von Delos sangen einen Lobgesang, worin alle Völker ihre eigenen Worte und ihre eigenen Töne wiederzuhören glaubten, so harmonisch war des Liedes Klang.

Auch fügte das glückliche Delos seinen Namen dem Namen des Gottes bei. Von dem felsichten Berge Cynthus auf Delos, den der Gott mit dem silbernen Bogen oft bestieg, hieß er der Cynthische, von Delos selber der Delische Apoll.

Delphi

Am Abhange des Parnasses war schon in den ältesten Zeiten eine Höhlung in der Erde, woraus ein betäubender Dampf aufstieg, der diejenigen, welche sich der Öffnung näherten, in eine Art von Wahnwitz versetzte, worin sie zuweilen wie im begeisternden Taumel, sich selber unbewußt, von hohen Dingen sprachen, entfernte Begriffe aneinanderknüpften und eine Art von dunkler Dichtersprache redeten, die ebenso wie das Murmeln des Baches oder wie der Klang des Dodonischen Erzes auf mannigfaltige Weise gedeutet werden konnte.

In den ältesten Zeiten war es die Erde selber, welche hier unmittelbar ihre Orakelsprüche erteilte. Zu den Zeiten des

Deukalion war es Themis, eine Tochter des Himmels und der Erde, welche hier die dunkle Zukunft und den Schluß des Schicksals den Sterblichen offenbarte.

Apollo tötete den Drachen Python, der dies Heiligtum bewachte, und bemächtigte sich selber des Platzes, wo er von nun an durch die begeisterte Priesterin, die von dem getöteten Drachen Pythia hieß, in Orakelsprüchen seine Gottheit offenbarte.

Als Apollo nun hier sein Heiligtum gründen wollte, erblickte er von fern ein segelndes Handelsschiff aus Kreta; plötzlich sprang er ins Meer und warf sich in der Gestalt eines ungeheuren Delphins in das Schiff der kretensischen Männer und zwang es, vor allen Küsten und vor Pylos, wohin es segeln sollte, vorbei in den Hafen von Krissa einzulaufen, wo er den Männern plötzlich in seiner majestätischen Jünglingsgestalt erschien und ihnen verkündigte, daß sie nie in ihr Vaterland wiederkehren, sondern in seinem Tempel als Priester ihm dienen würden.

Und die Kretenser folgten mit Lobgesängen dem anführenden Gotte zu seinem Heiligtum an dem felsigten Abhange des Parnasses. Als sie aber die unfruchtbare Gegend erblickten, flehten sie zum Apoll um Hilfe gegen Armut und Mangel; dieser blickte sie lächelnd an und sagte: »O ihr törichten Menschen, die ihr euch selber Sorgen macht und mühsame Arbeit aussinnt, vernehmt ein leichtes Wort: Hier halte ein jeder das Opfermesser in seiner rechten Hand und schlachte unaufhörlich Opfer, die hier von allen Seiten aus allen Ländern zuströmen werden.«

Nun wurde Delphi nahe am Tempel des Apollo erbauet, und seine Einwohner wurden reich und glücklich, wie der untrügliche Gott geweissagt hatte. –

Über der dampfenden Höhle stand der goldene Dreifuß, auf welchen sich die Pythia setzte, wenn sie drei Tage gefastet, den Saft aus den Blättern des Lorbeerbaums gesogen und im Kastalischen Quell sich gebadet hatte.

Dann wurde sie von den Priestern mit Gewalt ins Heiligtum geführt. – Sobald sie auf dem Dreifuße saß und der aufsteigende begeisternde Dampf auf sie zu wirken anhub, sträubte sich ihr Haar empor, ihr Blick wurde wild, der Mund fing an zu schäumen, Zittern ergriff ihren ganzen Körper.

Sie arbeitete mit Gewalt, sich loszureißen, und ihr Geheul erscholl im ganzen Tempel. Bis nach und nach einzelne abgebrochene Laute der Sprache über ihre Lippen kamen, die, jeder Deutung fähig, von den Priestern aufgezeichnet und zu Orakelsprüchen im abgemessenen Silbenfall gebildet wurden, – indes man die ohnmächtige Pythia in ihre Zelle führte, wo sie nur langsam von der Ermattung sich erholte.

Es war gleichsam die Gegenwart des Gottes, welcher die Pythia selbst erfüllte, dessen Joch sie kämpfend und sich sträubend von sich abzuschütteln und seiner überwältigenden Macht, so lange sie konnte, zu widerstehen suchte, bis sie endlich besiegt die eingehauchten Götterworte aussprach – und kraftlos niedersank.

Wenn die Pythia auf dem Dreifuße saß, so war sie von den Priestern des Heiligtums ganz umgeben. Zwei Priesterinnen hielten die Ungeweihten ab, sich ihr zu nähern. Das Heiligtum selber war mit Lorbeerzweigen ganz verdeckt, und selbst der angezündete Weihrauch hüllte alles in eine Wolke wie in geheimnisvolles Dunkel ein, das keine frevelnde Neugier zu erforschen wagte.

Auch würde sich die Sehnsucht der Sterblichen, daß es wirklich einen Blick für sie in die Zukunft geben möchte, diese Täuschung ungern haben nehmen lassen, wenn einer auch den Vorhang hätte hinwegziehen wollen; denn das, worüber man das Orakel fragte, waren größtenteils sehnsuchtsvolle Wünsche für die Zukunft, wozu man die Übereinstimmung der Gottheit erflehte. Und die Täuschung der ganzen Szene selber, worin sich der zweideutige Ausspruch hüllte, war doch dichterisch schön.

Argos

Juno nennt unter ihren geliebten Städten Argos selbst zuerst. Da sie dem Jupiter anliegt, die Zerstörung des ihr verhaßten Troja endlich zu gewähren, so sucht sie gleichsam mit ihm einen Tausch zu treffen.

»Drei Städte«, sagt sie, »sind mir unter allen die liebsten: Argos, Sparta und Mycen; dennoch geb' ich sie gern, sobald du willst, dir preis, wenn nur die Mauern von Troja endlich stürzen!«

Das Fatum, das über alles waltet, läßt die Zerstörung ihren ungehemmten Schritt gehen. Der hohe Götterwille selber fügt sich seinen Planen, und den Göttern selber ist nichts so teuer und kostbar, das nicht ein Opfer wird, sobald sein Ziel herannaht.

In Argos wurden der Juno die Heräen gefeiert, die von ihrer griechischen Bedeutung Hera den Namen führten, wobei die Priesterin der Juno wie im Triumph auf einem Wagen zum Tempel der Götter fuhr und eine Hekatombe von weißen Rindern ihr zum Opfer brachte.

Die Göttin wurde hier vorzüglich in ihrer obersten Priesterin verehrt, an welche Verehrung sich die schöne Erzählung von Kleobis und Biton knüpft, deren kindliche Ehrfurcht gegen ihre Mutter, eine Priesterin zu Argos, sich so weit erstreckte, daß sie den Wagen ihrer Mutter, dessen Gespann von weißen Rindern nicht schnell genug herbeizuschaffen war, selber fünfundvierzig Stadien weit bis zum Tempel der Juno zogen, wo sie auf das Gebet ihrer Mutter, daß die Göttin ihnen das wünschenswerteste Glück erteilen möchte, nach einer frohen Mahlzeit sanft entschlummerten und aus dem Schlummer nicht erwachten.

Olympia

Hier senkte sich die erhabene Idee von dem Olympischen Jupiter durch die bildende Kunst des Phidias vom Himmel zur Erde nieder.

Jeder Ausdruck von Majestät und Würde vereinigte sich in diesem Meisterwerk der Kunst; man sahe den Gott, mit dessen Lächeln sich der Himmel aufheitert und der mit dem Wink seiner Augenbraunen und mit dem Nicken seines Hauptes den großen Olymp erschüttert.

Die Bildsäule war in kolossalischer Größe aus Gold und Elfenbein verfertigt; in der Rechten hielt der Gott eine Viktoria, in der linken den künstlich gearbeiteten Zepter, auf dessen Spitze ein Adler saß. Auf dem goldenen Mantel waren die mannigfaltigen Gattungen der Tiere und Blumen in schimmernder Pracht gebildet.

Der Thron des Gottes glänzte von Gold und Edelsteinen; zu Jupiters Haupt und Füßen und an den Wänden des Tempels waren fast alle mythologischen Dichtungen der Alten in erhabener Arbeit dargestellt. Die Majestät der ganzen Götterwelt umgab den Thron und die Bildsäule des Jupiter, die von dem Fußboden bis zum Gewölbe des Tempels reichte.

Bei Olympia wurden auch dem Jupiter zu Ehren alle vier Jahre die Olympischen Spiele gefeiert. Der Zwischenraum von einer Feier dieser Spiele bis zur andern hieß eine Olympiade, und in ganz Griechenland bediente man sich dieser Zeitrechnung nach Olympiaden, weil die Olympischen Spiele die allgemeinste Aufmerksamkeit auf sich zogen und unter allem, woran sich die Einbildungskraft bei der Rückerinnerung festhalten konnte, das Glänzendste waren.

Den Tempel des Olympischen Jupiters umgab ein heiliger Hain, worin die Bildsäulen der Überwinder in den Olympischen Spielen, von den berühmtesten Meistern verfertigt, errichtet waren. – Die Menschheit schloß sich in der Verehrung ihrer eigenen Würde vertraulich an die Gottheit an.

Athen

In dieser Lieblingsstadt der Göttin der bildenden Künste erhob sich der Geist bis zu dem höchsten Schwunge der Gedanken, wo die Menschheit, in den darstellenden Werken der Kunst sich spiegelnd, gleichsam erst sich selbst bewußt wurde, da sonst ein Geschlecht nach dem andern in einer Art von dumpfer Betäubung die kurze Spanne des Lebens durchträumte und keine Spur von sich zurückließ.

Die Panathenäen, welche hier der Minerva zu Ehren gefeiert wurden, waren ein schönes Fest, worin die ganze Stadt durch Wetteifern in den Künsten sich gleichsam von neuem der Göttin heiligte.

Auch war die Bildsäule der Göttin in ihrem Tempel zu Athen, gleich der des Olympischen Jupiters aus Gold und Elfenbein verfertigt, ein Werk des Phidias, in welches sich auch hier die Majestät der Gottheit vom Himmel zur Erde niedersenkte.

Cypern

Hier trugen die Wellen die Göttin der Liebe, als sie aus dem Schaume des Meeres emporstieg, sanft ans Ufer. Auf dieser anmutigen Insel waren ihr ganze Städte, Haine, Tempel und Altäre geweiht.

Ihr Lieblingssitz war Paphos, wo man in ihrem Tempel von allen Seiten Geschenke darbrachte und Gelübde tat. Von der Verehrung, womit hier alle Völker der Göttin der Schönheit huldigten, hieß sie die Königin von Paphos. Von Amathunt und Idalium in Cypern führte sie die dichterischen Namen Idalia und Amathusia.

Gnidus

Nach Gnidus wallfahrtete man aus den entferntesten Ländern, um in der Venus des Praxiteles die in alle Wesen Liebe einhauchende Gottheit zu verehren, welche, durch die bildende Kunst in menschlicher Gestalt dem Auge sichtbar gemacht, in einem offenen Tempel, dem Blick der Sterblichen enthüllet, dastand und die Bewunderung aller Völker auf sich zog.

Cythere

Auf diesem Eilande war der älteste Tempel der Venus in Griechenland. Der Begriff von der Göttin selber war mit ihrem Aufenthalte auf Cythere so oft zusammengedacht, daß beide Namen zu einem wurden und in der Dichtersprache die Göttin der Liebe Cythere heißt.

Lemnos

Auf der Insel Lemnos, wo es häufige Erdbeben und feuerspeiende Berge gab, und in dem dampfenden Ätna in Sizilien, wo von dem Feuer, das sich vergebens einen Ausweg suchte, zum öftern ein unterirdischer Donner erscholl, ließ die Dichtung in den Höhlen der Erde die mächtigen Hammerschläge der Cyklopen in der Werkstätte des Vulkan ertönen.

Auch nahm die Insel Lemnos den Gott der Flammen in ihrem Schoße auf, da Jupiter wie einen Blitzstrahl ihn vom Himmel schleuderte. – Lemnos blieb dem Vulkan geweiht, indem der Begriff von seiner Götterbildung vorzüglich auf diesem Fleck sich an die Erde knüpfte.

Ephesus

Ganz Asien wetteiferte, um den Tempel der Diana von Ephesus zu schmücken, in welchem die Bildsäule der Göttin mit vielen Brüsten stand, um die alles ernährende Natur anzudeuten, die man sich hier unter dem Bilde der Diana dachte, so wie man zum öftern in einer Göttergestalt, deren Name einmal herrschend geworden war, die Verehrung der übrigen aufnahm und sie sich zu einer Art von Pantheon schuf.

Aus den entferntesten Ländern wurden Wallfahrten zu dem Tempel der Diana von Ephesus angestellt, welcher als einer der erhabensten Göttersitze zugleich durch seine äußere Pracht, die das Werk vieler Könige war, die Sterblichen zur Verehrung der inwohnenden Gottheit einlud.

Thracien

Der Hauptsitz der Verehrung des Kriegsgottes ist Thracien, wohin die Dichtkunst überhaupt das Wilde, Grausame und Ungestüme versetzt. So warf Diomedes, ein Thracier und ein Sohn des Mars, die Fremden, deren er sich bemächtigen konnte, seinen Pferden vor, von denen sie zerfleischt und verzehrt wurden. Er übte diese Grausamkeit so lange, bis Herkules ihn erschlug.

Ein Sohn des Mars und ein Thracier war auch Tereus, welcher die Philomele ihrer Zunge beraubte, damit sie die Freveltat, die er an ihr verübte, nicht entdecken möchte.

Der stürmende Boreas hatte nach den Dichtungen der Alten seine Wohnung in Thracien, weswegen die Menschen, die jenseits wohnten, die Hyperboreer hießen; die Bacchantinnen, unter dem Namen der Bistoniden, mit Schlangenknoten in ihr Haar geschlungen, schweiften auf dem Thracischen Gebirge umher.

Demohngeachtet war Thracien auch das Vaterland des Orpheus, der durch seinen Gesang und durch die Töne seiner Leier die Wildheit der Tiere des Waldes zähmte und Bäume und Felsen sich bewegen ließ.

Durch sein mächtiges Saitenspiel ließ selbst der Orkus sich bewegen, ihm seine Gattin Eurydike zurückzugeben, nur sollte er nicht eher nach ihr sich umsehen, als bis er sie wieder auf die Oberwelt zum Anblick des Tages und des himmlischen Lichts gebracht.

Da sie nun bald der öden Schattenwelt entstiegen waren, so zog die zärtliche Besorgnis und der zweifelnde Gedanke, ob sein geliebtes Weib ihm wirklich folge, den Blick des Gatten, ihm selbst fast unbewußt, ein einziges Mal zurück, und nun war Eurydike auf immer für ihn verloren, – ihr Bild verschwand in Nacht und Dunkel, und seine ganze süße Hoffnung war ein Traum.

Die Freude seines Lebens war nun entflohen; die Leier schwieg; das wütende Geschrei der Bacchantinnen erscholl auf dem Thracischen Gebirge; sie zürnten auf den Dichter, dem nach Eurydikens Verlust das ganze weibliche Geschlecht verhaßt war; – von den schrecklich-begeisterten Mänaden zerfleischt und in Stücken gerissen, ward der Göttersohn ein Opfer ihrer rasenden Wut.

Arkadien

In den mythologischen Dichtungen der Alten erscheint Arkadien nicht ganz in dem reizenden Lichte des süßen Schäferlebens, dessen Szenen die neuere Dichtkunst fast immer in dies Land versetzt und mit dessen Namen sich schon etwas Sanftes und Einladendes in dieser dichterischen Vorstellungsart verknüpft.

Bei den Alten hingegen war mit der Idee von der Einfachheit der Sitten bei den Arkadiern zugleich der Begriff von einer gewissen Roheit und Trägheit verbunden, die man den Bewohnern dieses Hirtenlandes zuschrieb. Auch war es nicht das sanfteste Klima, was in Arkadien herrschte, vielmehr war es wegen seiner gebirgichten Lage rauher als die umliegenden Gegenden.

Daß aber die Hirtengötter nach der Sage der Vorzeit hier vorzüglich ihre Gegenwart offenbarten und hier sogar ihren Ursprung hatten, daß die alten Dichtungen auf dem Berge Cyllene in Arkadien selbst die neugeborne Göttergestalt des Merkur zuerst hervortreten ließen, dies gab der gebirgichten Gegend, wo die Nacht des Waldes überdem die Göttergestalten, welche die Einbildungskraft sich schuf, gleichsam in Dunkel hüllte, eine vorzügliche Heiligkeit. Der Name des Landes und die Namen der einzelnen Berge, die es in sich faßt, wurden in der Dichtersprache der Alten bedeutungsvoll, indem sie den Aufenthalt höherer Wesen unter den sterblichen Menschen bezeichneten.

Phrygien

In einer Gegend von Phrygien war es, wo nach der schönen alten Dichtung Jupiter und Merkur unerkannt unter den Menschen umherwandelten und ihre Taten prüften.

Als sie eines Abends wie ermüdete Reisende eine Herberge suchten, blieben die Türen der Reichen und Begüterten ihnen verschlossen. Philemon und Baucis, ein paar bejahrte Eheleute, nahmen die Wandrer gastfreundlich in ihre arme Hütte auf.

Die alte Baucis war beschäftigt, ihre einzige Gans zu greifen und zu schlachten, um die willkommenen Gäste, so gut es in ihrem Vermögen stand, zu bewirten. Die Gans aber entfloh und suchte Schutz unter Jupiters Füßen, der ihr das Leben rettete; worauf die Götter sich zu erkennen gaben und das fromme Ehepaar auf einen benachbarten Hügel führten, von welchem sie die Verwünschung übersehen konnten, womit die Götter die Hartherzigkeit der Bewohner dieser Gegend straften.

Die Häuser und Paläste der Reichen wurden ein Raub der Überschwemmung, indes die arme gastfreundliche Hütte noch immer aus den Fluten hervorragte und zum Erstaunen ihrer alten Bewohner sich in einen prächtigen Tempel verwandelte.

Als nun Jupiter den gastfreundlichen Alten befahl, sich eine Gabe von ihm zu erbitten, so war Philemons und Baucis' höchster Wunsch, in jenem neuentstandenen Tempel dem Jupiter, dem Beschützer des Gastrechts und dem Belohner der Gastfreundschaftlichkeit, zu opfern und sein Priestertum zu verwalten.

Diese Bitte ward ihnen gewährt und noch ein Wunsch verstattet; allein dem glücklichen Paar blieb nichts mehr zu wünschen übrig als: beide zu gleicher Zeit zu sterben. Auch dies geschah. Zwei Bäume, eine Eiche und eine Linde, die den Tempel beschatteten, wurden noch lange nachher zum Andenken des frommen Paars Philemon und Baucis genannt.

In diesen und ähnlichen Sagen der Vorwelt erkannte und verehrte man die furchtbare und wohltätige Macht der Gottheit. Dem gastfreundschaftlichen Jupiter wurden allenthalben Altäre errichtet. Die ankommenden Fremden standen unter seinem Schutze; einen Gastfreund betrachtete man als heilig und unverletzlich; man verehrte unter den Gästen und Fremdlingen die Götter, welche selber zum öftern vom Himmel herabgestiegen waren und unter dieser Gestalt den Menschen sich offenbart hatten.

DAS GÖTTERÄHNLICHE MENSCHENGESCHLECHT

Als Nestor, welcher zwei Menschenalter durchlebt hatte und nun schon im dritten über Pylos herrschte, in der Belagerung von Troja den Streit des Achilles und Agamemnon zu schlichten suchte, so leitete er seine Rede mit der Erinnerung ein, daß er mit stärkern Männern gelebt habe, als das jetzige Zeitalter sie hervorbringe; mit einem Cäneus, Dryas, Pirithous und Theseus, mit denen niemand von den jetzigen Menschen es wagen würde, sich in einen Wettkampf einzulassen, – und daß diese dennoch ihn gehört und seinen Rat befolgt hätten. Achilles und Agamemnon möchten dieserwegen ein Gleiches tun.

So schildert Nestor die Helden vor dem Trojanischen Kriege, und der Dichter der Iliade selber schildert wiederum die Helden im Trojanischen Kriege, wie sie die Menschen seiner Zeit an Stärke übertrafen.

Hektor, sagt er, ergriff einen Stein, den zwei der stärksten Männer zu unsern Zeiten nur mit Mühe vom Boden auf den Wagen zu heben vermöchten; den schleuderte Hektor mit leichter Mühe gegen das Tor der griechischen Mauer, daß mit einem Male die Türen aus ihren Angeln sprangen.

Die Menschen, welche zuerst vom Prometheus aus Ton gebildet, den herrschenden Göttern verhaßt, des Feuers beraubt, durch mehrere Überschwemmungen bis auf wenige vertilgt wurden und, da sich dennoch ihr Geschlecht fortpflanzte, Jahrhunderte hindurch in dumpfer Betäubung gleich den Tieren des Feldes lebten, arbeiteten sich allmählich aus diesem dumpfen Zustande durch eigene Anstrengung heraus und wurden durch edles Selbstbewußtsein und durch die Anwendung ihrer inwohnenden Kräfte den unsterblichen Göttern ähnlich.

Die Menschheit lernte in den götterähnlichen Helden, die aus ihr entstammten, sich selber schätzen und ihren eigenen Wert verehren. Auch wurde nun die Gottheit gleichsam den Menschen wieder versöhnt. Die Götter nahmen an den Begebenheiten und Schicksalen der Menschen immer nähern Anteil. Das Göttliche und Menschliche rückte in der Einbildungskraft immer näher zusammen, bis endlich in dem Kriege vor Troja sich die Götter sogar in das Treffen der Menschen mit einließen und von Sterblichen verwundet wurden.

Keine Benennung kommt daher auch häufiger in der Dichtersprache der Alten vor als die des Götterähnlichen oder des Göttergleichen, womit die Helden der Vorzeit gerühmt und der Adel der Menschheit gepriesen wird.

Perseus, Kadmus, Herkules, Theseus, Iason sind die berühmtesten Heldennamen. Die Geschichte des Perseus hüllt sich am meisten in dunkle Fabeln ein und tritt am weitesten in das entfernte Altertum der Heldenzeit zurück.

Um des Perseus irdische Abstammung zu verfolgen, steigen wir wieder bis zum alten Inachus hinauf, mit dessen Tochter Io Jupiter in Ägypten den Epaphus erzeugte. Die königliche Tochter des Epaphus, Libya, gebar von Neptuns Umarmung den Belus und Agenor. Belos erzeugte den Danaus und Ägyptus.

Danaus schiffte nach Griechenland, um seine Ansprüche auf das von seinem Ahnherrn Inachus ihm angestammte Königreich Argos gegen den Gelanor, der damals diese Gegend beherrschte, zu behaupten.

Das Volk sollte den Ausspruch tun, und während es noch unschlüssig war, fiel ein Wolf in eine Herde von Kühen und besiegte den Stier, der sie verteidigte.

Diese unvermutete Erscheinung nahm man von den Göttern als ein Zeichen an, daß der Fremde und nicht der Einheimische herrschen solle; man schrieb dies Zeichen dem wahrsagenden Apollo zu, welchem Danaus wegen der Sendung des Wolfes unter dem Namen des Lycischen Apollo einen Tempel erbaute.

Danaus lehrte die Argiver Brunnen graben und größere und bequemere Schiffe bauen. Nach der alten Sage hatte er funfzig Töchter so wie sein Bruder Ägyptus funfzig Söhne.

Die funfzig Söhne des Ägyptus kamen nach Griechenland, um mit den Töchtern des Danaus sich zu vermählen. Dem Danaus aber war geweissagt worden, daß einer seiner Tochtermänner ihn der Herrschaft entsetzen würde.

Die alten Könige fürchteten wie die alten Götter ihre eigenen Kinder und Nachkommen. – Danaus befahl seinen Töchtern, die sich mit den Söhnen des Ägyptus vermählten, ihre Männer in der ersten Nacht zu ermorden, welches sie taten, bis auf die Hypermnestra, die mit ihrer eigenen Gefahr den Lynceus, ihren geliebten Gatten, entfliehen ließ.

›Eine‹, sagt ein Dichter aus dem Altertum, ›eine unter vielen, ihres geliebten Jünglings wert, hinterging mit glorreicher List des Vaters Grausamkeit, und ewig glänzt ihr Ruhm.‹

»Steh auf«, rief sie dem schlummernden Gatten zu, »damit nicht, ehe du es vermutest, ewiger Schlaf dich drücke! Fliehe meinen Vater und meine blutdürstigen Schwestern, die ihre Männer wie junge Löwenbrut zerreißen.

Mein Herz ist aus weicherm Stoff. Dich töten kann ich nicht und werde dich nicht in diesen Mauern gefangenhalten. Mag mein Vater mich mit schweren Ketten belasten, weil ich mitleidsvoll des Gatten schonte, oder mag er mich in die ödeste Wüste verjagen!

Geh, wohin dich Füße und Winde tragen, solange Venus und die Nacht dich schützt; geh unter glücklichen Zeichen! und ätze, meiner eingedenk, dereinst auf meinen Grabstein deine Klag' um mich!«

Lynceus entfloh, aber er kehrte wieder; denn Danaus wurde mit seiner Tochter ausgesöhnt, und von dem treuen Paare Lynceus und Hypermnestra stammten Perseus und Herkules, die göttergleichen Helden ab. Die grausame Tat der übrigen Töchter des Danaus blieb nicht unbestraft; sie mußten noch in der Unterwelt für ihren Frevel büßen. –

Abas, ein Sohn des Lynceus, herrschte nach seines Vaters Tode über Argos und hinterließ zwei Söhne, den Prötus und Akrisius, die sich zu verschiedenen Zeiten einander die Oberherrschaft streitig machten. Perseus war des Akrisius Enkel.

Perseus

Akrisius befürchtete wieder Verderben von seinen Nachkommen. Ihm war geweissagt worden, daß einer seiner Enkel ihn töten würde; er verschloß daher seine einzige Tochter, die Danae, in einen ehernen Turm, um die Weissagung zu vereiteln.

Allein durch eine Öffnung in dem Dache senkte sich Jupiter in einem goldenen Regen in Danaens Schoß hernieder und erzeugte mit ihr den Perseus, welchen Akrisius, sobald er geboren war, nebst der Mutter in einem zerbrechlichen Nachen den Wellen übergab.

Die wohltätigen Meergöttinnen nahmen den Göttersohn mit seiner Mutter sanft in den Schoß der Wasserwogen auf und ließen den Nachen an dem Strande der kleinen Insel Seriphus auf dem Griechischen Meere landen, wo Polydektes, der Beherrscher der Insel, Mutter und Kind aufnahm und für die Erziehung des jungen Perseus sorgte.

Und nun nahete die Zeit heran, wo die Ungeheuer, welche die Nacht oder das ungestüme Element aus seinem Schoße geboren hatte, von den aufkeimenden Helden besiegt und der Erdkreis von seinen Plagen befreiet werden sollte.

Die erste und die kühnste Tat, welche Perseus, sobald er die angestammte Götterkraft in sich fühlte, unternahm, war, das verderbenbringende, versteinernde Haupt der Medusa von ihrem Körper zu trennen und dieser Schreckengestalt sich selber zu bemächtigen.

Mit dem unsichtbar machenden Helm des Orkus, den Flügeln des Merkur und dem Schilde der Minerva, von den Göttern selbst ausgerüstet, unternahm er die kühne Tat mit weggewandtem Blick, indem er das Bild der schlummernden Medusa erst in dem Spiegel seines Schildes sah und Minerva unsichtbar den Arm ihm lenkte, damit er nicht seines Ziels verfehlte.

Als nun Perseus den tödlichen Hieb vollführt hatte, so seufzten und ächzten Stheno und Euryale, die beiden unsterblichen Schwestern der Medusa, so laut über diesen Anblick und das Zischen der Schlangen auf ihren Häuptern tönte so kläglich in ihr Ächzen, daß Minerva, dadurch gerührt, eine Flöte erfand, wodurch sie die Vorstellung dieser traurigen Töne, durch verschiedene Arten des Schalls sie nachahmend, wieder zu erwekken suchte. – Mitten im furchtbaren blutigen Werke schimmert die Göttin der Künste hervor. –

Mit dem Neptun hatte Medusa das Heiligtum der Minerva entweiht, darum hatte diese ihren Tod beschlossen. Demohngeachtet sprang, vom Neptun erzeugt, der geflügelte Pegasus aus ihrem Blute hervor, der auf den Befehl der Götter die Überwinder der Ungeheuer, den Perseus und nach ihm den Bellerophon, trug.

Mit dem versteinernden Haupte in der Hand schwebte nun Perseus über Meer und Ländern. Den Atlas, der ihm den Zugang zu den Gärten der Hesperiden versagte, verwandelte er durch den Anblick des Medusenhauptes in ein Gebirge, das nachher stets den Namen dieses Sohnes des Japet führte.

Nach dieser ersten Ausübung seiner Macht, die ihm der Besitz des Hauptes der Medusa verlieh, sah Perseus, auf die phönizische Küste hinunterblickend, ein Mädchen an einen Felsen geschmiedet und ein Ungeheuer, sie zu verschlingen, aus dem Meer aufsteigend, indes ihre Eltern verzweiflungsvoll die Hände ringend am Ufer standen. – Perseus stürzte sich auf das Ungeheuer nieder, das gerade seinen Raub zu verschlingen im Begriff war, und befreite die schöne Andromeda, welche, den Zorn der beleidigten Gottheit über die Vermessenheit ihrer Mutter zu versöhnen, als ein schuldloses Opfer dastand.

Denn Kassiopeia, die Mutter der Andromeda und Gemahlin des Cepheus, hatte es gewagt, den mächtigen Nereiden an Schönheit sich gleich zu schätzen. Und nun verheerten Plagen das Land, die nach dem Orakelspruch des Jupiter Ammon nicht eher aufhören sollten, bis Andromeda, von einem Seeungeheuer verschlungen, den Frevel der Mutter gebüßt hätte.

Die Eltern der Andromeda, welche selber Zeugen ihrer Rettung waren, vermählten mit Freuden dem edlen Perseus ihre Tochter. Phineus aber, des Cepheus Bruder, dem Andromeda vorher versprochen war, trat bei dem Vermählungsfest mit bewaffneten Männern in den Hochzeitsaal und drang wütend auf den Perseus ein, den nur das Haupt der Medusa retten konnte, indem er seinen Freunden zurief, ihr Antlitz hinwegzuwenden, und den Phineus mit seinem Gefolge versteinerte.

Nach diesen Taten führte Perseus seine Vermählte nach Seriphus, wo er den Polydektes und seine Mutter wiedersah. Gegen den Polydektes selber, der ihm aus Furcht nach dem Leben stand, mußte er das versteinerte Haupt der Medusa kehren, und dieser mußte in Fels verwandelt für seinen feigen Argwohn büßen.

Da nun Perseus erfuhr, daß sein Ahnherr Akrisius vom Prötus seines Reichs beraubt sei, so eilte er großmütig, statt sich zu rächen, mit seiner Mutter und seiner Vermählten nach Griechenland, um den Akrisius in sein Reich wieder einzusetzen.

Er überwand und tötete den Prötus und übergab dem Akrisius wieder die königliche Würde, der nun in seinem gefürchteten Enkel seinen Freund und Wohltäter voll Dank und Freude umarmte.

Allein der tragische Ausgang lauerte dennoch im Hinterhalte; das Schicksal, welches mit den Hoffnungen der Menschen spielt, hatte bei diesem verführerischen Anschein die alte Drohung noch nicht zurückgenommen.

Perseus, welcher wußte, wie sehr Akrisius an der Geschicklichkeit seines Enkels in jeder Leibesübung sich ergötzte, wollte ihm eines Tages von seiner Fertigkeit eine Probe ablegen. Die unglückselige Wurfscheibe fuhr aus der starken Hand und flog, wie vom bösen Dämon gelenkt, dem Akrisius an das Haupt, der tot darniedersank.

Hierüber brachte Perseus seine übrigen Tage in Schwermut zu, indem er unverschuldet sich dennoch einen Vatermörder schalt. Der Aufenthalt in Argos ward ihm unerträglich.

Er bewog den Sohn des Prötus zu einem Tausche seiner Länder, und als er Argos verlassen hatte, so fand er auch in Tiryns, der Hauptstadt des andern Reiches, noch keine Ruhe, sondern baute, um des Vergangenen so wenig wie möglich sich zu erinnern, die neue Stadt Mycene.

Das Haupt der Medusa wurde vom Perseus der Minerva geweiht, die es in die mächtige Ägide, ihren leuchtenden Schild, versetzte, wo es ein bedeutendes Symbol ihrer furchtbaren Macht und der zurückschreckenden Kälte, als des Hauptzugs in ihrem Wesen, wurde.

Perseus selber und die Hauptpersonen aus seiner Geschichte, Andromeda, Kassiopeia usw., sind in den Dichtungen der Alten unter die Gestirne versetzt, welche noch jetzt diesen Namen führen.

Auf die Weise wurden im eigentlichen Sinne die Helden des Altertums bis an den Himmel erhoben und ihren Namen das daurendste und glänzendste Denkmal gestiftet.

Unter den Kindern, welche Perseus mit der Andromeda erzeugte, war Alcäus, der Vater des Amphitryo, der mit der Mutter des Herkules vermählt war; Elektryo war der Vater der Alkmene, die mit dem Amphitryo vermählt war und vom Jupiter den Herkules gebar. Ein dritter Sohn namens Sthenelus war der Vater des Eurystheus, der Mycene beherrschte und welchem Herkules dienen mußte.

Obgleich dem Perseus an einigen Orten Tempel und Altäre errichtet waren und er der älteste unter den berühmten Helden der Vorzeit ist, so war dennoch der glänzendste Ruhm dem Herkules aufgespart, der die größten Mühseligkeiten des Lebens trug und, vom Haß der Juno von Kindheit an verfolgt, sich endlich durch ausharrende Geduld den Weg zur Unsterblichkeit und zum Sitz der Götter bahnte.

Des Perseus Ruhm und Taten wurden durch Alkmenens Sohn verdunkelt, dem man allenthalben Tempel und Altäre erbaute und ihn, nachdem er seine Laufbahn auf Erden mit Ruhm gekrönt vollendet hatte, den Göttern des Himmels zugesellte.

Die Heldenrolle des Perseus aber ist liebenswürdiger und hat bei ihrem grauen Altertume viel Ähnliches mit dem Rittermäßigen der neuern Zeiten.

Eine schöne und bedeutende Abbildung des Perseus nach einem antiken geschnittenen Steine befindet sich auf der hier beigefügten Kupfertafel, wo er stehend dargestellt ist, das Schwert in der rechten Hand, das Haupt der Medusa mit der Linken auf den Rücken haltend. Diese Darstellung faßt gleichsam die ganze Dichtung von dem Haupte der Medusa in sich, weil sie am deutlichsten die furchtbare Kraft derselben bezeichnet, wodurch der Held, der dessen Anblick selbst vermied und es nur gegen seine Feinde kehrte, unüberwindlich war.

Auf ebendieser Tafel ist Bellerophon abgebildet, mit Helm und Spieß bewaffnet, auf dem geflügelten Pegasus in den Lüften reitend, mit der Chimäre den Kampf beginnend, welche die bildende Kunst nicht ganz in der ungeheuren Gestalt, womit sie die Dichtung schildert, darstellt.

Bellerophon

Eben der Prötus, der seinen Bruder Akrisius des Reichs entsetzt hatte und der zuletzt vom Perseus, dem Enkel des Akrisius, überwunden und getötet ward, gab auch dem Bellerophon, durch einen falschen Verdacht gereizt, den ersten Anlaß zu seinen Heldentaten.

Bellerophon war nämlich ein Enkel des Sisyphus, welcher Korinth erbaute und selbst ein Urenkel des Deukalion und ein Sohn des Äolus war, von dem der Äolische Heldenstamm in manchen Zweigen der fürstlichen Geschlechter Griechenlands sich ausbreitete.

Wegen einer Mordtat mußte Bellerophon aus Korinth entfliehen und nahm zum Prötus seine Zuflucht, der damals über Argos herrschte und sein Verbrechen aussöhnte.

Des Prötus Vermählte war Antea, eine Tochter des Königs Iobates in Lycien. Eine zärtliche Leidenschaft, die sie gegen den Jüngling faßte und welche dieser standhaft von sich wies, verwandelte sich in Haß. Sie forderte selbst den Prötus zur Rache gegen den Bellerophon auf, den sie mit schwarzem Trug beschuldigte, daß er sie zur Untreue habe verleiten wollen.

Dem Prötus waren die Rechte der Gastfreundschaft zu heilig, als daß er selbst den Bellerophon hätte töten sollen; er schickte ihn nach Lycien zum Iobates, dem Vater der Antea, mit einem Briefe, welcher den Auftrag enthielt, an dem Überbringer das ihm angeschuldigte Vergehen durch dessen Tod zu rächen.

Allein Iobates las erst diesen Brief, nachdem er den Bellerophon schon gastfreundlich bewirtet hatte, und scheute sich ebenfalls, in ihm das heilige Gastrecht zu verletzen; er stellte daher den Tod des Fremden dem Zufall heim, indem er ihn zu den gefahrvollsten Unternehmungen sandte, wobei sein Untergang unvermeidlich schien.

Unter den Ungeheuern, die von dem Phorkys und der schönen Ceto abstammen und wovon die schreckliche Gorgo schon vom Perseus überwunden ist, tritt nun die feuerspeiende Chimära mit dem Kopf des Löwen, dem Leib der Ziege und Schweif des Drachen in dieser Dichtung auf, um Bellerophons Heldenmut zu prüfen und von des Sisyphus tapferm Enkel besiegt zu werden, zu welcher Tat die Götter den Pegasus, der den Perseus trug, auch ihm gewährten.

Aus den Lüften kämpfte er nun mit dem Ungeheuer, das er nach einem fürchterlichen Streite endlich überwand. –

Es sind lauter unnatürliche Erzeugungen, welche von den Göttern und Helden nach und nach aus der Reihe der Dinge hinweggetilgt werden; es scheint fast, als sollten diese Dichtungen anspielen, daß Traum und Wahrheit, Wirklichkeit und Blendwerk gleichsam lange vorher miteinander im Kampfe lagen, ehe die Dinge sich in der Vorstellung ordnen konnten und ihre feste und bleibende Gestalt erhielten. Das Werk der Helden war es, die unnatürlichen Erscheinungen und Blendwerke zu verscheuchen und Ordnung, Licht und Wahrheit um sich her zu schaffen. – Die Sphinx stürzte einen jeden von dem Felsen, der ihr Rätsel nicht lösen konnte; kaum hatte Ödipus es aufgelöst, so stürzte sie sich selbst herab. –

Nicht genug, daß Bellerophon die Chimära, die Pest des Landes, überwunden hatte, mußte er auch noch die Feinde des Iobates, die tapfern Solymer und die Amazonen, bekriegen; und als er auch von dieser Unternehmung siegreich zurückkehrte, lauerte noch im Hinterhalt ein Trupp von Lyciern auf ihn, die ihn ermorden sollten.

Als er auch diese schlug und der drohenden Gefahr aufs neue entging, so erkannte Iobates endlich, daß der Held aus göttlichem Geschlechte sei, vermählte ihm seine Tochter und teilte sein Königreich mit ihm.

Allein auch dieses Heldenglück war nicht von Dauer. Als Bellerophon, seiner Siege froh, sich einst mit dem geflügelten Pegasus in die Lüfte schwang und sich dem Sitz der Götter nähern wollte, so stürzten ihn diese so tief herab, als hoch er gestiegen war; sie schickten eine Bremse, deren Stich den Pegasus rasend machte, der hoch in der Luft sich bäumend, seinen Reiter abwarf.

Der, welcher vorher ein Liebling der Götter war, schien ihnen von nun an verhaßt zu sein. Sein niederbeugender Fall und Kummer über häusliches Unglück, kürzte seine Tage; einsam, vor den Menschen verborgen, überließ er sich ganz der finstern Schwermut, bis ihn sein Gram verzehrte.

4 APHRODITE UND PAN

Herkules

Der erste tragische Dichter der Griechen läßt den Prometheus, der, an den Felsen geschmiedet, der unglücklichen Io seine Leiden klagt, die Geburt seines Befreiers, des Herkules, vorherverkündigen.

Io, welche, in eine Kuh verwandelt, durch Junos Eifersucht auf dem ganzen Erdkreise in rasender Wut umhergetrieben wurde, kam nämlich auch in die einsame Gegend, wo Prometheus duldete, der alle ihre Schicksale ihr enthüllte und ihr kundtat, einer ihrer Nachkommen, der dreizehnte von ihr, werde sein Erretter sein. Die dreizehn in ununterbrochener Geschlechtsfolge aber sind Io, Epaphus, Libya, Belus, Danaus, Lynceus, Abas, Akrisius, Danae, Perseus, Alcäus, Alkmene, Herkules.

Zwei der furchtbarsten Erzeugungen des Phorkys und der schönen Ceto sind schon vom Perseus und Bellerophon überwunden; allein die größten Taten sind dem Herkules aufgespart, der Ungeheuer besiegen, Tyrannen beugen und selbst der Ungerechtigkeit des Donnergottes ein Ziel setzen muß, indem er den Prometheus, der für seine den Menschen erwiesenen Wohltaten noch immer büßen mußte, endlich von seiner Qual befreit.

In die irdische Abstammung des Herkules hatten die Parzen sein künftiges Schicksal schon verwebt; zum Herrschen geboren, wurd' er durch die Macht der Fügung gezwungen, zu gehorchen und seine glorreichsten Taten auf den Befehl eines Schwächeren, der ihn fürchtete, zu vollführen.

Elektryo, Sthenelus, Alcäus, Mestor waren die Söhne des Perseus. Elektryo folgte dem Perseus in der Regierung zu Mycene. Die Kinder des Alcäus waren Anaxo und Amphitryo. Mit der Anaxo vermählte sich Elektryo, der zu Mycene herrschte, und erzeugte mit ihr Alkmenen, die Mutter des Herkules.

Amphitryo, der Sohn des Alcäus, welcher wegen seiner Schwester Anaxo dem Elektryo nun doppelt verwandt war, lebte an dessen Hofe und hatte die sicherste Hoffnung, in der Regierung ihm zu folgen, weil Elektryo seine Tochter Alkmene, die nächste Erbin seines Reiches, mit dem Amphitryo zu vermählen schon fest beschlossen hatte.

Allein schon schwebte der unglückliche Zufall näher, der dem Amphitryo seine Aussichten vereitelte und in der Folge auf das Schicksal des Herkules einen dauernden Einfluß hatte. Taphius nämlich, ein Enkel des Mestor, eines Sohns des Perseus, errichtete auf der Insel Taphos eine Pflanzstadt, deren Bewohner sich wegen der weiten Entfernung von ihrem Vaterlande auch Teleboer nannten.

Nach dem Tode des Taphius machte dessen Sohn und Nachfolger Pterelaus wegen seiner Abstammung vom Mestor, einem Sohne des Perseus, Ansprüche auf seinen Anteil an der Erbschaft von Mycene und schickte seine Kinder dahin, um seine Forderung geltend zu machen.

Als Elektryo sich weigerte, etwas herauszugeben, so verwüsteten die Söhne des Pterelaus mit ihrem Volke das Land und führten des Königs Herden hinweg. Die Söhne des Elektryo versammelten nun auch ein Heer und ließen sich mit den Söhnen des Pterelaus in ein Treffen ein, worin die Anführer von beiden Teilen umkamen, so daß von den Söhnen des Elektryo nur der einzige Lycimnus und von den Söhnen des Pterelaus nur der einzige Everes übrigblieb.

Elektryo, um den Tod seiner Kinder zu rächen, überließ seiner Tochter Alkmene und dem Amphitryo die Regierung mit dem Versprechen, dem Amphitryo seine Tochter zu vermählen, sobald er von den Teleboern siegreich zurückkehren würde.

Er kehrte siegreich zurück und brachte auch die Herden wieder, welche die Feinde ihm geraubt hatten. Amphitryo, nun seines Glücks gewiß, eilte ihm freudenvoll entgegen; und als von der wiedereroberten Herde eine Kuh entspringen wollte, warf Amphitryo mit einer Keule nach ihr – und traf den Elektryo, welcher tot darniederfiel.

Dieser unglückliche Zufall war es, der den Amphitryo des Königreichs Mycene beraubte und zugleich zu dem künftigen Schicksal des Herkules den ersten Grund enthielt. Denn obgleich die Tat des Amphitryo unvorsätzlich war, so lud sie doch den Haß des Volks auf ihn.

Sthenelus, der Bruder des erschlagenen Elektryo, bemächtigte sich daher mit leichter Mühe der Oberherrschaft über Mycene, und Amphitryo flüchtete nach Theben, wohin ihm Alkmene folgte. Kreon, der zu Theben herrschte, nahm beide in Schutz. Alkmene aber wollte sich mit dem Amphitryo nicht eher vermählen, bis er, um den Tod ihrer Brüder zu rächen, die Teleboer aufs neue bekriegt und den Pterelaus überwunden hätte.

Amphitryo trat mit dem Cephalus, Eleus und einigen andern benachbarten Fürsten in ein Bündnis, um die Inseln der Taphier oder Teleboer zu bekriegen. Pterelaus wurde besiegt, und Amphitryo schenkte die eroberten Inseln seinen Bundesgenossen, wovon die eine, welche noch itzt Cefalonia heißt, von dem Cephalus ihren Namen Cephalene erhielt.

Alkmenens Reize hatten indes den Donnergott von seinem hohen Sitze herabgezogen. In der Gestalt des Amphitryo, der nun siegreich zurückkehrte, genoß er ihrer Umarmung und verlängerte zu einer dreifachen Dauer die Nacht, worin er den Herkules mit ihr erzeugte. –

Unbeschadet der Ehrfurcht gegen das Göttliche und Erhabene, benutzten die komischen Dichter der Alten diesen Stoff, indem sie das lächerliche Verhältnis des wahren Amphitryo gegen den Jupiter in der Gestalt desselben auf der Schaubühne darstellten und beide darauf erscheinen ließen. Die komische Muse der Alten durfte es sich erlauben, in dergleichen kühnen Darstellungen selbst mit dem Donnergott zu scherzen, der zu den Töchtern der Sterblichen sich herabließ. –

Dem Amphitryo, der auf Alkmenen zürnte, gab Jupiter endlich selber, um ihn zu besänftigen, seine Gottheit zu erkennen; und indes Alkmene nun zugleich mit dem Herkules und mit einem Sohne des wirklichen Amphitryo schwanger war und dem Sthenelus, der zu Mycene herrschte, ebenfalls ein Sohn geboren werden sollte, ging folgendes im Rate der Götter vor:

An dem Tage nämlich, an welchem Herkules geboren werden sollte, sprach Jupiter rühmend in der Versammlung der Götter: »Heute, alle ihr Götter und Göttinnen, verkündige ich euch, wird aus dem Geschlechte der Menschen, das von mir abstammt, ein Held geboren werden, der über alle seine Nachbarn herrschen wird.«

Listen ersinnend, sprach die hohe Juno: »Ich zweifele dennoch an der Erfüllung deiner Worte, wenn du nicht mit dem unverletzlichen Schwur der Götter schwörst, daß derjenige, welcher heute aus dem Geschlechte der Menschen, das von dir abstammt, geboren wird, über alle seine Nachbaren herrschen soll.«

Kaum hatte Jupiter den unverletzlichen Schwur getan, als Juno den Olymp verließ und schon in Argos war, wo die Vermählte des Sthenelus erst im siebenten Monate mit dem Eurystheus schwanger ging, dessen Geburt die mächtige Juno schnell beförderte, obgleich die Zahl der Monden noch nicht voll war. Alkmenens Niederkunft aber hielt sie auf und kehrte nun triumphierend zum Olymp zurück.

»Nun ist schon der Held geboren«, sprach sie zum Jupiter, »der die Argiver beherrschen wird. Er ist aus dem Geschlechte der Menschen, das von dir abstammt; denn es ist Eurystheus, ein Sohn des Sthenelus, dessen Vater Perseus, dein Erzeugter, war. Keinem Unwürdigen ist also das verheißne Königreich beschieden.«

Da nun Jupiter seinen Schwur nicht zurücknehmen und sich an der Juno nicht rächen konnte, so ergriff er die Ate oder die schadenstiftende Macht, welche eine Tochter des Jupiters selber mit in der Reihe der Götter war, bei ihrem glänzenden Haar und schleuderte sie vom Himmel zur Erde herunter mit dem unverbrüchlichen Schwur, daß sie nie zum Olymp zurückkehren solle; seitdem wandelt sie über den Häuptern der Menschen einher und säet, wo sie kann, Verderben und Zwietracht aus; wenn daher Streitende sich versöhnten, so schoben sie auf die Ate den Anfang des Zwistes.

Das Schicksal selber hatte dem Herkules die härtesten Prüfungen zugedacht, welche Götter und Menschen nicht hintertreiben konnten. Eurystheus war nun durch den Schwur des Jupiter zum Herrscher geboren, und durch ebendiesen Schwur gebunden, konnte Jupiter seinen geliebten Sohn von der harten Dienstbarkeit nicht befreien.

Alkmene gebar zwei Söhne, den Herkules vom Jupiter und den Iphikles von ihrem Gemahl Amphitryo. Wer von beiden der Sohn des Donnergottes sei, offenbarte sich schon, da noch ein hohler Schild, den Amphitryo vom Pterelaus erbeutet hatte, die Wiege der Kinder war und Juno zwei Schlangen schickte, die den Herkules töten sollten, der sie mit seiner zarten Hand in der Wiege erdrückte.

Nun legte Jupiter, da er einst die Juno schlummernd fand, den Herkules ihr an die Brust, und dieser sog, ihr unbewußt, die Göttermilch. Als aber Juno erwachte, so schleuderte sie den kühnen Säugling weit von sich hinweg und verschüttete auf des Himmels Wölbung die Tropfen Milch, die ihrer Brust entfielen und deren Spur die Milchstraße bildete, auf welcher die Götter wandeln. –

Die Dichtung wird hier kolossal; der Luftkreis selber, durch welchen die Sterne schimmern, tritt als der Juno erstes Urbild auf und färbt sich von der Milch, welche den Brüsten der hohen Himmelskönigin entströmte; jenes Urbild wurde vorausgesetzt, wenn die Dichtung den weißlichten Streif am Himmel die Milch der Juno nennt. –

Auf Jupiters Befehl mußte Merkur nun den Herkules seinen Erziehern übergeben, die ihn in den kriegerischen sowohl als in den sanften Künsten unterwiesen. Unter den Lehrern und Erziehern des Herkules waren selbst Göttersöhne; in der Musik unterwies ihn Linus, ein Sohn des Apollo; Chiron, der weise Centaur, in der Arznei- und Kräuterkunde. In den kriegerischen Künsten waren die berühmtesten Helden der damaligen Zeit in jedem besondern Fache seine Lehrer.

Da nun Herkules unter diesen Beschäftigungen zu den Jünglingsjahren gekommen war, begab er sich einst, über sein künftiges Schicksal nachdenkend, in die Einsamkeit und setzte sich, in Betrachtungen vertieft, auf einem Scheidewege nieder. Hier war es, wo die Wollust und die Tugend ihm erschienen, wovon die erstre ihm jeglichen Genuß einer frohen, sorgenfreien Jugend anbot, wenn er ihr folgen wollte, die letztre ihm zwar mühevolle Tage verkündigte, aber in der Zukunft Ruhm und Unsterblichkeit verhieß, wenn er sie zur Führerin wählte.

Die Tugend siegte in diesem Wettstreit; der Jüngling folgte ihr mit sicherm Schritt, fest entschlossen, jedes Schicksal, das ihm bevorstehe, mit Mut und Standhaftigkeit zu tragen, sich keiner Last zu weigern und keine Arbeit, sei sie noch so schwer, zu scheuen. –

Die Eifersucht der Juno, die nicht ruhte, hatte schon dem Amphitryo selber Furcht und Argwohn eingehaucht, der den jungen Herkules an den Hof des Eurystheus nach Mycene schickte, wo ihm von Zeit zu Zeit die gefährlichsten Unternehmungen und die ungeheuersten Arbeiten aufgetragen wurden, die seinen Mut und seine Standhaftigkeit auf die höchste Probe setzten.

Als nun Herkules auf seiner Reise das Orakel zu Delphi wegen seines künftigen Schicksals fragte, so gab die Pythia ihm zur Antwort: zwölf Arbeiten müsse er auf des Eurystheus Befehl vollenden, und wenn er diese vollendet habe, sei ihm die Unsterblichkeit bestimmt.

DIE ZWÖLF ARBEITEN DES HERKULES

Der Nemeische Löwe

Als Herkules noch im Jünglingsalter bei dem Walde von Nemea die Herden des Eurystheus hütete, verwüstete ein Löwe, dessen Haut kein Pfeil durchdringen konnte, die Gegend rundumher und drohte den Herden Unglück.

Die erste der zwölf Arbeiten, welche Eurystheus dem Herkules anbefahl, war, dieses Raubtier zu erlegen. – Der junge Herkules säumte nicht, die Spur des Löwen zu verfolgen, mit dem er sich, als er ihn traf, in Kampf einließ und ihn mit eigner Hand erwürgte, weil kein Eisen ihn verwunden konnte.

Zum Andenken dieser ersten Tat, die allein schon für die Vollführung der übrigen bürgte, trug Herkules nachher beständig die Haut des Löwen um seine Schultern; und diese wurde nun nebst der Keule, die er von dem Aste eines wilden Ölbaums sich selber schnitt, das äußere Merkmal seiner unüberwindlichen Stärke und seines unbesiegbaren Heldenmuts.

Herkules brachte den Löwen nach Mycene; der verzagte Eurystheus aber befahl ihm, von nun an nicht mehr in die Stadt zu kommen, sondern vor den Toren von seinen vollführten Taten Rechenschaft abzulegen.

Die Lernäische Schlange

In dem Sumpfe von Lerna bei Argos hielt sich die vielköpfige Hydra auf, deren in der Stammtafel der Ungeheuer, die vom Phorkys und der schönen Ceto sproßten, schon gedacht ist.

Die Zeit der Helden war der Tod der Ungeheuer, die der Arm der Göttersöhne eins nach dem andern von der Erde tilgte; und Herkules ließ nun, so wie Perseus mit der Gorgo und Bellerophon mit der feuerspeienden Chimära, auf den Befehl des

Eurystheus mit der vielköpfigen Hydra in den furchtbaren Kampf sich ein.

Sowie er einen Kopf des Ungeheuers mit seinem sichelförmigen Schwerte vom Rumpfe trennte, wuchs aus dem Blut ein neuer wieder, bis in der äußersten Gefahr, welche dem Helden drohte, sein Gefährte, Iolaus, des Iphikles Sohn, mit Feuerbränden, die er aus dem nahgelegenen Walde holte, nach jedem Hieb des Herkules sogleich die Wunde zubrannte, ehe noch aus dem Blute ein neuer Kopf emporschoß.

Nun aber erschwerte Juno dem Herkules seinen Sieg, indem sie einen Seekrebs schickte, der dem Held, sowie er kämpfte, an den Fersen nagte und ihn sich umzuwenden zwang. Auch diesen Angriff bestand der Sohn des Donnergottes und grub nach langem Kampf das letzte Haupt der Hydra, das unverletzlich war, tief in die Erde und wälzte einen ungeheuren Stein darüber.

Zum Lohn für seine Arbeit tauchte er in das vergoßne Blut der Hydra seine Pfeile, die durch das tödliche Gift nun doppelt furchtbar waren und über ihren Besitzer, selbst durch seines Feindes Tod, dereinst noch Qual und Verderben bringen sollten.

Wenn unüberwindlicher Mut und Standhaftigkeit bei der Überwindung unzähliger Hindernisse und immer erneuerter Gefahren irgend durch ein treffendes Sinnbild bezeichnet wird, so ist es in dieser Dichtung von dem Siege des Herkules über das vielköpfige Ungeheuer. Alte und neuere Dichter haben daher dies Bild auch stets genützt, weil es sich durch kein bedeutenderes ersetzen läßt.

Der Erymanthische Eber

Ein ungeheurer Eber aus dem Erymanthischen Gebürge verwüstete die Fluren von Arkadien. Dem Eurystheus war dies erwünscht, um den Herkules zu einer neuen gefährlichen Unternehmung auszuschicken. Dem Überwinder des Nemeischen Löwen und der vielköpfigten Hydra war es ein leichtes, den Eber zu fangen, welchen er gebunden dem Eurystheus brachte, der vor Schrecken über den Anblick des Ungeheuers sich in ein ehernes Faß verkroch.

In dieser lächerlichen Stellung ist Eurystheus auf einem antiken geschnittenen Steine abgebildet. – Der auffallende Kontrast zwischen der Stärke und dem Heldenmut des Gehorchenden und der Schwäche und Verzagtheit des Befehlenden, welche durch diese ganze Dichtung herrscht, gibt ihr ein desto lebhafteres Interesse. Dadurch, daß der Held sich überwindet, nach dem Schluß des Schicksals dem Schwächern zu gehorchen, erhalten seine kühnsten Taten einen doppelten Wert, weil er erst sich selber zum Gehorsam und dann die Ungeheuer zum Weichen zwingt.

Der Hirsch der Diana

Um nicht nur die Stärke, sondern auch die Geschwindigkeit und Behendigkeit des Herkules zu prüfen, mußte eine neue wunderbare Erscheinung sich ereignen. Auf dem Berge Mänelus ließ nämlich ein Hirsch mit goldenem Geweih sich sehen, welcher, obgleich der Diana geheiligt, den Wunsch eines jeden, ihn zu besitzen, auf sich zog.

Eurystheus, der nur befehlen durfte, befahl dem Herkules, diesen kostbaren Hirsch lebendig zu fangen und ihn nach Mycene zu bringen. Herkules, ohne sich zu weigern, verfolgte ein Jahr lang unermüdet die Spur des schnellen Hirsches, bis er ihn endlich in einem Dickicht fing und ihn auf seinen Schultern dem Eurystheus lebendig brachte.

Die Stymphaliden

Eine Art gräßlicher Vögel hielt sich an dem Stymphalischen See in Arkadien auf. Die Einbildungskraft der Dichter malt ihr Bild auf das fürchterlichste aus; sie hatten eherne Klauen und Schnäbel, mit denen sie verwunden und töten und jede Waffenrüstung durchbohren konnten; auch waren sie nach einigen Dichtungen mit Spießen bewaffnet, die sie auf die Angreifenden warfen.

Der Ort, wo diese Vögel in Sumpf und Gebüsch ihre Wohnung hatten, war unzugänglich. Eurystheus befahl dem Herkules, diese Ungeheuer zu bekämpfen, und Minerva, die dem Helden wohlwollte, schenkte ihm eine eherne Pauke, durch deren Geräusch er die Vögel aus ihrem Sumpfe schreckte und, sobald er sie in der Luft erblickte, seinen Bogen spannte und mit seinen Pfeilen sie erschoß.

Es schien, als ob der Held an jeder Gattung von Ungeheuern sich versuchen sollte; daher ließ ihn die Dichtung, nachdem er den Löwen besiegt, die Hydra getötet und den Eber gebändigt hatte, auch mit den Vögeln unter dem Himmel kämpfen.

Das Wehrgehenk der Königin der Amazonen

Schon Bellerophon mußte gegen die Amazonen fechten, und auch Eurystheus versäumte nicht, dem Herkules diese gefahrvolle Unternehmung aufzutragen. – Die Idee von den Amazonen, die ihre neugebornen Söhne von sich schickten und ihre Töchter zu Waffenübungen und zum Kriege erzogen, ist an sich schon dichterisch schön, und wir finden sie häufig in die Dichtungen der Alten eingewebt.

Auch die bildende Kunst der Alten verweilte gern auf diesem Gegenstande, und man findet auf Marmorsärgen zum öftern Amazonenschlachten dargestellt, wo die männliche Tapferkeit mit der weiblichen Bildung verknüpft im Angriff und im Sinken den reizendsten Kontrast darbietet. –

Vom Kriegsgott selber besaß die Königin der Amazonen das kostbare Wehrgehenk, das Herkules erbeuten sollte und das, von der Tapferkeit selbst verteidigt, ohne unüberwindlichen Heldenmut nicht zu erstreiten war.

Theseus begleitete den Herkules auf diesem Zuge, und am Flusse Thermodon begann die Schlacht, wo Herkules über die Bundesgenossen der Amazonen siegte, die Königin selbst gefangennahm und, nachdem er auf diesem Wege noch manche andre große Tat vollführt, das kostbare Wehrgehenk dem Eurystheus brachte.

Der Stall des Augias

Augias, der in Elis herrschte und ein Sohn der Sonne hieß, war wegen der vielen Herden, die er besaß, einer der reichsten Fürsten seiner Zeit.

Und weil man damals den Reichtum nach dem Besitz von vielen Herden schätzte, so waren auch die Beschäftigungen, welche hierauf Bezug hatten, noch nicht erniedrigend; und einen Stall zu reinigen war damals noch keine so unwürdige Beschäftigung, wie wir sie uns jetzt nach unsern Begriffen denken.

Augias hatte nämlich nach der Dichtung, die dem Helden die Arbeiten gern so schwer wie möglich macht, dreitausend Rinder in seinen Ställen stehen, und diese Ställe waren seit dreißig Jahren nicht gereinigt.

Herkules übernahm auf den Befehl des Eurystheus die Reinigung der Ställe, mit dem Beding, in wenigen Tagen die ungeheure Arbeit zu vollenden, wofür ihm Augias, der an der Möglichkeit der Ausführung zweifelte, den zehnten Teil seiner Herden zum Lohn versprach.

Herkules aber leitete den Alpheus durch die Ställe und verrichtete nun die Arbeit, die jedermann für unmöglich hielt, an einem Tage mit leichter Mühe. Augias aber verweigerte ihm den Lohn, worauf ihn Herkules bekriegte und tötete und den Phyleus, des Augias Sohn, der edler wie sein Vater dachte, zum Nachfolger im Reiche ernannte. Von den erbeuteten Schätzen aber baute Herkules dem Olympischen Jupiter einen Tempel und erneuerte die Olympischen Spiele. So krönte er seine Arbeit in den Ställen des Augias.

Der Kretensische Stier

Neptun, der auf die Einwohner von Kreta zürnte, weil sie seine Gottheit nicht genug verehrten, schickte einen wütenden Stier auf ihre Insel, welcher Feuer aus der Nase blies und, weil ihn niemand anzugreifen wagte, das Land umher verwüstete.

Kaum hatte Eurystheus dies vernommen, so befahl er dem Herkules, diesen Stier lebendig zu fangen. – Es ist die Körperkraft des Helden, welche sich gleichsam gegen die ganze Tierwelt mißt, indem sich Herkules auch dieses vom Neptun gesandten Stiers bemächtigt und ihn auf seiner Schulter nach Mycene bringt.

Die mannigfaltigen Abbildungen des Herkules, worunter sich auch diese befindet, wie er den Stier auf der Schulter trägt, machen daher ein schönes Ganzes aus, weil der Ausdruck von körperlicher Stärke in jeder Darstellung herrschend ist und die bildende Kunst keinen reichern Stoff als diesen finden konnte, um das, was den Löwen besiegt und die ganze Tierwelt sich unterjocht, in jeder Muskel zu bezeichnen.

Die Rosse des Diomedes

Diomedes, ein König in Thracien und ein Sohn des Mars, besaß vier feuerspeiende Rosse, die er mit Menschenfleisch sättigte und denen er die Fremdlinge, die er auffing, selbst zur Speise vorwarf.

Da das Gerücht von dieser Grausamkeit allenthalben erscholl, so befahl Eurystheus dem Herkules, ihm die feuerspeienden Rosse zu bringen, – und Herkules, der diese Tat vollführte, ließ auch den Diomedes für seine Tyrannei die gerechte Strafe erdulden, indem er ihn seinen eigenen Rossen vorwarf und auf diese Weise den an den Fremdlingen verübten Frevel rächte.

Die Grausamkeit gegen die Fremden ist in den Dichtungen der Alten, welche das Gastrecht über alles heilig hielten, das höchste Merkmal von boshafter Tyrannei und Ungerechtigkeit; man betrachtete diese Tyrannen, welche die Fremden quälten und töteten, wie Ungeheuer; und es war das Geschäft der Helden, sie von der Erde zu vertilgen.

Man findet auf alten Denkmalen die Rosse des Diomedes abgebildet, wie sie vor einer Krippe stehen, in welcher ein Mensch ausgestreckt liegt und Diomedes aufrecht darnebensteht. Auch findet man den Herkules im Kampf mit den flammenatmenden Rossen dargestellt.

Der dreiköpfichte Geryon

In der Stammtafel der Ungeheuer ist des dreiköpfichten Geryon schon gedacht. Chrysaor, der aus dem Blute der Medusa entsprang, vermählte sich mit der Kallirrhoe, einer Tochter des Oceans, und erzeugte mit ihr den dreiköpfichten Riesen Geryon und die Echidna, die, halb Nymphe, halb Drache, den dreiköpfichten Hund Cerberus, den zweiköpfichten Hund Orthrus, die Lernäische Schlange, die feuerspeiende Chimära und die Sphinx gebar.

Der zweiköpfichte Hund Orthrus nebst dem Hirten Eurytion bewachten die Herden des Geryon, dessen Wohnsitz die Dichtungen an die entferntesten Ufer des Oceans hin versetzen.

Das Kostbarste, worin man damals den größten Reichtum

setzte, hatte ein Ungeheuer in Besitz, und der Ruf von den schönen Herden des Geryon erscholl so weit, daß Eurystheus dem Herkules befahl, diese Herden hinwegzuführen und sie als einen kostbaren Schatz von jenen äußersten Enden der Erde nach Mycene zu bringen.

Herkules bahnte sich seinen Weg über Berge und Felsen und führte auf diesem weiten Zuge noch viele andre große Taten aus. – Den zweiköpfichten Hund Orthrus und den Eurytion erschlug er und bemächtigte sich der Ochsen des Geryon, die er vor sich hertrieb. Als nun der dreiköpfichte Geryon selber, auf ihn zustürzend, sich ihm widersetzen wollte, erschlug er auch diesen mit seiner Keule und befreite die Erde aufs neue von einem ihrer furchtbarsten Ungeheuer.

Die goldenen Äpfel der Hesperiden

Das Allerkostbarste, was man sich in der weitesten Entfernung und am unmöglichsten zu erreichen dachte, waren die goldenen Äpfel in den Gärten der Hesperiden, an den Gestaden des Atlantischen Meers. Der Drache, welcher diese Äpfel bewachte, war eine Erzeugung des Phorkys und der schönen Ceto, und in der Reihe der Ungeheuer ist seiner schon gedacht.

Die Hesperiden selber waren Töchter der Nacht. Ihr Dasein und ihr Ursprung waren in Dunkel gehüllt. Ihre Namen waren Ägle, Erythia und Arethusa. – Dem Eurystheus die goldne Frucht nach Griechenland zu bringen war nun die eilfte von den Arbeiten, welche Herkules, gehorchend dem fremden Befehl, vollbringen mußte.

Er tötete den Drachen, nachdem er vorher durch einen Trank ihn eingeschläfert hatte, und pflückte, nah am Ziele seiner Laufbahn, die goldne Frucht. In den Abbildungen vom Herkules sieht man auch den Baum mit der goldenen Frucht, um den sich ein Drache windet, vor welchem Herkules mit der Schale steht, die den einschläfernden Trank enthielt. – Die Hesperiden stehen trauernd über den Verlust des Schatzes, den sie bewahrten.

Der Höllenhund Cerberus

Nun mußte Herkules noch die letzte Probe seines Heldenmuts bestehen. Nicht genug, daß er auf der Oberwelt die Ungeheuer besiegt hatte, hieß Eurystheus ihn hinab zu den Schatten steigen und den dreiköpfigten Hund Cerberus, den Wächter an Plutos Tor, hinauf ans Licht zu ziehen. –

Die Dichtung von den zwölf Arbeiten des Herkules schließt sich mit der gefahrvollsten Unternehmung unter allen: dem Tode selbst in seinem Gebiete zu trotzen, in seinen offenen Schlund freiwillig hinabzusteigen und mit dem König der Schrecken im Kampf es aufzunehmen. –

Ehe Herkules seine ihm aufgegebene Reise in die Unterwelt begann, ließ er vorher in die Eleusinischen Mysterien sich einweihen, gleichsam um auf Tod und Leben bei dieser Unternehmung gefaßt zu sein; dann stieg er bei dem Vorgebirge Tänarum in die weite Höhle hinab, die zu der Behausung der Schatten führt.

Er zwang den Charon, ihn über den Styx zu führen. Da erblickte er den Cerberus und die ihm wohlbekannten Helden, den Theseus und Pirithous, an Felsen geschmiedet; sie hatten die vermessene Tat begonnen, zu den Schatten hinabzusteigen, um Proserpinen, die Königin der Toten selber, dem Pluto zu entführen, – und nun war ihnen die Rückkehr auf ewig untersagt.

Demohngeachtet gelang es dem Herkules, den Theseus zu befreien, nachdem er den Cerberus gebändigt hatte, der bis zum Palast des Pluto vor ihm floh. Und sowie Herkules, ihn verfolgend, sich dem düstern Palast näherte, färbte sich der Kranz von Pappeln auf seinem Haupte schwarz.

Hier kämpfte er mit dem Pluto selber und löste Theseus'

Bande; vergebens aber versuchte er es, den Pirithous zu befreien, den Plutos ganze Macht zurückhielt. – Siegreich brachte nun Herkules den Cerberus auf die Oberwelt, wo von seinem Geifer eine giftige Wurzel sich erzeugte.

Der erschrockene Eurystheus ertrug den furchtbaren Anblick nicht, und Herkules entließ den schwarzen Hüter des Höllentors, den er zwischen seinen Knien gebändigt hielt, nun auch der Qual, das Licht zu schauen. Die Schreckengestalt sank wieder zur Unterwelt herab. – Des Herkules Arbeiten waren nun vollbracht.

Die Taten des Herkules, welche er nicht auf fremden Befehl vollführt hat

Von den *Arbeiten* des Herkules kann man seine *Taten* unterscheiden, welche er aus eigenem Antriebe, gleichsam in der Zwischenzeit vollführte, die ihm von den aufgegebenen Arbeiten übrigblieb und worin seine unerschöpfliche Kraft und Heldenstärke sich doppelt offenbarte.

Die Befreiung der Hesione

Herkules begleitete die Argonauten auf ihrem Zuge nach Kolchis, entfernte sich aber von den übrigen, indem er in der Gegend von Troja ans Land stieg, um den Hylas, seinen Liebling, zu suchen, der Wasser zu schöpfen ausging und nicht wiederkam. Die Najaden hatten den schönen Knaben geraubt und in den Brunnen herabgezogen; Herkules ließ vergeblich von dem Namen Hylas das ganze Ufer widertönen.

Er setzte nun seine Reise mit den Argonauten nicht weiter fort, sondern ging nach Troja, wo Laomedon herrschte, der die Götter Neptun und Apollo selber, welche in menschenähnlicher Gestalt die Mauern um seine Stadt zu bauen sich herniederließen, um ihren Lohn betrog.

Der Frevel des Laomedon blieb nicht lange unbestraft. Der König der Wasserfluten drohte mit einer Überschwemmung Troja den Untergang und war, nach dem Ausspruch des Orakels, nur durch die Aufopferung der Hesione, des Laomedons Tochter, zu versöhnen, die nun, gleich der Andromeda, an einen Felsen geschmiedet, von einem Meerungeheuer verschlungen werden sollte, gerade als Herkules ankam und dies Schauspiel sich seinen Augen darbot.

Nicht so zärtlich wie Perseus, übernahm Herkules erst gegen einen Zug von köstlichen Pferden, die ihm Laomedon zum Lohn versprach, die Hesione zu befreien. Laomedon aber, der schon die Götter betrogen hatte, betrog auch den Herkules und wagte es, ihm die Rosse zu verweigern, sobald er seine Tochter wieder in Freiheit sahe.

Da griff Herkules Troja an, eroberte es mit stürmender Hand und erschlug den falschen, wortbrüchigen König Laomedon. Seinem Begleiter, dem Telamon, der zuerst die Mauer erstieg, vermählte er die gerettete Hesione und verstattete ihr, für einen der Gefangenen von Laomedons Hause das Leben zu erbitten. Hesione wählte ihren Bruder Podarcis, welcher nachher sich Priamus nannte und, zu künftigem Jammer aufgespart, über Troja herrschte, dessen zweite Eroberung und schreckliche Zerstörung vom Schicksal schon beschlossen war.

Die Überwindung des Antäus, Busiris und Kakus

Als Herkules auf seinem westlichen Zuge nach Libyen kam, so stieß er auf den Riesen Antäus, dessen Grausamkeit gegen die Fremden ihn zum Ungeheuer machte, das ein mächtiger Arm vertilgen mußte.

Antäus zwang nämlich die ankommenden Fremden, mit ihm zu ringen, und wenn er sie überwunden hatte, erwürgte er sie und pflanzte die Schädel um seine Wohnung auf. – Was ihn im Kampf unüberwindlich machte, war die Berührung seiner Mutter Erde, wodurch sich, wenn er niedergeworfen wurde, seine Kraft nur verdoppelte.

Herkules Arme aber faßten ihn um den Leib und hielten ihn in den Lüften schwebend, bis er, von des Helden Kraft erdrückt, seinen Geist aushauchte. – In dieser Stellung, wie er den Riesen Antäus erdrückt, findet man auf den Denkmälern der Alten den Herkules zum öftern dargestellt. –

Busiris war ein grausamer König in Ägypten, der nebst seinen beiden Söhnen alle Gewalttätigkeit an Fremden verübte, denen er auflauern ließ und, wenn er sie fing, ermordete. Dem Herkules, der dieses Weges zog, war ein ähnliches Schicksal zugedacht, allein er erschlug den Busiris mit seinen Söhnen und machte auch diese Straße für den Wanderer sicher.

Als Herkules mit den Rindern des Geryon, die er von den entfernten Ufern des Ozeans nach Griechenland brachte, bis in die Gegend des nachmaligen Roms, beim Tiberfluß am Aventinischen Berge gekommen war, schlummerte er bei seinen Herden ein; und aus seiner Höhle am Aventinischen Berge kam der ungeheure flammenspeiende Kakus, dessen beständiges Geschäft es war, die Fremden zu berauben.

Dieser zog von den Ochsen einen nach dem andern bei den Schwänzen in seine Höhle, um durch die entgegengesetzte Spur den Suchenden zu täuschen. Als Herkules nun erwachte und die geraubten Ochsen vermißte, verleitete ihn, da er sie suchen wollte, die falsche Spur, und schon wollte er weiterziehen, als er das Gebrüll seiner Ochsen aus des Kakus Höhle vernahm, mit dem er sich nun in Kampf einließ, ihm bald seinen Raub abjagte und mit seiner Keule ihn zu Boden schlug.

Hier war es, wo Karmenta, die Mutter des Euander, der damals diese Gegend beherrschte, dem Herkules seine Gottheit prophezeite und wo noch bei seinem Leben der erste Altar ihm errichtet ward. – Auf antiken geschnittenen Steinen findet man mehrmals den Herkules abgebildet, wie er bei seinen Herden schlummert, indes Kakus die Ochsen rückwärts in seine Höhle zieht.

Die Befreiung der Alceste aus der Unterwelt

Herkules, welcher die Tyrannen vertilgte, die gegen die Fremden grausam waren, belohnte auch auf eine edle Weise die gastfreundliche Aufnahme, die er beim König Admetus fand.

Dieser Admet war mit der Alceste, einer Tochter des Pelias, vermählt. Er wurde krank und konnte, nach dem Ausspruch des Orakels, nicht anders sein Leben fristen, als wenn jemand freiwillig für ihn sich dem Tode weihte.

Alceste weihte sich heimlich den Göttern zum Todesopfer für ihren Gemahl; sie wurde krank, und die Genesung des Admet hielt nun mit ihrer zunehmenden Krankheit gleichen Schritt. Sie war verschieden, da Herkules beim Admet als Gast einkehrte.

Das Gastrecht war dem Admet so heilig, daß er dem Herkules anfänglich seine Trauer verschwieg. Als dieser aber den Tod der Alceste vernahm, versprach er seinem Gastfreund, das geliebte Weib, es koste auch, was es wolle, ihm aus dem Orkus zurückzuführen.

Und nun umfaßte Herkules den Tod mit starken Armen und hielt ihn fest, bis er die Gattin seines Freundes ihm wiedergab und sich die Trauer nun in neue hochzeitliche Freude und süße Gespräche verwandelte.

Die Befreiung des Prometheus von seinen Qualen

In dem Herkules war die Menschheit gleichsam bis zu dem Gipfel ihrer Größe emporgestiegen. Und auch der Duldung des Prometheus, an dessen Leber noch immer der Geier nagte, war nun ihr Ziel gesetzt.

Jupiter willigte selber in die Befreiung des Prometheus ein, nachdem ihm dieser zum Lösegeld die lange verborgne Weissagung offenbart hatte: Thetis würde einen Sohn gebären, der würde mächtiger als sein Vater sein.

Da nun Jupiter schon entschlossen war, die Thetis zu umarmen, so drohte ihm, ohne die Warnung des Prometheus, das Ende seiner Macht, deren Besitz er nun aufs neue dem von ihm so hart gequälten Bilder der Menschen dankte. – Nun spannte der Sohn des Donnergottes den Bogen und erschoß den Geier, der dem Prometheus die Leber nagte. Die Bande des an den Felsen Geschmiedeten fielen ab.

Die Aufrichtung der Säulen an der Meerenge zwischen Europa und Afrika

Die Dichtungen von den Taten des Herkules werden am Ende ganz kolossal und verlieren sich in dem Begriff einer Kraft, der Götter und Menschen nicht widerstehen können und die das Unmögliche möglich macht. – Als Apollo einst sich weigerte, dem Herkules wahrzusagen, so nahm er den goldnen Dreifuß weg, bis jener sein Verlangen erfüllte. – Die Götter im Olymp beklagen sich über ihn, daß er einst selbst die Juno verwundet und den Pluto mit seinen Pfeilen nicht verschont habe.

Als auf seiner Fahrt nach Westen die Sonne ihm zu heiß schien, so spannte er seinen Bogen und schoß nach dem Lenker des Sonnenwagens, der durch ein großes goldnes Trinkgefäß ihn zu versöhnen suchte. – Auch mit dem Neptun, da dieser einen Sturm schickte, nahm es Herkules auf und schoß seine Pfeile auf ihn ab. Dieser, um ihn zu besänftigen, ließ schnell die Sturmwinde schweigen und ließ die Wellen das goldne Trinkgefäß emportragen, dessen sich Herkules wegen seiner Größe zugleich statt eines Fahrzeuges auf dem Meere bediente, ohne zu fürchten, daß es untersänke, da selbst der König der Gewässer und die Wasserwogen ihm untertänig waren.

Da er nun auf seinem Zuge nach Westen an das äußerste Ende der Erde kam, durchbrach er die Erdenge zwischen Europa und Afrika und vereinte das Weltmeer mit dem Mittelländischen Meere.

Da richtete er an der Meerenge zum Andenken seiner vollbrachten Taten und um das Ziel seiner Reise zu bezeichnen auf den gegeneinander über liegenden Bergen Kalpe und Abyla zwei Säulen auf, zu deren Andenken die Nachwelt jene beiden Berge selber die Säulen des Herkules nannte.

Die Einbildungskraft konnte in dieser Dichtung sich nicht höher schwingen; denn erst da, wo nach der Vorstellungsart der Alten der Erdkreis selbst sich endigt und die Sonne ins Meer sinkt, war das Ziel der mächtigen Heldenlaufbahn. – Nur noch ein Zug wurde hinzugesetzt: Der, welcher den Prometheus befreite, half auch auf eine Weile dem Atlas den Himmel tragen und nahm die ewig drückende Last von Japets Sohn auf seine Schultern, um jenem eine kleine Zeit Erleichterung zu verschaffen. – So findet man auch auf alten Denkmälern den Herkules abgebildet, den Himmelsglobus auf den Schultern tragend.

Die Vermählungen des Herkules und seine Vergehungen und Schwächen

Dies sind nun außer den zwölf Arbeiten des Herkules seine vorzüglichsten Taten. Die Dichtungen schreiben ihm noch viel mehrere zu, weil alles, wozu Standhaftigkeit, Heldenmut und Stärke gehörte, sich gerne an diesen Namen knüpfte, der einmal alles Göttliche in sich faßte, was durch die Körperkraft sich offenbart.

Wenn aber bei irgendeiner Götter- oder Heldengestalt der Begriff der Macht und Stärke über alles andre überwiegend ist, so ist dies beim Herkules der Fall, der gleichsam die aus ihrem ersten Schlummer erwachte Menschheit im Gefühl ihrer ganzen Kraft, ohne müßiges Denken in sich abbildet, immer rastlos irgendein Ziel verfolgend, unbekümmert, was um ihn her steht oder fällt. –

Der Begriff von einem Helden war in der Vorstellungsart der Alten mit dem Begriff von einem Weisen gemeiniglich nicht verknüpft. Selbst beim Ulysses geht die Weisheit in Verschlagenheit über, und bei dem weisen Nestor ist durch das Alter die Heldenkraft schon gelähmt. Bei den Helden findet sich immer viel Licht und Schatten, und Herkules selbst muß noch mit manchen Schwächen für seine Heldenstärke büßen. –

In seinen Vermählungen und in seinen Ausschweifungen in der Liebe fand Herkules sein Unglück und zuletzt einen qualenvollen Tod, welcher demohngeachtet der Übergang zur Unsterblichkeit für ihn war.

Zuerst vermählte Kreon, Thebens Fürst, ihm seine Tochter Megara, zur Dankbarkeit für einen wichtigen Dienst, den Herkules ihm geleistet, welcher durch seine Tapferkeit die Stadt von einem lästigen Tribut befreite, den sie den Orchomeniern zahlen mußten.

Nachdem er nun acht Kinder mit der Megara erzeugt hatte, versetzte Juno ihn in eine rasende Wut, worin er Mutter und Kinder erschlug, deren abgeschiedenen Seelen man nachher in Theben jährlich Totenopfer brachte.

Um diese schreckliche, obgleich unverschuldete Tat zu büßen, unterzog sich Herkules desto freiwilliger den Arbeiten, die ihm Eurystheus anbefahl, bis, nahe an der Vollendung seiner Taten, eine neue Liebe ihn fesselte und er sich, ohngeachtet des tragischen Ausganges seiner ersten Ehe, zum zweitenmal vermählte.

Er kam nämlich auf einem seiner Züge nach Kalydon zum König Öneus und sahe dessen schöne Tochter Deianira, welche dem Flußgott Achelous schon verlobt war. Mit diesem ließ sich Herkules in einen Zweikampf ein, und da er ihn überwunden hatte, war Deianira der Preis des Sieges.

Als nun Herkules auf seiner Reise mit der Deianira an den

Fluß Evenus kam, an dessen Gestade der Centaur Nessus seine Wohnung hate, so trug er diesem auf, die Deianira auf seinem Rücken durch den Strom zu tragen.

Nessus wollte diese Gelegenheit nutzen, um die Vermählte des Herkules zu entführen; als diese aber um Hilfe schrie, spannte Herkules schnell den Bogen und durchschoß den Centaur mit einem in das Blut der Lernäischen Schlange getauchten Pfeil. Nessus gab sterbend der Deianira eine Handvoll von seinem Blute als ein kostbares Geschenk in einer Flasche und verhieß ihr, daß sie durch dies Mittel auf immer des Herkules Zuneigung sich versichern und jede fremde Liebe aus seiner Brust verscheuchen könne, wenn sie dereinst ein dicht am Leibe anliegendes Gewand mit diesem Blute bestriche und es dem Herkules, um es anzulegen, schickte.

Herkules, der nun wieder auf Taten ausging, entfernte sich von Zeit zu Zeit von der Deianira. Einst blieb er lange, ohne daß Deianira etwas von ihm vernahm. Ihn fesselte eine neue Liebe, die ihn mehr als alle seine überstandenen Gefahren darniederbeugte, weil sie ihn zu einer ungerechten Tat verleitete.

Als Herkules nämlich auf einem seiner letzten Züge nach Euböa kam, erblickte er Iolen, die Tochter des Eurytus, der über Öchalien herrschte. Er ward von Iolens Reizen schnell besiegt und warb um sie bei ihrem Vater. Als dieser sein Verlangen abschlug, verließ er zürnend und auf Rache denkend die Wohnung seines Gastfreundes.

Und als bald darauf Iphitus, des Eurytus Sohn, beim Herkules seine entlaufenen Stuten suchte, führte ihn dieser, der selber die Stuten bei sich verbarg, auf einen Hügel und stürzte den Sohn seines Gastfreundes, ehe dieser sich's versahe, vom jähen Felsen herab.

Durch diese Tat befleckte Herkules seinen Ruhm und mußte auch auf den Befehl der Götter auf eine schändliche Weise dafür büßen. Er mußte sich der wollüstigen Königin Omphale in Lydien zum Sklaven verkaufen lassen und weibliche Geschäfte auf ihren Befehl verrichten.

Hier stellt die bildende Kunst Omphalen mit der Löwenhaut umgeben und mit der Keule in der Hand, den Herkules aber in Weiberkleidern am Rocken spinnend dar. Der Held, der seine Laufbahn nun vollendet hatte, mußte vor seiner Vergötterung noch das Los der Sterblichkeit empfinden und so tief von seiner Größe sinken, als hoch er gestiegen war.

Allein die bestimmte Zeit dieser Dienstbarkeit verfloß, und nun rüstete Herkules sich gegen den Eurytus, der seine Tochter Iole ihm versagt hatte. Mit stürmender Hand eroberte er die Stadt Öchalia und zerstörte sie, erschlug den Eurytus selber, nahm Iolen gefangen und schickte sie als eine Sklavin seiner eigenen Gemahlin Deianira zu.

Deianira nahm die Iole gütig auf. Als sie aber durch das Gerücht vernahm, daß ebendiese Gefangene ihre Nebenbuhlerin sei, da glaubte sie, daß es Zeit wäre, von dem Geschenk des Nessus Gebrauch zu machen, wodurch die Liebe des Herkules ihr versichert und jede fremde Zuneigung aus seiner Brust verscheucht würde.

Sie nahm des toten Nessus langverwahrtes Blut und färbte damit ein köstliches Unterkleid, das sie dem Herkules durch den Lichas versiegelt entgegenschickte, mit der Bitte, es nicht eher zu tragen, als bis er sich an einem Opfertage, schön geschmückt, den Göttern damit gezeigt habe.

Des Herkules letzte Duldung und seine Vergötterung

Schon lange hatte ein Orakelspruch dem Herkules geweissagt, daß er den Tod von keinem Lebenden, sondern nur von einem Toten befürchten dürfe. Diese Prophezeiung war nun ihrer Erfüllung nahe. –

Auf dem Vorgebirge Cenäum von Euböa errichtete Herkules nach dem Siege über den Eurytus dem Jupiter Altäre und war die Opfertiere zu schlachten im Begriff, als Lichas ihm das Geschenk der Deianira überbrachte.

Herkules freute sich des Geschenks und zog sogleich das Kleid als einen festlichen Schmuck zum Opfer an, brachte nun eine Hekatombe den Göttern dar und ließ die Flamme von den Altären gen Himmel lodern, als plötzlich das Gewand wie angeleimt an seinem Körper klebte und Zuckungen durch alle seine Glieder fuhren. Es war das Gift der Hydra, die er selbst erlegt hatte, das nun sein Innerstes verzehrte.

Er rief dem unglücklichen Lichas, der ihm das Kleid gebracht, und schleuderte ihn, da der Schmerz in seinen Eingeweiden wütete, an einen Felsen, an welchem sein Schädel zerschmettert ward. – Mitten in seinen Qualen ließ Herkules sich nach Trachina bringen. – Kaum aber hatte Deianira die Würkung ihres Geschenks vernommen, so gab sie verzweiflungsvoll sich selbst den Tod.

Hyllus, ein Sohn des Herkules, den er mit der Deianira erzeugte, stand ihm in seinen Qualen bei und brachte auf seinen Befehl ihn auf den Berg Öta, wo Herkules auf dem lodernden Scheiterhaufen seine Leiden durch einen freiwilligen Tod zu enden beschlossen hatte, indem er zugleich dem Hyllus seine geliebte Iole empfahl und Pfeile und Bogen seinem treuen Gefährten, dem Philoktet, des Päas Sohn, zum Erbteil hinterließ.

Als Herkules nun den Scheiterhaufen bestiegen hatte und die lodernde Flamme ihn umgab, da heiterte sich sein Antlitz auf. Er hatte die Leiden der Menschheit ausgeduldet und ihre Schwächen abgebüßt; die sterbliche, den Schmerzen unterworfene Hülle fiel von ihm ab; sein Schattenbild nur sank zum Orkus nieder, sein eigenes Selbst stieg in die Versammlung der Götter zum Olymp empor. – Juno war versöhnt, und Hebe, die Göttin der ewigen Jugend, ward nach des Schicksals Schluß dem neuen Gott vermählt.

Auf der hier beigefügten Kupfertafel befinden sich nur zwei Abbildungen von Herkules. Die erste, nach einem antiken geschnittenen Steine, stellt ihn als Jüngling dar, wie er den Ne-

meischen Löwen erdrückt, die andre, ebenfalls nach einer antiken Gemme, wie er nach vollendeter Laufbahn von seiner vollbrachten Arbeit ausruht.

Kastor und Pollux

Öbalus, ein König in Lacedämon, aus einem Zweige vom alten Stamme des Inachus entsprossen, erzeugte den Tyndareus, der ihm in der Regierung folgte und mit der Leda, einer Tochter des Thestius, sich vermählte.

Die Schönheit der Leda zog den Jupiter von seinem Sitz herab; er senkte sich an den Ufern des Eurotas in der Gestalt eines Schwans zu ihr hernieder oder nahm vielmehr seine Zuflucht in ihrem Schoße, indem die Venus in der Gestalt eines Adlers ihn verfolgte.

Leda, die zugleich vom Jupiter und vom Tyndareus schwanger war, gebar zwei Eier, wovon das eine den Kastor und Pollux, das andre die Klytemnestra und Helena in sich einschloß.

Von den Kindern der Leda, die aus den Eiern hervorgingen, waren Pollux und Helena aus Jupiters Umarmung, Kastor und Klytemnestra aber vom Tyndareus erzeugt. Unsterblich waren Pollux und Helena, Kastor und Klytemnestra aber sterblich.

Ohngeachtet der Verschiedenheit ihrer Abstammung, waren Kastor und Pollux unzertrennlich. Beide waren tapfer und heldenmütig, und beide waren in edler Leibesübung geschickt, Kastor vorzüglich in der Kunst, zu reiten und Pferde zu bändigen, Pollux in der Kunst, zu ringen.

Kastor und Pollux waren auch die Zeitgenossen der berühmtesten Helden und begleiteten die Argonauten auf ihrer Fahrt nach Kolchis, wo Pollux unterwegens den Amykus, einen Sohn Neptuns, der jeden Fremden zum Gefecht mit Streitkolben hohnsprechend aufzufordern pflegte, im Zweikampf schlug.

Auch sahe man einst auf dieser Fahrt bei einem schrecklichen Sturme zwei Flammen über den Häuptern des Kastor und Pollux lodern, als der Sturm sich legte, worauf man diese beiden Feuer, sooft sie nachher den Schiffern auf dem Meere im Sturm erschienen, Kastor und Pollux nannte und von ihnen Rettung und Hülfe sich versprach.

Überhaupt richtete man in den größten Gefahren sowohl zu Wasser als zu Lande an den Kastor und Pollux sein Gebet, welche man beide unter dem Namen der Dioskuren oder der Söhne des Jupiter als den Notleidenden zu jeder Zeit gewärtige hülfleistende Wesen vor allen andern ehrte.

Da sie von dem Argonautenzuge wiederkehrten, hatte Theseus ihre Schwester, die Helena, welche nachher dem Paris folgte, entführt und sie seiner Mutter Äthra in Aphidnä zur Aufsicht übergeben. Kastor und Pollux eroberten die Stadt, befreiten ihre Schwester und nahmen die Mutter des Theseus als Gefangene mit, verübten aber nicht die mindeste Gewalttätigkeit in der Stadt noch in dem attischen Gebiete. – Diese schonende Großmut war es, weswegen die Athenienser sie vorzüglich ehrten. – Die schonende Güte, welche die Heldentaten des Kastor und Pollux begleitete, flößte den Sterblichen das vorzügliche Zutrauen ein, womit man sie nachher als Rettung und Hülfe gewährende Götter ehrte.

Aber auch die Treue, womit dies unzertrennliche Paar sich selber einander in Gefahren beistand, machte die göttergleichen Helden den Menschen zum Gegenstand der Lieb' und des Vertrauens und ist zugleich einer der schönsten Züge, welche die Dichtung in das glänzende Zeitalter der Helden eingewebt hat.

Als nämlich Kastor und Pollux um die Töchter des Leucippus, Phöbe und Ilaira, sich bewarben und erst mit ihren Nebenbuhlern, den Söhnen des Aphareus, Idas und Lynceus, jeder um seine Geliebte, kämpfen mußten, wurde Lynceus zwar vom Kastor getötet, Kastor selber aber, der nicht unsterblich war, vom Idas überwunden und erschlagen.

Ob nun Pollux gleich den Tod seines Bruders an dem Idas rächte, so konnte er dennoch den Toten nicht wieder aufwekken und flehte den Jupiter, ihm selber das Leben zu nehmen oder zu vergönnen, daß er mit seinem Bruder seine Unsterblichkeit teilen dürfe.

Jupiter gewährt die Bitte, und Pollux stieg nun wechselnd den einen Tag mit seinem Bruder ins Schattenreich hinab, um sich des andern Tages unter dem Antlitz des Himmels wieder mit ihm des Lebens zu erfreuen.

Dem Kastor und Pollux waren häufig Tempel und Altäre geweiht. Die Einbildungskraft ließ sie zuweilen in großen Gefahren den Sterblichen erscheinen. Dann waren es zwei Jünglinge auf weißen Pferden, in glänzender Waffenrüstung, mit Flämmchen oder Sternchen über ihren Häuptern.

So wurden sie gemeiniglich abgebildet, entweder nebeneinander reitend oder nebeneinander stehend und jeder ein Pferd am Zügel haltend, mit gesenkten Lanzen, und Sternchen auf den Häuptern.

Auf diese letztre Art sind sie auch auf der hier beigefügten Kupfertafel nach einem antiken geschnittenen Steine abgebildet. Auf dieser Kupfertafel befinden sich, ebenfalls im Umriß nach einer antiken Gemme, die bloßen Köpfe des Kastor und Pollux mit den Sternchen darüber.

Iason

Iason war aus dem Äolischen Heldenstamme entsprossen, aber kein Göttersohn; und Juno selber, welche die Söhne des Jupiter mit ihrem Haß verfolgte, nahm ihn in ihren Schutz. –

Äolus, Deukalions Enkel, der in Thessalien herrschte, erzeugte den Salmoneus, Sisyphus, Athamas und Kretheus. Salmoneus wurde von Jupiters Blitz erschlagen, Sisyphus mußte in der Unterwelt für seine Macht auf Erden büßen, und Athamas starb in Raserei.

Tyro, eine Tochter des Salmoneus, gebar, ehe sie vermählt wurde, nach Neptuns Umarmung den Pelias und Neleus. Und da sie mit ihres Vaters Bruder, dem Kretheus, sich vermählte, gebar sie ihm den Äson, der seinem Vater in der Regierung folgte und welcher Iason, den göttergleichen Helden, mit der Alcimede erzeugte.

Pelias aber, des Äsons Bruder von mütterlicher Seite, beraubte diesen seines Throns, ohne ihn demohngeachtet aus Iolkos zu verjagen, welches der Sitz der Könige von Thessalien war. Den Iason aber, da er kaum geboren war, suchte Pelias als einen ihm gefährlichen Sprößling von Äsons Hause aus dem Wege zu räumen.

Äson und Alcimede, welche die Absicht des Tyrannen merkten, streuten aus, daß Iason krank, und bald darauf, daß er gestorben sei, indes daß seine Mutter ihn auf den Berg Pelion zu dem weisen Chiron brachte, welcher, obgleich in ungeheurer Gestalt, halb Mensch, halb Pferd, in jeder Wissenschaft erfahren, sich in seiner einsamen Grotte der Erziehung der jungen Helden annahm und unter dessen Leitung auch Herkules seine edle Laufbahn antrat.

Als Iason zu den Jünglingsjahren gekommen war und schon der männliche Mut in seiner Brust erwachte, ging er nach dem Ausspruch des Orakels, mit der Haut des Leoparden über seinen Schultern und mit zwei Lanzen bewaffnet, nach Iolkos an des Pelias Hof.

Dem Pelias aber war geweissagt, er solle vor dem sich hüten, der einst mit *einem* Schuh und mit dem andern Fuß entblößt vor ihm erscheinen würde. Als nun Iason auf dem Wege nach Iolkos über den Fluß Anaurus zu gehen im Begriff war, erschien ihm Juno in der Gestalt einer alten Frau und bat, sie über den Fluß zu tragen. Als Iason sie hinübertrug, blieb ihm der eine Schuh im Schlamme stecken, und nun erschien er also mit dem einen Fuße entblößt in Iolkos vor dem Palaste des Pelias, der bei seinem Anblick mit Schrecken und Bestürzung an den Ausspruch des Orakels dachte.

Auf die Frage, wer er sei, forderte Iason nun vor allem Volke vom Pelias die Krone wieder, die dieser dem Äson, Iasons Vater, unrechtmäßigerweise entrissen hatte. Die Einkünfte des Reichs sollten dem Pelias dennoch bleiben, nur der Oberherrschaft solle er sich begeben!

Pelias, welcher bei diesem Antrage in die Seele des jungen Helden blickte, zweifelte nicht, ihn durch den anspornenden Reiz zu irgendeiner ruhmvollen Tat für jetzt noch zu entfernen. Er stellte sich, als sei er bereit, die Krone niederzulegen, wenn nur die Manen des Phryxus, der auch vom Äolus stammte und in dem entfernten Kolchis seinen Tod fand, erst versöhnt und das Goldne Vlies, was jener dorthin gebracht, erst wieder erbeutet wäre.

Dieser Phryxus, welcher in Kolchis starb, war nämlich ein Sohn des Athamas und des Äolus Enkel. Athamas, der in Böotien herrschte, hatte mit der Nephele den Phryxus und die Helle erzeugt, nachher aber mit der Ino, des Kadmus Tochter, sich vermählt, die jene beiden Kinder des Athamas mit stiefmütterlichem Haß verfolgte und ihren Tod beschloß.

Nephele erschien ihren Kindern und entdeckte ihnen die Gefahr, worin sie schwebten, Schlachtopfer von Inos Haß zu werden, wenn sie nicht schnell die Flucht ergriffen, zu deren Beförderung schon ein Widder mit goldnem Fell bereitstand, der auf den Wink der Götter den Phryxus und die Helle über Länder und Meere auf seinem Rücken trug.

Die Fahrt ging gegen Morgen nach dem entfernten Kolchis, wo Äetes, ein Sohn der Sonne, herrschte. Helle, die Schwester des Phryxus, aber sank unterwegens in die Fluten, und das Meer, wo sie untersank, wurde nach ihrem Namen der Hellespont genannt.

Phryxus langte in Kolchis beim Äetes an, wo er den Widder, der ihn trug, den Göttern zum Opfer brachte und das goldne Fell des Widders oder Goldne Vlies als ein kostbares Heiligtum in einem geweihten Haine aufhing; er selber ver-

5 POSEIDON

mählte sich mit der Tochter des Königs und starb im fremden Lande.

Das Goldne Vlies in Kolchis, wovon das Gerücht erscholl, erweckte schon lange die Sehnsucht aller, die etwas Köstliches zu erstreben wünschten. Es war im fernen Osten das, was im Westen die goldnen Äpfel der Hesperiden waren; man dachte sich darunter etwas, das der größten Mühe, Anstrengung und Gefahren wert sei. So wie denn überhaupt bei den Alten das Bild vom Widder und vom hochwollichten Widderfell vorzüglich den Begriff des Reichtums in sich faßte, wodurch denn auch die Dichtung von dem Goldnen Vlies, sofern man sich darunter Reichtum und Schätze dachte, natürlich veranlaßt wurde.

Das Wunderbare aber und die weite Entfernung lockte am meisten den Mut der Helden an; und Iason hatte kaum des Pelias Wort vernommen, so war auch schon sein Mut zur rühmlichen Tat entflammt; er verpflichtete sich, das Goldne Vlies zu holen, und zu Gefährten der kühnen Unternehmung lud er Griechenlands berühmteste Helden ein.

Die Fahrt der Argonauten

Zu der Fahrt nach Kolchis wurde aus Fichten vom Berge Pelion ein Schiff erbaut, das größer als alle bisherigen und dennoch leicht zum Segeln war, weswegen man es Argo, die Schnellsegelnde, nannte und diejenigen, welche darauf nach Kolchis schifften, die Argonauten hießen.

Aus dem Walde zu Dodona, wo die Eichen wahrsagten, war der Mast genommen; und man betrachtete nun die Argo gleichsam als ein beseeltes, mit dem Schicksal einverstandenes Wesen, dem man sich desto sicherer anvertraute. Die folgenden Namen glänzten vorzüglich unter der Zahl der Helden, die den Iason begleiteten:

Herkules,
Kastor und Pollux,
Kalais und Zetes, die Söhne des Boreas,
Peleus, der Vater des Achilles,
Admet, der Gemahl der Alceste,
Neleus, der Vater des Nestor,
Meleager,
Orpheus,
Telamon, der Vater des Ajax,
Menötius, der Vater des Patroklus,
Lynceus, der Sohn des Aphareus,
Theseus,
Pirithous.

Die Väter der berühmtesten Helden, die im Trojanischen Kriege glänzten, sind auf der Fahrt nach Kolchis zum Teil noch selbst in blühender Jugend. Ein Heldengeschlecht geht hier voran, um mit vereinten Kräften einen kostbaren Schatz den Händen der Barbaren zu entreißen, so wie nachher das zweite Heldengeschlecht vereint durch Trojas Zerstörung den Raub der Schönheit rächte.

Bei günstigem Winde segelt nun die Argo aus dem Hafen von Iolkos in Thessalien ab. Orpheus schlug die Harfe, und sein Gesang belebte den Mut bei drohenden Gefahren, des Lynceus scharfer Blick durchdrang die fernste Gegend, und der schifffahrtskundige Tiphys lenkte mit weiser Hand das Steuerruder.

Die Fahrt der Argonauten war eine Zeitlang glücklich vonstatten gegangen, als sich plötzlich ein Sturm erhob, der sie nötigte, in den Hafen von Lemnos einzulaufen. Merkwürdig ist es, daß einige der Helden bei diesem Sturm gelobten, sich in die Samothracischen Geheimnisse einweihen zu lassen, ebenso wie Herkules, da er zu der gefahrvollsten Unternehmung in die Unterwelt hinabstieg, sich erst in die Eleusinischen Geheimnisse einweihen ließ.

In Lemnos drohte den Argonauten eine größre Gefahr, als selbst der Sturm war, der sie dorthin verschlug. Die Schönheit und die Liebkosungen der Lemnierinnen fesselten die Helden und verweilten ihre Fahrt nach Kolchis auf eine geraume Zeit.

Kurz vor der Ankunft der Argonauten hatten nämlich die Einwohnerinnen von Lemnos alle Männer auf ihrer Insel ermordet; nur Hypsipyle hatte ihrem Vater, dem Könige Thoas, das Leben erhalten. Der Zorn der Venus gegen die Lemnierinnen, welche die mächtige Göttin nicht genug verehrten, veranlaßte diese schreckliche Tat.

Die zürnende Göttin flößte den Männern von Lemnos, welche mit den Thraciern Krieg führten, eine unüberwindliche Abneigung gegen ihre Weiber ein, statt deren sie sich thracische Sklavinnen zu Beischläferinnen wählten, welche Schmach die Weiber von Lemnos nicht ertrugen, sondern alle ihre Männer, die nicht in Thracien zurückgeblieben waren, in einer Nacht im Schlafe ermordeten.

Als nun die Argonauten in Lemnos landen wollten, so widersetzten sich ihnen zuerst die Weiber, weil sie glaubten, es wären ihre aus Thracien rückkehrende Männer, welche den Tod der Ermordeten rächen wollten. Sobald sie aber ihren Irrtum einsahen, nahmen sie die Fremden mit offenen Armen auf, welche nun zwei Jahr auf dieser Insel blieben, wo Iason mit der Hypsipyle zwei Söhne, den Thoas und den Euneus, erzeugte.

Von Lemnos segelten die Argonauten nach Samothracien, wo die Einweihung in die Geheimnisse den Helden zu ihrer gefahrvollen Unternehmung neuen Mut gab. Als sie bei Troas landeten, wurden sie von dem Herkules, der den Hylas suchte, und von dem Telamon, dem Gefährten des Herkules, verlassen.

Am Fuße des Dindymus lag die Stadt Zyzikus, in welcher ein König gleichen Namens herrschte, der die Argonauten, als sie hier landeten, gütig aufnahm und mit Geschenken sie entließ.

Da nun in der Nacht ein Sturm das Schiff wieder in den Hafen trieb, hielt Zyzikus aus Irrtum die Landenden für Feinde und wurde, da er sie angriff, vom Iason im Gefecht erschlagen, der zur Aussöhnung dieser obgleich unvorsätzlichen Tat der Mutter der Götter auf dem Berge Dindymus Opfer brachte und ihr einen Tempel baute.

Die Argonauten, welche immer nach Osten ihren Lauf richteten, landeten nun in Bebrycien an, wo Amykus herrschte, der zum Gefecht mit Streitkolben jeden Fremden aufforderte und welchen Pollux im Zweikampf überwand.

Auf ihrer weitern Fahrt von hier wurden die kühnen Schiffer durch einen Sturm an die Küste von Thracien verschlagen und landeten zu Salmydessa, wo der von den Göttern bestrafte wahrsagende und blinde Phineus herrschte, den unaufhörlich die Harpyien, die Töchter des Thaumas, quälten, deren unter den Erzeugungen der alten Götter schon gedacht ist.

Phineus war mit einer Tochter des Boreas vermählt, mit welcher er zwei Söhne erzeugte, die er dem stiefmütterlichen Haß seiner zweiten Gemahlin Idea preisgab, auf deren Anstiften und Verleumdung er sie des Augenlichts beraubte und nun durch seine eigene Blindheit für dies Verbrechen büßte, indes die wahrsagenden Harpyien Celäno, Aello und Ocypete, welche ein jungfräuliches Antlitz hatten und übrigens gräßlichen Raubvögeln gleich gestaltet waren, dem Phineus alle Speise, die er genießen wollte, entrissen oder besudelten.

Phineus, der in die Zukunft blickte, gab den Argonauten weise Ratschläge zur Fortsetzung ihrer Reise und einen Wegweiser durch die Cyaneischen Felsen oder Symplegaden, deren Durchfahrt den Argonauten nun bevorstand.

Kalais und Zetes, die Söhne des Boreas, welche beflügelt waren, verjagten zur Dankbarkeit die Harpyien von des Phineus Tische und verfolgten sie bis an die Strophadischen Inseln, wo sie auf den Befehl der Götter von ihrer Verfolgung abließen und zu den Argonauten wieder zurückkehrten und von welcher

Rückkehr auch jene Inseln bei den Alten ihren Namen führten.

Die Cyaneen oder Symplegaden, durch welche die Argonauten nun schiffen mußten, waren zwei Felsen, die am Eingange des Schwarzen Meeres einander gegenüberlagen und nach den verschiedenen Richtungen, worin man sich ihnen näherte, durch einen optischen Betrug sich bald zu öffnen und bald zu schließen schienen, woher die alte Dichtung entstand, daß diese Felsen beweglich wären und sich wirklich so wie Scheren auf- und zutäten, welches den Durchgang der Schiffe durch dieselben äußerst gefahrvoll machte. – Sehr natürlich ist daher auch die Dichtung, daß, seitdem die Argonauten die Durchfahrt einmal gewagt hatten und also der optische Betrug entdeckt war, Neptun diese Felsen befestigt habe. –

Nach glücklich vollendeter Durchfahrt durch die Symplegaden ward nun in dem Gebiet des Lykus angelandet, welcher, von Geburt ein Grieche, die Fremdlinge aus seinem Vaterland mit offnem Arm aufnahm. Hier starb Tiphys, der Steuermann der Argo, an dessen Stelle Ancäus trat, worauf die weitere Fahrt nach Kolchis vor sich ging, wo endlich die geweihte Argo, nachdem sie lange das Meer durchschnitten und manchen Sturm erlitten hatte, an das gewünschte Ufer stieß.

Allein hier war es, wo die größte Gefahr dem Iason drohte, wogegen ihn aber auch schon im voraus die Gunst der Götter schützte.

Äetes nahm die Argonauten nicht unfreundlich auf, schrieb aber dem Iason, der das Goldne Vlies begehrte, solche Bedingungen vor, deren Erfüllung er selbst für unmöglich hielt, weil unter den Gefahren, die er ausgedacht, der kühnste Held notwendig erliegen mußte!

Zuerst sollte Iason, um den Besitz des Goldnen Vlieses sich zu erwerben, zwei flammenatmende, dem Vulkan geweihte Stiere an eine diamantne Pflugschar spannen und damit vier Morgen eines noch nie gepflügten, dem Mars geweihten Feldes aufreißen.

Dann sollte er den Rest der Drachenzähne des Kadmus, welche Äetes besaß, in die gepflügten Furchen säen und die geharnischten Männer, die aus der furchtbaren Saat erwachsen würden, alle bis auf einen töten und, wenn er das getan, den Drachen, der das Goldne Vlies bewachte, bekämpfen und erlegen.

Medea, eine Tochter des Äetes, mächtig in Zauberkünsten, hatte kaum den Iason erblickt, als durch den Einfluß und die Veranstaltung der Götter, die den Helden schützten, eine zärtliche Neigung gegen ihn sich in ihrem Busen regte, die bald bis zur heftigsten Flamme der Leidenschaft emporschoß.

Beim Tempel der Hekate, die mächtige Göttin anzuflehen, begegneten sich Iason und Medea. Medea entdeckte dem Iason ihre Liebe, und wenn er ihr Treue schwüre, versprach sie, in den Gefahren, die ihm drohten, ihm mächtig beizustehen und ihm zu helfen, sein glorreiches Unternehmen sicher zu vollführen.

Iason schwur ihr Treue, Medea erwiderte den Schwur und machte durch ihre Zauberkraft den Helden unüberwindlich, sie gab ihm einen Stein, um ihn unter die aufkeimende Saat der geharnischten Männer hinzuschleudern, und gab ihm Kräuter und einen Trank, den Drachen einzuschläfern.

Als Iason mit seinen Gefährten nun am andern Tage in Gegenwart des Königs und des Volks auf dem Felde des Mars erschien und man nun im Begriff war, zuerst die flammenatmenden Stiere loszulassen, stand alles stumm und schweigend auf den Ausgang harrend.

Wild und schnaubend stürzten die Stiere auf den Helden los, allein die Zauberkraft, womit Medea ihn begabt hatte, machte sie plötzlich zahm: sie beugten willig ihren Nacken unter das Joch, indem sie Iason an den Pflug spannte und auf dem Felde des Mars die Furchen zog, worin er die Zähne des Drachen säte.

Als nun plötzlich die Saat der geharnischten Männer aus

dem Boden keimte, die alle ihre Schwerter gegen den Iason kehrten, so warf dieser in ihre Mitte den bezaubernden Kieselstein, der ihre Herzen verhärtete, daß sie mit wechselseitiger Wut sich selbst aufrieben und mit ihren toten Körpern den Boden deckten, woraus sie kaum erst entsprossen waren.

Ehe noch der König und das Volk von seinem Erstaunen sich erholte, eilte Iason schon, den Drachen einzuschläfern; er tötete das Ungeheuer, und triumphierend hielt seine Rechte das Goldne Vlies empor. – Siegreich kehrte er nun mit seinen Gefährten in sein Schiff zurück. Heimlich in nächtlicher Stille ihres Vaters Haus verlassend, um ihrem Geliebten nachzufolgen, begab sich Medea auf das Schiff, das in der Nacht noch unter Segel ging.

Äetes, welcher bald die Flucht seiner Tochter inneward, verfolgte die schnellsegelnde Argo mit seinen Schiffen; als nun beim Ausfluß der Donau Medea die nahen Segel ihres Vaters erblickte, griff sie zu einem verzweifelten und grausamen Mittel, um sich und ihren Geliebten aus der Gefahr zu retten.

Sie hatte ihren kleinen Bruder Absyrtus gleichsam als Geisel mitgenommen, und da sie kein andres Rettungsmittel sahe, tötete und zerstückte sie ihn, stellte Haupt und Hände auf einem hohen Felsen aus und streute die übrigen Glieder an dem Ufer hier und da umher, damit durch diesen jammervollen Anblick und bei dem Sammeln der Glieder seines Sohnes der Vater sich verweilte und die Fliehenden zu verfolgen abließe. – Um diese Freveltat zu bezeichnen, wurden einige kleine Inseln in dieser Gegend nachher die Absyrtischen genannt.

Die Argonauten, denen Phineus geraten hatte, sie sollten durch einen andern Weg als den, welchen sie gekommen wären, in ihr Vaterland zurückkehren, schifften nun die Donau hinauf, und da sie auf diesem Flusse nicht weiterkommen konnten, läßt die Dichtung sie das leichtgebaute Schiff eine Strecke von vielen Meilen über Berg und Tal bis an den Adriatischen Meerbusen auf ihren Schultern tragen.

Als sie sich hier nun wieder einschifften, ließ die Argo aus der Eiche des Dodonischen Waldes folgenden Orakelspruch ertönen: daß ihnen die Rückkehr in ihr Vaterland nicht eher bestimmt sei, bis Iason und Medea erst von dem Mord des Absyrtus losgesprochen und durch die auferlegte Büßung ihr Verbrechen ausgesöhnt sei.

Um dieser Aussöhnung willen liefen sie in den Hafen Äea, dem Aufenthalt der Circe, einer Tochter der Sonne und Schwester des Äetes, ein, die sich aber weigerte, auf die Bitte des Iason und der Medea den Mord des Absyrtus durch die gebräuchlichen Opfer auszusöhnen, und ihnen verkündigte, daß sie nicht eher als auf dem Vorgebirge Malea ihre Schuld würden tilgen können.

Von hier schifften nun die Argonauten unter dem Schutz der Juno glücklich durch die Scylla und Charybdis. Durch des Orpheus Überredung vermieden sie die Gefahr, die ihnen von den Sirenen drohte, und kamen nun auf der Insel der Phäacier an, wo sie auf die Flotte der Kolchier trafen, die hier auf einem andern Wege den Fliehenden gerade entgegenkam und die Medea, wenn sie dem Iason noch nicht vermählt wäre, wieder zurückverlangten.

Alcinous, der König der Phäacier, ließ noch in derselben Nacht den Iason und die Medea die Gebräuche der Vermählung feiern und verkündigte diese Verbindung am andern Morgen den Abgeordneten von Kolchis, die nun mit ihrer Flotte wieder den Rückweg nahmen.

Die Argonauten gingen nun wieder unter Segel und suchten dem Vorgebirge Malea sich zu nähern, als plötzlich ein Sturm sie an die Libyschen Sandbänke warf, wo sie in einen der Seen sich verwickelt sahen, als ihnen ein Triton erschien, der gegen das Geschenk eines köstlichen Dreifußes, den Iason im Schiffe mit sich führte, ihnen einen Weg zu zeigen versprach, wo sie der Gefahr entrinnen könnten.

Iason schenkte den Dreifuß dem Triton, der sich daran ergötzte und dem Euphemus, einem von den Argonauten, dessen Nachkommen über Libyen herrschten, als ein bedeutendes Geschenk eine Erdscholle gab; als diese Erdscholle in der Folge ins Meer fiel, weissagte Medea dem Euphemus, daß seine Nachkommen nun noch nicht so bald in Libyen herrschen würden.

Endlich langte nun die Argo bei dem Vorgebirge Malea an, wonach der Circe Verheißung Iason und Medea, von dem Mord des Absyrtus ausgesöhnt, sich nun das nahe Ende der langen Reise versprechen durften. Ohne irgendeinen neuen Unfall liefen die Argonauten glücklich in den Hafen von Iolkos ein. – Die Argo weihte Iason auf dem Korinthischen Isthmus dem Neptun, und die folgenden Dichtungen lassen sie als ein leuchtendes Gestirn am Himmel glänzen.

Das Goldne Vlies war nun erbeutet, allein die Absicht, weswegen Iason sich allen diesen Gefahren unterzogen hatte, war vereitelt, weil sein Vater Äson ebenso wie Pelias, nun schon ein abgelebter kindischer Greis, der glorreichen Taten seines Sohnes sich nicht mehr erfreuen konnte.

Und nun war Iasons erste Bitte an Medeen, durch die Gewalt der magischen Kräfte wo möglich seinen Vater zu verjüngen. Medea ließ dem Äson aus verborgenen Kräutern den neuen Lebenssaft durch alle Adern strömen, und dieser fühlte plötzlich die Rückkehr seiner muntern Jugend und neue Lebenskraft, indes die Töchter des Pelias, den Versuch der Medea töricht nachahmend, ihrem Vater, den sie auch verjüngen wollten, das Leben raubten, so daß dem Äson nur allein die Herrschaft blieb.

Iason begab sich mit der Medea nach Korinth, das vormals Ephyra hieß und vom Äetes, dem Vater der Medea, ehe er nach dem fruchtbarern Kolchis ging, beherrscht ward. Medea bemächtigte sich der Regierung für den Iason, welchem, nachdem er hier zehn Jahr mit ihr verlebt, so wie dem Herkules, Perseus und Bellerophon, ein tragisches Schicksal noch zuletzt bevorstand.

Medeens überdrüssig, war Iason im Begriff, sich mit der fürstlichen Tochter Kreons zu vermählen, uneingedenk der Rache verachteter Eifersucht und verschmähter Treue. Medea stellte sich sanft und duldend; sie schickte selber der Braut ein Hochzeitkleid. Kaum hatte diese es angelegt, so fühlte sie schon die Flamme ihr Innerstes verzehren und starb einen qualenvollen Tod.

Nun ließ Medea ihrer Rache freien Lauf: auf Kreons Palast ließ sie Feuer regnen, den Kreon selbst einen Raub der Flammen werden, ermordete ihre beiden Kinder, die Iason mit ihr erzeugt hatte, und eilte darauf in ihrem mit Drachen bespannten Wagen durch die Lüfte, indem sie den Iason seinem Gram und der Verzweiflung überließ, die seine Tage kürzte und ihm den Rest seines Lebens verbitterte.

Auf der hier beigefügten Kupfertafel sind Iason und Medea, sich einander die Hände gebend, nebst Iasons Waffenträger, nach einem antiken Basrelief aus Winckelmanns Monumenten, abgebildet, indes der mit dem Drachen umwundne Lorbeerbaum den Sieg des Iason schon im voraus andeutet, der, mit Medeens Zauberkräften ausgerüstet, seiner Waffen, die an der Wand hängen, nicht mehr bedarf und leicht bekleidet ohne Harnisch dasteht. Auf ebendieser Tafel ist, nach einer antiken Gemme, auch Meleager und der Kopf des Kalydonischen Ebers von ihm dargestellt.

Meleager

Öneus, der in Kalydon herrschte, war ein Vater berühmter Kinder, der Deianira, die dem Herkules vermählt war, des Meleager und des Tydeus, dessen tapferer Sohn Diomedes im Trojanischen Kriege es mit den Göttern selbst im Streit aufnahm. Dieser Öneus hatte das Unglück, den Zorn der Diana auf sich und sein Land zu laden, weil er beim Opfer sie vergaß, da er den übrigen Göttern für den Wachstum der Früchte des Feldes dankte.

Diana schickte einen ungeheuren Eber in das kalydonische Gebiet, der die aufkeimende Saat zernichtete, die Äcker verwüstete und den Einwohnern des Landes rundumher Tod und Verderben drohte. Öneus erbat sich den Beistand der Helden, dies Ungeheuer zu erlegen; und dies war wiederum eine Unternehmung, welche, so wie die Fahrt der Argonauten, die gleichzeitigen berühmtesten Helden Griechenlands vereinte.

Die Kalydonische Jagd

Bei der Jagd des Kalydonischen Ebers versammleten sich zum Teil die Helden wieder, die auf der Fahrt nach Kolchis manche Gefahr zusammen überstanden hatten. Die berühmtesten von den Argonauten, welche mit dem Meleager, dem Sohn des Öneus, gegen das Ungeheuer kämpften, waren

Iason,
Kastor und Pollux,
Idas und Lynceus,
Peleus,
Telamon,
Admetus,
Pirithous und Theseus.

Zu diesem glänzenden Haufen gesellten sich die Brüder der Althäa, der Vermählten des Öneus, einer Tochter des Thestius, der in Pleuron herrschte, und Atalante, die Tochter des Schöneus, eines arkadischen Fürsten, die gleich der Diana selber die Jagd liebte und sich dem jungfräulichen Stande gewidmet hatte.

Atalante verwundete zuerst mit ihrem Pfeil den Eber, und nun erlegte Meleager das Ungeheuer, hieb ihm den Kopf ab und überreichte ihn der Atalante als der Siegerin, die den Preis in diesem Kampfe davongetragen hatte. Die Söhne des Thestius, Brüder der Althäa, der Mutter des Meleager, machten den Preis der Atalante streitig; und nun erregte Diana, die ihrem Zorn noch keine Grenzen setzte, zwischen dem Meleager und den Söhnen des Thestius einen Streit, der zu einem blutigen Kriege wurde und dieser Begebenheit einen tragischen Ausgang gab.

Meleager tötete im Gefecht seiner Mutter Brüder. Als diese nun die Leichname der Erschlagenen erblickte, schwur sie, den Tod der Brüder an ihrem eigenen Sohne zu rächen. Die Parzen hatten nämlich bei der Geburt des Meleager ein Scheit Holz nah an die Flamme auf dem Herd gelegt, mit dem Bedeuten, daß der Althäa Sohn so lange leben würde, als die Flamme nicht dies Holz verzehrte.

Althäa hatte wie ein köstliches Kleinod bis jetzt dies Scheit Holz aufbewahrt, nun warf sie es in die lichte Flamme, mit lauten Verwünschungen gegen ihren Sohn, der plötzlich von verzehrender Glut sein Inneres ausgetrocknet, seine Gebeine zermalmet fühlte und unter zuckender Qual verschied. Kaum aber vernahm Althäa die schreckliche Wirkung von dem, was sie getan, so gab sie aus Reue und Verzweiflung sich selbst den Tod.

Atalante

Auch Atalante freute sich ihres Sieges nicht lange; sie vermied, so lange sie konnte, sich zu vermählen, weil unvermeidliches Unglück in der Ehe, nach einer Weissagung, ihr bevorstand. Um nun die Freier abzuschrecken, trug sie jedem, der um sie warb, einen Wettlauf an. Dem, welcher sie besiegen würde, versprach sie sich zu ergeben; den Besiegten aber war der Tod bestimmt.

Hippomenes, der diesem gefährlichen Wettlauf sich unterzog, flehte die Venus um Beistand an, die ihm drei goldne Äpfel schenkte, welche er, einen nach dem andern, im Laufe fallen ließ und, als Atalante diese Äpfel, sie bewundernd, aufhob, vor ihr das Ziel erreichte.

Allein Hippomenes vergaß des Dankes, den er der Venus schuldig war, und Atalante mußte, da sie mit ihm vermählt war, zugleich auch sein Vergehen gegen die Göttin büßen, auf deren Anstiften beide ein Heiligtum der Cybele entweihten, welche mit furchtbarer Gewalt das frevelnde, durch das Band der Ehe verknüpfte Paar in Löwen verwandelte, die unter einem Joch ihren Wagen zogen.

Minos

In der Gestalt des mutigen Stiers, worin die Alten gern, als ein Sinnbild der Stärke, die Gottheit hüllten, entführte Jupiter die Europa, des Agenors Tochter, nach Kreta, wo er den Minos mit ihr erzeugte, der, seines erhabenen Ursprungs würdig, den Völkern Gesetze gab und sie zuerst zu einem Staate durch weise Einrichtung bildete.

Die Dichtung läßt den Minos in einer Grotte auf dem Ida von Zeit zu Zeit mit dem Jupiter geheime Unterredungen pflegen, deren Inhalt er als die Grundlage seiner Gesetzgebung dem horchenden Volke bekanntmacht. Wegen seiner weisen Regierung eignete die Dichtung dem Minos nebst seinem Bruder und Ratgeber Rhadamanthys als den gerechtesten Menschen das Richteramt über die Toten zu; zu diesen beiden gesellte sie den Äakus, des Peleus Vater, und, nach einer anderen Sage, auch den Triptolemus, der ein Wohltäter der Menschen war. –

Minos, des Gesetzgebers Enkel, war ein tapfrer und kriegerischer Fürst, der das Mittelländische Meer von Seeräubern befreite und die Fahrt auf demselben wieder sicher machte. Allein ihn betrafen Unglücksfälle, wodurch seine glorreichsten Siege ihm vergällt, sein Leben verbittert wurde:

Die Vermählte des Minos war Pasiphae, eine Tochter der Sonne und Schwester des Äetes. Venus warf auf dies Geschlecht einen alten Haß, weil Helios oder die Sonne einst ihr Liebesverständnis mit dem Mars entdeckt und verraten habe.

Sie flößte der Pasiphae zu einem Stier, den Neptun aus dem Meere steigen ließ, eine schändliche Liebe ein. Während der Abwesenheit des Minos beging Pasiphae das unnatürliche Verbrechen und gebar ein Ungeheuer, halb Mensch, halb Stier, das unter dem Namen des Minotaurus zum öftern in diesen Dichtungen auftritt.

Dädalus, der kunstverständigste Bildner und Baumeister, welcher damals lebte, hatte sich wegen eines Verbrechens aus Athen nach Kreta geflüchtet, und Minos, um die Schande seines Hauses den Blicken der Menschen und dem Antlitz des Tages zu verbergen, trug dem Dädalus auf, ein unterirdisches Gewölbe mit unzähligen irreführenden Gängen ihm zu erbauen.

Dies war das berühmte Labyrinth, in dessen Mitte der Minotaurus eingeschlossen nur von denen erblickt wurde, die ihm zur Strafe als Opfer vorgeworfen wurden und um ihren Tod zu finden das Labyrinth betraten.

Androgeus, ein Sohn des Minos, war während der Zeit nach Athen gereist, um dort, mit vielen andern Fremden, den Atheniensischen Spielen beizuwohnen, wo er bei allen Kämpfen den Preis davontrug und durch den Beifall des ganzen Volks, den er sich erwarb, die Eifersucht und den Verdacht des kinderlosen Ägeus rege machte, der damals Athen beherrschte und den hoffnungsvollen Sohn des Minos meuchelmörderischerweise ermorden ließ.

Kaum hatte Minos dies neue Unglück seines Hauses vernommen, so kam er mit seiner ganzen Macht, den grausamen und schändlichen Mord zu rächen. Zuerst belagerte er Nisa, wo Nisus, ein Bruder des Ägeus herrschte. Den Nisus verriet seine eigne Tochter Scylla, indem sie eine gelbe Haarlocke, wodurch er unüberwindlich war, von seinem Haupte schnitt und sie dem Minos brachte, gegen den sie, von Liebe entbrannt, der

Pflicht und kindlichen Zärtlichkeit vergaß und nach Verdienst bestraft wurde, indem sich Minos zwar ihres Geschenks bediente, die Verräterin aber mit Zorn und Verachtung von sich stieß.

Als Minos die Stadt Nisa, welche nachher Megara hieß, erobert hatte, rückte er gerade auf Athen, das schon vorher von Dürre und Hungersnot gedrückt, der Götter Zorn empfand und unter seinem traurigen Schicksal seufzte.

Als zu dem allen noch das Orakel den Ausspruch tat: die Götter würden nicht aufhören, Unglück über die Stadt zu schicken, bis dieselbe dem Minos für den Mord seines Sohnes erst völlige Genugtuung geleistet, so schickten sie Abgeordnete an den König von Kreta, die ihn in flehender Gestalt um Frieden baten.

Die harte Bedingung des Friedens war, daß die Athenienser dem Minos jährlich sieben der schönsten Knaben und sieben der schönsten Mädchen nach Kreta schicken mußten, wo sie, um den Mord des Androgeus abzubüßen, als Schlachtopfer für ihr Vaterland dem Minotaurus zur Beute wurden.

Als Theseus endlich den Minotaurus erlegte und mit der Ariadne, des Minos Tochter, entflohe, schloß Minos, da er sich weiter nicht rächen konnte, den Athenienser Dädalus nebst seinem Sohne Ikarus in das von dem Künstler selbst erbaute Labyrinth. Dem Dädalus aber bot die Kunst ein Mittel dar, mit seinem Sohn dem Kerker zu entfliehn.

Kokalus, ein Fürst in Sizilien, nahm den Dädalus auf und lud den Minos, welcher kam und die Auslieferung des Dädalus verlangte, selbst zu einer Unterredung ein, stellte sich freundlich gegen ihn und bewirtete ihn in seinem Hause, wo er hinterlistigerweise ihn zuletzt im Bade erstickte. So fand Minos, der tapfre Krieger, da er den Künstler verfolgte, den die Götter schützten, in einem fremden Lande seinen Tod.

Dädalus

In dem der Minerva geweihten Athen entwickelten sich zuerst die bildenden Künste und hatten unter den Beschäftigungen der Menschen einen hohen Rang. Dädalus, der aus dem königlichen Geschlecht der Erechthiden stammte, gab, nach der Dichtung, den Bildsäulen, die er verfertigte, Leben und Bewegung.

Er war es, der zuerst die dicht aneinander geschloßnen Füße, so wie man sie noch an den ägyptischen Bildsäulen sieht, voneinander trennte, die dicht anliegenden Arme vom Rumpfe löste und seinen Bildsäulen eine fortschreitende Stellung gab. Was Wunder, daß dieser ganz neue Anblick jeden in Erstaunen setzte und die Sage veranlaßte, daß die Bildsäulen des Dädalus sich bewegten.

In diesem ersten Schritt des Dädalus in der Kunst lag etwas Hohes und Göttliches, das die Verehrung und Bewundrung der Nachwelt auf sich zog und den Namen des Künstlers unsterblich machte, der dennoch seinen Ruhm durch eine grausame und schwarze Tat befleckte.

Unter seiner Anführung bildete sich ein Jüngling namens Talus, ein Sohn der Schwester des Dädalus. Als dieser einst mit dem Kinnbacken einer Schlange ein Stück Holz voneinanderschnitt, kam er auf den Gedanken, die Schärfe der Zähne im Eisen nachzuahmen, und so erfand er die Säge, eines der nützlichsten Werkzeuge, dessen die Menschen sich bedienen. Auch die Erfindung der Töpferscheibe war das Werk des Talus.

Dädalus, über die Fortschritte seines Lehrlings eifersüchtig, warf einen tödlichen Haß auf ihn. – Der grausamste Künstlerneid war schon mit der ersten Entstehung der Kunst verwebt. – Dädalus führte den Jüngling auf eine steile Anhöhe, wovon er, ehe jener es sich versahe, ihn hinunterstürzte und so den Talus durch seinen Fall für die Erfindungen büßen ließ, womit er seinen Meister überfliegen wollte.

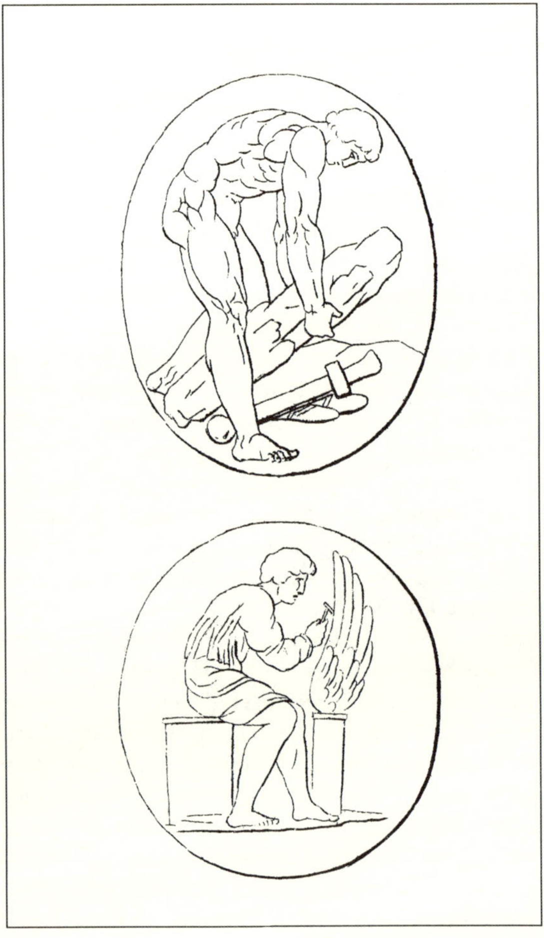

Als die grausame Tat des Dädalus kundwurde, ward er zum Tode verdammt und mußte aus Athen entfliehen, worauf er erst eine Zeitlang flüchtig umherirrte, bis er in Kreta bei dem Könige Minos, dem er das Labyrinth erbaute, eine Zuflucht fand.

Als Minos aber nachher den Dädalus mit seinem Sohn Ikarus in dem von dem Künstler selbst erbauten Labyrinthe gefangenhielt, so strebte die eingehemmte Kunst, selbst das Unmögliche zu versuchen und, weil nur ein Ausgang nach oben war, mit angesetzten künstlichen Flügeln sich in die Lüfte emporzuheben. Dädalus suchte mit klebendem Wachs die Fugen der Flügel zu verbinden und legte sie sich und seinem Sohn an, den er vorher sich üben ließ, allmählich sich emporzuschwingen.

Als sie nun die Reise durch die Luft antraten, warnte Dädalus seinen Sohn, ja nicht zu hoch im Fluge sich zu erheben! Dieser aber vergaß der Warnung; da schmolzen ihm die Flügel im Sonnenstrahl, und er fand in dem Meere seinen Tod, das man nach seinem Namen das Ikarische nannte. Dädalus, der den Talus stürzte, sah nun zu seiner Qual den Fall seines eignen Sohnes, den er nicht retten konnte.

Er selber ließ sich in Sizilien nieder, wo Kokalus ihn gastfreundlich aufnahm und ihn vor der Verfolgung des Minos schützte, dem er bei einem Besuch sogar das Leben raubte und auf die Weise den Dädalus sicherstellte, welcher zur Dankbarkeit verschiedne große Werke in dem Gebiete des Kokalus unternahm: Kanäle und Teiche grub, ein Schloß auf einem Felsen erbaute, den Gipfel des Berges Eryx ebnete und zuletzt eine goldne Kuh, von ihm selbst verfertigt, der Erycinischen Venus weihte.

Geraume Zeit nachher fand man noch Spuren von seinen Werken; sein Name ward zum Sprichwort, worunter man alles sinnreich Erfundne und Künstliche mit einemmal begriff.

Auf einer antiken Gemme, deren Umriß auf der hier beigefügten Kupfertafel sich befindet, ist Dädalus dargestellt, wie er sitzend und sinnend an dem vor ihm stehenden künstlichen Flügel noch mit bildender Hand arbeitet. Auf ebendieser Tafel befindet sich auch, nach einem antiken geschnittnen Steine, eine Abbildung des Theseus, der einen großen Stein aufhebt, worunter Schuh und Schwert seines Vaters verborgen lagen.

Theseus

Ägeus, ein Sohn des atheniensischen Königs Pandion, welchem er in der Regierung folgte, tat, weil er ohne Kinder blieb, eine Reise nach Delphi, um das Orakel des Apollo um Rat zu fragen. Die Pythia befahl ihm, er solle bis nach seiner Zurückkunft in Athen alles Umgangs mit Weibern sich enthalten; und gerade dies Verbot bewirkte, daß er zum Gegenteil sich verleiten ließ. –

Er kehrte auf seinem Rückwege in Trözene beim Pittheus, einem Sohn des Pelops, ein und vermählte sich heimlich mit dessen Tochter Äthra. Als Ägeus von Trözene abreiste, verbarg er unter einem großen Steine sein Schwert und seine Schuhe und befahl der Äthra, wenn sie einen Sohn gebären sollte, denselben nicht eher zu ihm nach Athen zu schicken, als bis er stark genug wäre, den Stein hinwegzuwälzen, worunter seines Vaters Schwert und Schuhe verborgen lagen.

Äthra gebar den Theseus, der unter des weisen Pittheus Aufsicht vom Chonidas erzogen ward; die Athenienser verehrten in der Folge, sooft sie das Fest des Theseus feierten, auch das Andenken von diesem Chonidas, dem Erzieher des Helden.

Als Theseus erwachsen war, führte ihn seine Mutter zu dem Steine, woran seine Stärke sich prüfen sollte und welchen er aufhob und darunter das Schwert und die Schuh seines Vaters fand, so wie die obige Abbildung ihn darstellt. – Das Steinaufheben ist bedeutend in den Dichtungen von der Heldenzeit und wird beständig als ein Merkmal von der Stärke angeführt, wodurch das damalige Geschlecht der Menschen sich von den folgenden schwächern Erzeugungen unterschied. –

Als Theseus nun seine Reise nach Athen antrat, so wählte er, durch das Beispiel des Herkules angefeuert, den gefährlichsten Weg zu Lande, wo er mit Räubern kämpfen mußte, die die Straßen unsicher machten und auf eine grausame Weise die Fremden behandelten, die sie in ihre Gewalt bekamen. –

Ob nun Theseus gleich den Herkules sich zum Muster nahm, so unterscheidet er sich dennoch durch eine gewisse Feinheit der Züge in seinem Wesen von jenem rohen thebanischen Helden, der als ein kolossalisches Sinnbild von Körperkraft und unüberwindlicher Stärke überall in den Dichtungen auftritt und in dem Ausdruck dieser Kraft auch durch die bildende Kunst sich darstellt, welche dem Theseus einen schlankern Wuchs und feinere Züge gibt. –

Als Theseus, mit seines Vaters Schwert bewaffnet, von Trözen auf den Isthmus zuwandernd, durch die Länder von Epidaurus kam, stieß er zuerst auf den wegen seiner Grausamkeit berüchtigten Periphetes, der bei seiner Riesenstärke bloß mit einer Keule bewaffnet, den Reisenden furchtbar war; als er es wagte, den Theseus anzugreifen, schlug dieser ihn zu Boden und tötete ihn und trug nachher beständig, zum Andenken seines ersten Sieges, die Keule des Periphetes.

Da er nun auf dem Isthmus von Korinth anlangte, mußte er mit einem noch grausameren Mörder, dem Sinnis, kämpfen, den man den Fichtenbeuger nannte, weil er die Fremden, zwischen zwei zur Erde gebeugten und schnell wieder in die Höhe fahrenden Fichten festgebunden, zu seiner Lust zu zerreißen pflegte. Als Theseus ihn überwunden hatte, ließ er mit der von dem Mörder selbst erfundenen Todesart ihn für seine Grausamkeit und seinen Frevel büßen.

Auch befreite Theseus die Länder, durch welche er reiste, von Ungeheuern und tötete unter andern die Krommyonische Sau, welche, dem ganzen Lande furchtbar, überall Schaden stiftete und die Äcker verwüstete. Als er hierauf an die Grenzen von Megara kam, überwand er den Skiron und stürzte ihn von demselben steilen Fels ins Meer, von welchem dieser Tyrann die Reisenden, die vorbeikamen, hinunterzustürzen pflegte.

In Eleusis mußte Theseus mit dem Kerkyon kämpfen, den er überwand und tötete; und als er nicht weit davon in Hermione anlangte, besiegte er den Damastes, den man wegen der besonderen Art von Grausamkeit, womit er die Fremden mißhandelte, den Ausdehner oder Prokrustes nannte.

Dieser Prokrustes hatte nämlich zwei eiserne Betten von verschiedener Länge, worein er die Fremden legte. Die kurzen Personen legte er in das lange und dehnte ihre Körper mit Gewalt bis zu der Länge des Bettes aus; die langen Personen legte er in das kurze, und was über die Länge des Bettes reichte, hieb er von ihren Füßen ab.

Es scheint, als wolle diese Dichtung die Verletzung des Gastrechtes in ihrem hassenswürdigsten Lichte darstellen; denn man kann sich nichts Grausameres denken, als daß selbst die Lagerstätte, die den müden Wandrer erquicken sollte, von dem Tyrannen zur Folterbank gemacht wurde.

Die Heiligkeit des Gastrechts war es, unter dessen Schutz die Menschen zuerst einander sich mitteilen und wechselseitig sich bilden konnten. Die Störer dieses heiligen Gastrechts zu vertilgen ist das Werk der Helden, welche Wohltäter der Menschen sind, wie Theseus war, der den Prokrustes erst die von ihm selbst erfundne Marter dulden ließ und dann von diesem Ungeheuer die Erde befreite.

Als Theseus nun in Athen anlangte, erkannte ihn Ägeus an dem Schwert und Schuhen für seinen Sohn, worüber die Söhne des Pallas, eines Bruders des Ägeus, die schon mit der Hoffnung, dem kinderlosen Ägeus in der Regierung zu folgen, sich geschmeichelt hatten, einen Aufruhr erregten, den aber Theseus in seiner Entstehung dämpfte.

Nun war es gerade das dritte Jahr, in welchem die Athenienser dem Minos wegen der Ermordung seines Sohnes Androgeus den traurigen Tribut bezahlen mußten, der darin bestand, sieben der schönsten Jünglinge oder Knaben und sieben der schönsten Mädchen, aus edlem Blut entsprossen, nach Kreta überzuschiffen, wo sie im Labyrinth dem Minotaurus zur Beute wurden. Solange dies Ungeheuer nicht erlegt war, hatten die Athenienser keine Befreiung von dem traurigen Tribut zu hoffen.

Als nun die Jünglinge und Mädchen schon das Todeslos gezogen hatten und, zu Schlachtopfern für dies Jahr bestimmt, eingeschifft werden sollten, bot sich Theseus freiwillig zum Opfer für sein Vaterland in die Zahl der übrigen Jünglinge dar, weil er, in Ahndung seiner Heldenkraft, den Minotaurus zu erlegen hoffte.

Vor der Abreise tat Theseus dem Apollo ein Gelübde, jährlich zu seinem Tempel ein Schiff mit Opfern und Geschenken nach der Insel Delos zu schicken, wenn ihm sein Unternehmen glückte. Als er nun auch noch das Orakel befragte, gab dieses ihm zur Antwort, er werde dann glücklich sein, wenn er die Liebe zur Führerin wählte.

Mit seinem Vater traf Theseus noch vorher die Abrede, daß bei der Rückkehr des Schiffes statt des schwarzen ein weißes Segel den glücklichen Ausgang des Unternehmens ihm verkündigen sollte.

Bald langte nun das Schiff mit günstigem Winde in Kreta an, und kaum waren die übersandten Opfer dem Minos vorgestellt, als Ariadne, des Minos Tochter, ihre Blicke auf den Theseus warf, dessen Heldenwuchs und Schönheit auf die Königstochter einen unauslöschlichen Eindruck machte.

Nun wählte auch Theseus nach dem Ausspruch des Orakels die Liebe zur Führerin, indem er aus den Händen der Ariadne den Knäul empfing, der ihm einen sichern Ausgang aus dem Labyrinth verschaffte. Mit dem Faden der Ariadne in der Hand stieg er nun mutig mit seinen Gefährten in die unterirdische Wölbung nieder, bis er selbst an den Aufenthalt des Minotaurus kam, mit dem er sich in Kampf einließ und ihn mit Hülfe der Ratschläge Ariadnens überwand.

Da nun dies Ungeheuer erlegt war, so waren die Athenienser auch von dem Tribut befreit, und ihre zum Tode bestimmten Söhne und Töchter dankten dem Theseus nun ihr Leben. So stellt ein Gemälde in Herkulanum den Helden dar, wie zarte Knaben, die dem Tode geweiht waren, die Händ' ihm küssen und zärtlich seine Knie umschlingen.

Ariadne entfloh mit ihrem geliebten Theseus; sie landeten auf Naxos, wo Theseus auf den Befehl der Götter sie verließ, weil Ariadnens Reize den Bacchus selber gefesselt hatten, der hier die einsame verlaßne Schöne unter nächtlichem Himmel schlummernd fand und, da sie erwachte, zum Zeichen seiner Gottheit die Krone von ihrem Haupte gen Himmel warf, wo sie als ein leuchtendes Sternbild glänzte und Zeuge der Vermählung der Ariadne und des Bacchus war.

Ehe nun Theseus nach Athen zurückkehrte, segelte er, um dem Apollo sein Gelübde zu bezahlen, nach der Insel Delos, wo er zugleich der Venus wegen des Beistandes, den sie ihm geleistet, eine vom Dädalus verfertigte Bildsäule weihte. Und um das Andenken seines Sieges über den Minotaurus zu erhalten, stiftete Theseus auf dieser Insel einen Tanz, worin man die Krümmungen des Labyrinths nachahmte.

Mit der größten Sorgfalt beobachteten die Athenienser stets nachher dies heilige Gelübde. Mit demselbigen Schiffe, auf welchem Theseus aus Kreta wiederkehrte, schickten sie jährlich Abgeordnete, mit Ölzweigen bekränzt, nach der Insel Delos. Auch suchten sie das heilige Schiff gleichsam unvergänglich zu erhalten, indem sie es nie mit einem neuen vertauschten, sondern durch immer neuen Zusatz, was die Zeit davon zerstörte, zu ergänzen suchten, um sich die Vorstellung zu erhalten, daß dieses dasselbe Schiff sei, welches den Theseus trug.

Auch war es nicht erlaubt, solange dies Schiff auf seiner Fahrt nach der Insel Delos unterwegens blieb, in Athen die Verurteilten hinzurichten. Denn da durch dies Gelübde die Rettung der atheniensischen Jugend gefeiert wurde, so durfte man während der Zeit dem Tode kein Opfer bringen.

Von Delos segelte Theseus nun gerade auf Athen, die Botschaft der frohen Begebenheit zu bringen, welche dennoch nicht ohne einen tragischen Ausgang blieb. Da nämlich Ägeus von einem Felsen mit ängstlicher Besorgnis dem kommenden Schiffe entgegensahe und das schwarze Segel erblickte, welches der Steuermann mit dem weißen zu vertauschen aus der Acht gelassen, stürzte er sich voll Verzweiflung, weil er nun alles für verloren hielt, vom Felsen in das Meer hinab, welches nachher nach seinem Namen das Agäische hieß.

Den Theseus empfingen die Athenienser mit lautem Jubel als ihren Schutzgott, dem sie allein ihre Rettung dankten. – Als Theseus nun in der Regierung dem Ägeus folgte, nutzte er die Liebe des Volks dazu, um einer weisen Gesetzgebung Eingang zu verschaffen.

Er schuf zuerst den Staat, indem er das zerstreute Volk soviel wie möglich in eine einzige Stadt zu versammeln suchte und es in Klassen teilte. Auch setzte er im Einverständnis mit den benachbarten Völkern dem attischen Gebiete seine festen Grenzen. Und weil es ihm gelungen war, nach seiner Einsicht das Volk zu lenken, so führte er zuerst den Dienst der Pitho, der Göttin der Überredung, ein.

Großmütig begab er darauf sich selbst des größten Teils seiner Gewalt, weil er schon damals nach einem Orakelspruch Athen zu einem Freistaat zu bilden suchte. Zu Ehren des Neptun, den das Gerücht für seinen Vater ausgab, erneuerte er auch die Isthmischen Spiele, zu welchen man aus ganz Griechenland sich versammlete und wodurch die Mitteilung und wechselseitige Bildung der Völker vorzüglich mit befördert ward.

Demohngeachtet ruhte Theseus auch von den kriegrischen Geschäften nicht. Als er den Herkules begleitete und ihm beim Flusse Thermodon die Amazonen besiegen half, vermählte dieser ihm zur Dankbarkeit die gefangene Königin Antiope, mit welcher Theseus den Hippolyt erzeugte. – Die Amazonen fielen hierauf ins attische Gebiet, wo Theseus sie zum zweitenmal besiegte.

Einen liebenswürdigen Zug in der Geschichte des Theseus macht noch die unzertrennliche Freundschaft aus, die zwischen ihm und dem Pirithous herrschte. Dieser Pirithous war ein thessalischer Fürst und herrschte über die Lapithen. Seine Freundschaft mit dem Theseus war entstanden, da sie einstmals, ein jeder eifersüchtig auf des andern Ruhm, im Zweikampf ihre Stärke und Tapferkeit versuchten und auf einmal, von wechselseitiger Achtung und Zuneigung angezogen, dem Streit ein Ende machten und Hand in Hand ein unzertrennliches Bündnis knüpften.

Keine Gefahr war nun zu groß, worin die Helden sich nicht zur Seite standen. – Pirithous war in einen Krieg mit den Centauren, einem thessalischen Volke, verwickelt, welche die Dichtung, weil sie zuerst beständig zu Pferde stritten, gleichsam wie an das Roß gewachsen, halb als Menschen, halb als Pferde darstellt.

Als Pirithous nun mit der Hippodamia sich vermählte, lud er außer dem Herkules, Theseus und mehrern berühmten Helden bei einem Waffenstillstande auch die Centauren zu seinem Hochzeitmahle, welche zuletzt, vom Wein erhitzt, noch während dem Gastmahl einen Streit anhuben und die Hippodamia selber zu entführen drohten, wenn Herkules und Theseus nicht dem Pirithous tapfer beigestanden und der Centauren Übermut bestraft hätten, die von dieser Zeit an in jedem Treffen die Flucht ergriffen, bis sie zuletzt vom Herkules, Pirithous und Theseus gänzlich besiegt und geschlagen wurden. – Dies ist der berühmte Streit der Centauren und Lapithen, worauf die Dichtkunst und die bildende Kunst der Alten oft verweilt.

Auch die Gegenstände ihrer zärtlichen Wünsche halfen sie sich einer für den andern erstreiten. Pirithous half dem Theseus die Helena entführen, welche dieser seiner Mutter Äthra in Aphidnä zur Aufsicht übergab, um wieder dem Pirithous beizustehen, der nach dem Tode der Hippodamia, um gleichsam an dem Pluto sich zu rächen, entschlossen war, die Proserpina selber aus der Unterwelt zu entführen. – Eine Dichtung, die sehr bedeutend ein Unternehmen bezeichnet, mit welchem unvermeidliche Todesgefahr verknüpft ist. –

Theseus, seinem Freunde bis in den Tod getreu, stieg mit ihm in das Reich der Schatten, wo Pluto, als die vermeßne Tat mißlang, die beiden an Ketten gefangenhielt, bis Herkules in der Folge den Cerberus bändigte und zugleich die Bande des Theseus löste, den Pirithous aber zu befreien vergebens seine Macht anwandte, so daß nun doch der Tod das treuste Freundschaftsbündnis trennte.

Von nun an hoben auch die Unglücksfälle des Theseus an, die den Rest seiner Tage ihm verbitterten. Ihn traf das Schicksal der größten Helden, deren ruhmvolles Leben ein tragischer Ausgang schloß: Als er nach Athen zurückkam, fand er das undankbare und unbeständige Volk durch seine Feinde gegen sich aufgewiegelt.

Hierzu kam noch häusliches Unglück. Nach dem Tode der Antiope hatte Theseus mit der Phädra, einer Tochter des Minos und Schwester der Ariadne, sich vermählt. Der Haß der Venus gegen die Pasiphae verfolgte auch ihre Tochter, der sie eine strafbare Liebe zum Hippolytus, dem mit der Antiope erzeugten Sohn des Theseus, einflößte.

Als aber der Jüngling ihrem Antrage kein Gehör gab, verwandelte sich ihre verschmähte Liebe in Haß, und sie verleumdete den Hippolyt beim Theseus, als habe er selber sie zur Untreue verleiten wollen.

Theseus, von schnellem Zorn entbrannt, erinnerte sich, daß ihm Neptun verheißen, den nächsten Wunsch, den er tun würde, zu gewähren; und nun verwünschte Theseus seinen Sohn, der gerade um diese Zeit am Ufer des Meers mit seinen Rossen den Wagen lenkte.

Kaum war der Fluch über Theseus' Lippen gekommen, so stieg ein Meerungeheuer aus der Tiefe empor, vor dessen Anblick des Hippolytus Pferde scheuten und den Unglücklichen schleiften und zerrissen. Als Phädra dies vernahm, gab sie sich selbst den Tod, und Theseus, der zu spät die Unschuld seines Sohnes erfuhr, war der Verzweiflung nahe.

Die Unzufriedenheit des Volks war während der Zeit noch höher gestiegen, und Theseus, endlich des Undanks müde, verbannte sich selber aus Athen und sprach, ehe er sich zur Abreise einschiffte, an einem Orte, der nachher der Ort der Verwünschungen hieß, gegen die Athenienser die bittersten Flüche aus.

Er glaubte, nun auf der Insel Scyrus seine übrigen Tage in Ruhe zu verleben; allein der verräterische Lykomedes, welcher in Scyrus herrschte, verletzte aus Furcht vor des Theseus Feinden das heilige Gastrecht. Unter dem falschen Vorwande, ihm die Insel zu zeigen, führte Lykomedes den Theseus auf eine steile Anhöhe und stürzte, ehe dieser es sich versahe, ihn von dem steilen Felsen herab. So fiel der Held, dem Griechenland Ruhe und Sicherheit, sein Vaterland seine Rettung dankte.

Nach seinem Tode bauten die Athenienser dem Theseus Tempel und Altäre, verehrten ihn wie einen Halbgott, brachten ihm Opfer dar und stifteten Feste ihm zu Ehren. – Man fand in der Folge in Scyrus des Theseus Sarg, der durch seine Größe die damals Lebenden in Erstaunen setzte. – Ein Tempel des vergötterten Theseus in Athen hieß das Theseum, worin die Taten des Helden geschildert waren. So ehrte die spätere Nachwelt das Andenken jenes götterähnlichen Geschlechts der Menschen, bei denen der prometheische Funken, der in ihrem Busen glühte, zur hellen Flamme emporschlug.

DIE WESEN, WELCHE DAS BAND ZWISCHEN GÖTTERN UND MENSCHEN KNÜPFEN

So wie die Dichtung vom Himmel zur Erde niedersteigt, vervielfältigen sich die Göttergestalten. Die Einbildungskraft belebt die Quellen, Haine und Berge. Unter dem Bilde der Gottheit wird zuletzt die ganze leblose Natur geweiht, in welche der Mensch so innig sich verwebt fühlt und sich so nahe an sie schließt, daß durch dies Band die Götter- und Menschenwelt ein schönes Ganze wird.

Genien

Die Genien oder Schutzgötter der Menschen waren es vorzüglich, wodurch in der Vorstellung der Alten die Menschheit sich am nächsten an die Gottheit anschloß. Die höchste Gottheit selber vervielfältigte sich gleichsam durch diese Wesen, insofern sie über jeden einzelnen Sterblichen wachte und ihn von seiner Geburt an bis zum Tode an ihrer Hand durchs Leben führte. In diesem schönen Sinne war es, daß die Männer bei ihrem Jupiter und die Frauen bei ihrer Juno schwuren, indem sie unter dieser Benennung sich ihren eigenen Genius oder ihre besondre schützende Gottheit dachten.

An ihren Geburtstagen brachten die Alten ihrem Genius Opfer, der unter der Gestalt eines schönen Jünglings abgebildet war, dessen Haupt sie mit Blumen umkränzten. – Ein jeder verehrte auf diese Weise, durch ein zartes Gefühl gedrungen, in sich etwas Göttliches und Höheres, als er in seiner Beschränktheit und Einzelnheit selber war und dem er nun wie einer Gottheit Opfer brachte und gleichsam durch Verehrung das zu ersetzen suchte, was ihm an deutlicher Erkenntnis seines eigenen Wesens und seines göttlichen Ursprungs abging.

Nach einer andern Dichtung sind die Seelen der Verstorbenen, aus dem Goldenen Zeitalter der Menschen, als untadlige, in die Gottheit übergegangene Wesen die Schutzgötter der Lebenden.

Musen

Die Dichtung läßt diese himmlischen Wesen vom Jupiter und der Mnemosyne abstammen. Mnemosyne, deren in der Reihe der alten Gottheiten schon gedacht ist, war eine Tochter des Himmels und der Erde und eine Schwester des Saturnus. Durch die himmlischen Einflüsse, welche bei ihrer Bildung mit den irdischen sich vermählten, ward zuerst die Erinnrungskraft, die Mutter alles Wissens und Denkens, in ihr geboren. Neun Nächte lang umarmte Jupiter die Mnemosyne, als er die Musen mit ihr erzeugte.

Einer der ältesten Dichter singt das Lob der Musen; sie gießen auf die Lippen des Menschen, welchem sie günstig sind, den Tau der sanften Überredung aus; sie geben ihm Weisheit, Recht zu sprechen, Zwiste zu schlichten und machen ihn unter seinem Volke berühmt. Den Dichter aber lehrten sie, selbst auf Bergeshöhen und im einsamen Tale, die göttlichen Gesänge, welche jedem, der sie vernimmt, die Sorgen und den Kummer aus der Brust verscheuchen.

Die Namen der neun Schwestern bezeichnen Tonkunst, Freude, Tanz, Gesang und Liebe; sie heißen:

Klio,
Melpomene,
Thalia,
Kalliope,
Terpsichore,
Euterpe,
Erato,
Urania,
Polyhymnia.

Musik, Gesang und Tanz sind eigentlich das Geschäft der Musen; in der Folge hat die spielende Dichtung einer jeden irgendeine besondere Beschäftigung zugeteilt; so ist nun Klio die Muse der Geschichte, Kalliope des Heldengedichts, Melpomene die tragische, Thalia die komische Muse, auf Polyhymniens Lippen wohnt die Beredsamkeit, Uraniens Blick gen Himmel mißt und umfaßt den Lauf der Sterne. Die übrigen drei, Euterpe, Terpsichore und Erato, teilen sich in Musik, Gesang und Tanz. Euterpe spielt die Flöte, Terpsichore tanzt, Erato singt der Liebe süße Lieder. Doch werden die besondern Beschäftigungen der Musen in den Dichtungen oft verwechselt.

So wie die Alten überhaupt die Götter des Himmels gern nach ihren Wohnplätzen unter den Menschen zu benennen pflegten, so erhielten auch die Musen von den Bergen, die sie bewohnten, und von den Quellen, die diesen Bergen entströmten, wohltönende Namen, womit die Dichter ihren Beistand sich erflehten.

Der vorzüglichste Aufenthalt der Musen waren die berühmten Berge Parnassus, Pindus, Helikon. Auf dem Gipfel des Helikon entsprang vom Fußtritt des Pegasus die begeisternde Hippokrene und Aganippe. Am Fuße des Parnassus strömte der Kastalische Quell; auch die mit immerwährender Fülle sich ergießende Pimplea, auf einem Berge gleiches Namens, war den Musen heilig, auf deren Lippen nie der Strom des rühmenden Gesanges und der süßen Rede versiegte.

Pierinnen hießen die Musen von Pierien, wo die Dichtung ihren Geburtsort hin versetzte. – Apollo schließt sich unter den himmlischen Göttern dem Chor der Musen am nächsten an. Unter seinem Vorsitz auf dem Gipfel des Parnaß ertönt ihr Saitenspiel. Die bildende Kunst der Alten stellt sogar zuweilen den Apollo unter den Musen in reizender Schönheit weiblich gekleidet dar. Apollo, der unter dem Namen Musagetes den Chor der Musen anführt, ist eine der schönsten Dichtungen des Altertums, woran auch die bildende Kunst der Neuern sich versucht hat.

Merkwürdig ist es, daß auch Herkules unter dem Namen Musagetes als der Anführer der Musen bei den Alten verehrt wurde und man auf die Weise der Körperkraft und den Leibesübungen die geistigen Vorzüge zugesellte und beide sich unter einem Sinnbilde dachte.

Einst wurden die Musen von den Sirenen zum Wettstreit im Singen aufgefordert, und als sie jene mit leichter Mühe besiegten, so war die Strafe der Vermeßnen, daß die Musen ihnen die Federn aus den Flügeln rupften und solche nachher zum Zeichen ihres Sieges auf den Köpfen trugen. Man findet daher die Musen zum öftern mit diesem Hauptschmuck gebildet.

Auf einem alten Denkmale ist eine Sirene dargestellt, bis auf die Mitte des Leibes wie eine Jungfrau, nach unten zu wie ein Vogel gestaltet, mit großen Flügeln auf dem Rücken, zwei Flöten in den Händen und sich betrübt nach der Muse umsehend, welche, stolz auf ihren Sieg, mit der einen Hand den Flügel der Sirene hält, indes sie mit der andern ihr die Federn ausrupft.

Der Gesang der Musen war treu und wahr, falsch und verführerisch aber die schmeichelnden Lieder der Sirenen, womit sie die Vorbeischiffenden an ihr Ufer in Tod und Verderben lockten, so wie auch ihre jungfräuliche Gestalt in das Ungeheure sich verlor. – Die Dichtung von dem Siege der Musen über die Sirenen ist daher schön und bedeutend!

Überhaupt lassen die alten Dichtungen gegen angemaßte Kunsttalente immer ein sehr strenges Urteil ergehen. Der Satyr Marsyas wurde vom Apollo geschunden, weil er auf ein zu hohes Kunstttalent Anspruch machte und es wagte, mit dem Gott der Tonkunst selber in einem Wettstreit auf der Flöte es aufzunehmen. Diese Dichtungen selber scheinen bei den Alten eine Art von Erbitterung gegen alles Mittelmäßige und Schlechte in der Kunst vorauszusetzen. – Auch Thamyris, ein König in Thracien, mußte für seine Eitelkeit büßen, da er, sich rühmend

6 HERKULES

und seiner Talente in der Musik und Dichtkunst sich überhebend, die Musen selber zum Wettstreit aufzufordern wagte, die ihn mit Blindheit straften und der Gabe zu dichten ihn ganz beraubten.

Was nun die Abbildung der Musen anbetrifft, so findet man sie am öftersten dargestellt mit einem Volumen, mit zwei Flöten oder mit einer Leier in der Hand. Das Volumen oder die Pergamentrolle bezeichnet entweder die Klio als die Muse der Geschichte oder die Polyhymnia als die Muse der Beredsamkeit. Bei den Flöten denkt man sich die Euterpe als die Muse der Tonkunst und bei der Leier die Erato als die Muse der Liebe einflößenden Gesänge. Melpomene, die tragische Muse, wird an der tragischen, Thalia, die komische Muse, an der komischen Larve erkannt. Kalliope, als die Muse des Heldengedichts, soll sich durch die Tuba, Terpsichore, die Muse der Tanzkunst, durch eine tanzende Stellung unterscheiden. Urania zeichnet durch ihren gen Himmel erhobnen Blick sich aus.

Indes sind alle diese Darstellungen bei den Alten mehr willkürlich gewesen. Die vielfache Zahl der Musen bezeichnete die Harmonie der schönen Künste, welche verschwistert Hand in Hand gehen und nie zu scharf eine von der andern abgesondert werden müssen. So stellt auch in den Abbildungen der Alten eine jede einzelne Muse gleichsam die übrigen in sich dar, und erst in neuern Zeiten hat man mit pedantischer Genauigkeit einer jeden Muse ihr eignes bestimmtes Geschäft anzuweisen gesucht.

Die Einbildungskraft der Alten ließ sich hierbei freien Spielraum. Man sieht auf alten Marmorsärgen die versammleten Musen auf mehr als einerlei Art und in abwechselnden Stellungen abgebildet. Ein Gemälde in den Herkulanischen Altertümern ist das einzige, welches die neun Musen ganz genau voneinander unterschieden darstellt, weil unter der Abbildung einer jeden auch ihr Name befindlich ist. Es scheint aber, als

habe dieser Künstler eben deswegen zu der Unterschrift der Namen seine Zuflucht nehmen müssen, weil er selbst die äußern Merkmale seiner Musen, auch nach den damaligen Begriffen, nicht genug unterscheidend und bezeichnend fand.

Auf der hier beigefügten Kupfertafel ist nach einer schönen antiken Gemme die Muse stehend abgebildet, wie sie die Leier stimmt. Eine Darstellung, wodurch nicht eine einzelne Muse ausschließend, sondern die Muse überhaupt bezeichnet wird, insofern die Tonkunst, nach den ältesten Begriffen, ihr Hauptgeschäft ist. Denn mit der Tonkunst entwickelten sich zuerst die schlummernden Kräfte für die übrigen Künste. Musik, Gesang und Tanz war, wie wir schon bemerkt haben, das Hauptgeschäft der Musen, und es gibt keine eigene Muse für die bildenden Künste.

Auf ebendieser Kupfertafel ist auch nach einer antiken Gemme ein Liebesgott abgebildet, welcher den Löwen, auf dem er reitet, mit den harmonischen Tönen seiner Leier zähmt, wodurch der Künstler in einem schönen Sinnbilde die vereinte Macht der Liebe und Tonkunst ausdrückt.

Liebesgötter

Auch die Göttergestalt des Amor vervielfältigte sich in der Einbildungskraft der Alten; die Liebesgötter, welche allenthalben in den Dichtungen unter reizenden Gestalten erscheinen, sind gleichsam Funken seines Wesens, und die Dichtkunst ist unerschöpflich in schönen sinnbildlichen Darstellungen dieser alles besiegenden Gottheit.

So findet man den Liebesgott dargestellt, wie er Jupiters Donnerkeil zerbricht, wie er mit des Herkules Löwenhaut umgeben und mit seiner Keule bewaffnet ist oder wie er auf den Helm des Mars tritt, dessen Schild und Wurfspieß vor ihm liegen.

Unter dem griechischen Namen Eros und Anteros, Liebe

und Gegenliebe, stellt die bildende Kunst der Alten zwei Liebesgötter dar, die um einen Palmzweig streiten, gleichsam um den Wetteifer in der wechselseitigen Liebe zu bezeichnen.

In allerlei Arten von Beschäftigungen stellte man die Liebesgötter dar. So sieht man auf einem alten Denkmale, wo ein Weinstock sich um einen Ulmbaum schlingt, oben auf dem Baume sitzend einen Liebesgott, der Trauben pflückt, indes zwei andre Liebesgötter unter dem Baume stehend warten.

Jagend, fischend, zu Wasser das Ruder, zu Lande den Wagen lenkend und sogar die mechanischen Arbeiten der Handwerker emsig betreibend findet man die Liebesgötter auf alten Gemmen und Gemälden. Weil aber in der Vorstellungsart der Alten auch jedes Geschäft seinen Genius hatte, so geht hier die Dichtung von den Liebesgöttern wieder in den Begriff von den Genien über, und diese zarten Wesen der Einbildungskraft verlieren sich ineinander.

Grazien

Die hohen blendenden Reize der mächtigen Liebesgöttin vervielfältigen sich in den Grazien oder Charitinnen und wurden wohltätig, sanft und milde. Vom Himmel senkten die drei Huldgöttinnen zu den Sterblichen sich hernieder, um die schönen Empfindungen der Dankbarkeit und des wechselseitigen Wohlwollens in jeden Busen einzuflößen. Auch waren sie es, welche vor allen anderen Göttern den Menschen die süße Gabe zu gefallen erteilten.

Sie hießen mit ihren besondern Namen Aglaja, Thalia und Euphrosyne und waren vom Jupiter mit der Eurynome, der schönen Tochter des Oceans, erzeugt, die unter den alten Gottheiten in der Dichtung schon mit aufgetreten ist.

Den Grazien waren allenthalben Tempel und Altäre errichtet; um ihre Gunst flehte jedes Alter und jeder Stand; ihnen huldigten Künste und Wissenschaften; auf ihren Altären zündete man täglich Weihrauch an; bei jedem frohen Gastmahl waren sie die Losung, und man nannte mit Ehrfurcht ihre Namen.

Dem Amor und den Musen wurden die Grazien zugesellt; oft hatten sie mit dem Amor, öfter noch mit den Musen gemeinschaftlich einen Tempel; sie umgaben selbst Jupiters Thron; im Himmel und auf Erden erkannte man ihre Herrschaft und huldigte ihrem Einfluß, ohne welchen die Schönheit selber zum toten Gemälde wird.

Denn durch die Grazien, in tanzender Stellung abgebildet, wird vorzüglich der Reiz der Bewegung im Gang, Gebärden und Mienen ausgedrückt, wodurch die Schönheit am meisten die Seele fesselt. Hand in Hand geschlungen wandelnd, bezeichnen sie wieder jede sanfte Empfindung des Herzens, die in Zuneigung, Freundschaft und Wohltun sich ergießt. – Gewiß mußte die religiöse Verehrung dieser schönen Wesen auf das Leben und die Denkart der Alten einen unverkennbaren Einfluß haben.

Um gleichsam zu bezeichnen, daß bei den ausschweifendsten Bildungen der Phantasie die Grazie dennoch versteckt sein und die Grenze bezeichnen müsse, machte man hohle Bildsäulen von Satyrn, worin man, wenn sie eröffnet wurden, kleine Bilder der Grazien fand.

Auf der hier beigefügten Kupfertafel befindet sich außer den Grazien, nach einer antiken Gemme, noch eine der Horen oder Jahrszeiten, vor einer Art von Altar stehend, mit Palmblättern auf dem Haupte und tanzend Früchte in den Händen tragend, nach einem antiken Marmorwerk aus Winckelmanns Monumenten.

Die andern beiden Figuren auf ebendiesem Denkmale sind auf ähnliche Weise sich zum Tanz bewegend dargestellt, nur mit dem Unterschiede, daß zu den Füßen der einen, welche den Frühling bezeichnet, eine Blume aufsprosset und zu den Füßen der andern, die den Winter andeutet, auf der altarähnlichen

Erhöhung von aufeinandergelegten Steinen ein kleines Feuer lodert.

Da nun die erste Figur mit den Früchten den Herbst abbildet, so finden in dieser sinnbildlichen Darstellung nur drei Jahrszeiten statt, weil man unter dem Merkmale der reifen Früchte in jenem wärmern Himmelsstrich sowohl den Sommer als Herbst begriff. In einigen ältern Dichtungen ist die Zahl der Horen nur zwei, weil man das ganze Jahr in Sommer und Winter teilte.

Horen

Unter dem Namen der Horen wurden in den Dichtungen der Alten sowohl die Göttinnen der Gerechtigkeit, welche Jupiter mit der Themis erzeugte, als auch die Jahrszeiten begriffen, welche gleichsam mit gerechter Teilung ihren Wohltaten durch ihren immerwährenden Wechsel das schöne Gleichgewicht in der Natur erhalten und mit abgemeßnen Schritten tanzend und einander folgend ihren bestimmten Lauf vollenden.

Es gibt kein schönres Bild, um sich darunter die Flucht der Zeit zu denken, als die tanzenden Horen, welche daher auch in den Dichtungen zu den Grazien sich gesellen und gemeinschaftlich mit ihnen Tänze aufführen.

Auch die Horen stehen um Jupiters Thron, und ihr Geschäft ist, die Türen des Himmels zu öffnen und zu schließen, indem sie ihn bald in finstre Wolken hüllen und bald mit neuem Glanz ihn wieder aufheitern. Auch spannten die Horen jeden Morgen die Rosse an den Sonnenwagen und waren zugleich Dienerinnen der Juno, die über den Luftkreis herrscht.

Nymphen

Die unerschöpfliche Dichtungskraft der Alten schuf sich Wesen, wodurch die Phantasie die leblose Natur beseelte. Die Quellen, die Berge, die Wälder, die einzelnen Bäume hatten ihre Nymphen. Man knüpfte gern die Idee von etwas Göttlichem an das Feste und Bleibende, was die einzelnen Menschengeschlechter überlebt, an den festgegründeten Berg, den immerströmenden Quell und die tausendjährige Eiche.

Alle diese Dichtungen aber waren gleichsam nur der Widerschein vom Gefühl erhöhter Menschheit, der sich aus dem Spiegel der ganzen Natur zurückwarf und wie ein reizendes Blendwerk über der Wirklichkeit gaukelnd schwebte.

So schweifte die Oreade auf den Bergen umher, um mit ihren Schwestern im Gefolge der Diana die Spur des Wildes zu verfolgen, jeder zärtlichen Neigung ihr Herz verschließend, so wie die strenge Göttin, die sie begleitete.

Mit ihrem Wasserkruge saß in der einsamen Mittagsstunde die Najade am Quell und ließ mit sanftem Murmeln des Baches klare Flut hinströmen. Gefährlich aber waren die Liebkosungen der Najaden; sie umarmten den schönen Hylas, des Herkules Liebling, als er Wasser schöpfte, und zogen ihn zu sich in den Brunnen herab. Vergebens rief Herkules seinen Namen, nie ward sein Liebling mehr gesehen.

Im heiligen Dunkel des Waldes wohnten die Dryaden; und die Hamadryade bewohnte ihren einzigen Baum, mit dem sie geboren ward und starb. Wer einen solchen Baum erhielt, dem dankte die Nymphe ihr Leben. – So ward selbst die leblose Natur ein Gegenstand des teilnehmenden Wohlwollens der Sterblichen.

Satyrn

In das Dunkel des Waldes versetzt die Dichtung auch die Satyrn mit Hörnern und Ziegenfüßen. Diese Wesen machen gleichsam einen Schlußpunkt für die Tierwelt und die Menschenwelt, worin sich das Getrennte in einer neuen Erscheinung spielend wieder zusammenfindet.

Es ist der leichte Ziegenfuß, welcher sich in dieser Dichtung scherzend der Menschenbildung anschmiegt. Jugendliche

Schalkhaftigkeit und unbesorgter Leichtsinn zeichnen die Bildung dieser Wesen aus, welche, obgleich sterblich, dennoch durch eine höhere Natur über die Sorgen und den Kummer der Menschen erhaben sind.

Die bildende Kunst stellte erst diese Wesen der Phantasie dem Auge dar; und der Glaube an ihre Wirklichkeit mußte sich desto länger erhalten, weil nach den Volksbegriffen keiner ungestraft eine Nymphe oder einen Waldgott sehen durfte.

Statt also dem wirklichen Dasein dieser Wesen nachzuforschen, suchte vielmehr ein jeder vor ihrer unvermuteten Erscheinung in einsamen Gegenden sich zu hüten; und nur der begeisterte Dichter sah im Gefolge des Bacchus auf dem einsamen Felsen Nymphen, die auf des Gottes Lehren horchten, und bockfüßige Satyrn, die mit spitzen Ohren lauschten.

In den Satyrn hat die bildende Kunst die menschliche Gestalt so nahe wie möglich an die tierische grenzend darzustellen gesucht. Ein Satyr auf einer antiken Gemme, der mit einem Bock sich stößt, ist von diesem kaum durch etwas mehr als den Leib und die Arme unterschieden, weil die Bocksgestalt sogar bis auf die Gesichtszüge sich erstreckt, die, obgleich menschenähnlich, dennoch eine tierische Natur ausdrücken. Sehr komisch ist die Stellung des Satyrs, der beim Anlauf mit den Hörnern die Hände auf den Rücken hält, um gleichsam jedes Vorteils über den Bock sich zu begeben.

Diese komischen Gestalten machen in dem Gefolge des Bacchus unter den Nymphen, Genien und Liebesgöttern den reizendsten Kontrast, so daß es scheint, als wenn sie in diesen Gruppen und überhaupt unter den Göttergestalten nicht fehlen dürften, weil in diesen halb göttlichen und halb tierischen Wesen, in deren Miene sich Lachen und Spott vereint, die Dichtung gleichsam erst ihre Vollständigkeit erhält und mit ihnen den Zug beschließt.

Faunen

Die Faunen sind von den Satryrn, wenigstens in den Werken der bildenden Kunst, verschieden. Sie werden völlig in menschlicher Gestalt, nur mit Ziegenohren und einem Ziegenschwanze abgebildet. Aber auch ohne diese Merkmale ist die Bildung eines Faunen leicht zu kennen, weil ihre Gesichtszüge, weder zart noch edel, nur tierische oder sinnliche Begierden und sinnlichen Genuß ausdrücken. Demohngeachtet findet man unter den alten Denkmälern Faunen von bewundernswürdiger Schönheit, wo dennoch die Gesichtszüge immer noch jene halb tierische, sinnliche Natur bezeichnen.

Man siehet die Faunen auf den alten Denkmälern tanzend, sitzend, Kränze flechtend, mit Ziegen spielend, junge Faunen auf den Knien wiegend und in viel mehrern reizenden Stellungen abgebildet, wo die Phantasie mit dieser Idee auf die mannigfaltigste Weise spielt.

So läßt ein alter Faun ein junges Mädchen auf seinem Fuße tanzen, ein andrer Faun dreht das Rad an einem Brunnen, um einer Nymphe Wasser zu schöpfen, die während der Zeit seinen Thyrsus hält. Zwei Faunen sitzen einander gegenüber, und der eine ist im Begriff, dem andern einen Dorn aus dem Fuße zu ziehen. Ein andrer tränkt einen jungen Faun aus einem großen Weingefäß. So wechseln die reizenden Darstellungen ab.

Man sieht, daß die Sorglosigkeit bei diesen Wesen ein Hauptzug ist, wodurch sie den Göttern ähnlich sind und von den Menschen sich unterscheiden, nach den Worten des alten Dichters:

Den Menschen gaben die Götter vielen Kummer zu tragen;
Sie selber aber sind sorglos.

Pan

Das ganze Geschlecht der Satyrn und Faunen wurde gleichsam auf einmal unter der Göttergestalt des Pan begriffen, in welcher sich diese Dichtung wieder vereinzelte; denn die Bildung des Pan ist übrigens von der Bildung der Satyrn nicht verschieden, ausgenommen, daß Pan einen Mantel oder eine Bockshaut um die Schultern und einen gekrümmten Schäferstab oder eine siebenröhrige Flöte in den Händen trägt. – Die übrigen Waldgötter mit den Ziegenfüßen hießen von ihm auch Ägipanen.

Der siebenröhrigen Flöte schreibt die Dichtung folgenden Ursprung zu: als Pan die Nymphe Syrinx von Lieb' entbrannt verfolgte und diese bis an den Fluß Ladon vor ihm flohe, wo ihr Lauf gehemmt war, ward sie plötzlich in ein Schilfrohr verwandelt, welches Pan umarmte.

Der Wind, der in das Rohr blies, brachte klagende Töne hervor; und Pan suchte diese Töne wieder zu erwecken, indem er sieben Rohre, das folgende immer um ein bestimmtes Maß kürzer als das vorhergehende, zusammenfügte und so die Hirtenflöte erfand, welche nach dem Namen der verwandelten Nymphe Syrinx hieß.

Nach einigen Dichtungen ist Pan ein Sohn Merkurs und so wie dieser auch in Arkadien geboren, wo sein vorzüglichster Aufenthalt auf dem Berge Lycäus war. Andre Sagen lassen ihn unter den ältesten Gottheiten schon mit auftreten, wo er auf eine geheimnisvolle Weise das Ganze und die Natur der Dinge bezeichnet. – Auch den gekrümmten Hirtenstab ließ man nicht ohne Bedeutung sein, sondern auf die Wiederkehr der Jahreszeiten und den Kreislauf der Dinge durch seine Gestalt hinweisen.

Man dachte sich unter dem Pan ein Wesen halb wohltätig und halb furchtbar; und eben weil dieser Begriff so schwankend war, schuf sich die Einbildungskraft unter demselben allerlei Schreckbilder. Irgendein Getöse oder furchtbare Stimmen, die man in nächtlicher Stille oder vom einsamen Ufer her zu vernehmen glaubte, schrieb man dem Pan zu, weswegen man nachher auch ein jedes Entsetzen, wovon man selbst die Ursache nicht wußte oder wovon der Grund bloß in der Einbildung lag, ein panisches Schrecken nannte.

Die Hirten, welche vorzüglich den Pan verehrten, fürchteten dennoch seinen Anblick; sie flehten ihn aber um den Schutz ihrer Herden an und brachten ihm häufig Opfer dar. Denn an diese Gottheit, welche selber wie sie die Hirtenflöte blies und den krummen Schäferstab in der Hand trug, durften die Hirten und Bewohner der Fluren sich am nächsten anschließen und teilnehmende Vorsorge und Beistand von ihr erwarten.

Sylvan

Der eigentliche Gott der Wälder, den einige Dichtungen den übrigen noch hinzufügen, wird vom Pan nur wenig verschieden abgebildet, außer daß er, um gleichsam die Nacht des Waldes zu bezeichnen, einen Zypressenzweig in der Hand trägt, der zugleich das Freudenlose und Melancholische seines einsamen Aufenthalts mit bedeuten sollte, weswegen er auch den Landleuten furchtbar war.

Auf der hier beigefügten Kupfertafel befindet sich unten, nach einem antiken geschnittenen Steine, ein tanzender Faun und oben eine sehr getreue Darstellung im Umriß von einem der schönsten Werke des Altertums, das unter dem Namen ›Der Siegelring des Michelangelo‹ allgemein berühmt ist.

Man sieht hier Nymphen, Satyrn, Faunen, Liebesgötter in eine einzige schöne Gruppe vereinigt, in deren Mitte eine edle Mannsgestalt mit einem Roß an der Hand emporragt.

Die Weinranken, welche an zwei Ulmenbäume sich hinaufwinden, bilden eine Laube, worüber zwei kleine Liebesgötter eine Decke ausbreiten. Einige von den weiblichen Figuren tra-

gen Körbe mit Weintrauben angefüllt auf den Köpfen; andre, am Boden sitzend, sind vorzüglich mit einem Kinde beschäftigt, das sich der einen an den Busen schmiegt und auf die Erziehung des jungen Bacchus von den Nymphen dies Kunstwerk deuten läßt.

Zu der Gruppe der sitzenden Figuren gesellt sich ein Faun, der kniend neuen Wein in eine Schale gießt. Hinter ihm steht ein Satyr und bläst auf einem Horn. Am Ende trägt ein Knabe noch ein Gefäß mit Wein herzu. Vorzüglich schön ist die Stellung der beiden weiblichen Figuren auf der andern Seite, wovon sich die eine mit dem Korbe auf dem Haupte zu ihrer Gefährtin niederbückt. Neben diesen beiden Figuren hält eine dritte ihren Arm in die Höhe, um dem einen Liebesgott eine Schale zu reichen. Und nichts kann reizender sein, als wie die beiden Liebesgötter, um auch am Genuß mit teilzunehmen, von oben ihre Hände ausstrecken, der eine nach der emporgehaltenen Schale, der andre nach dem Korb voll Trauben, den eine von den Nymphen auf dem Haupte trägt.

Penaten

Eine Art von Genien oder Schutzgöttern bei den Alten waren die Penaten, welche auch Laren hießen. Jede Stadt hatte ihre besondern Schutzgötter und jede Familie und jedes Haus die seinigen. In diesen Wesen, die den Menschen so nahe waren, vervielfältigten die hohen Gottheiten, aus denen man sich seine Schutzgötter wählte, gleichsam ihre Gegenwart.

Der Hausgötter oder Laren waren gemeiniglich zwei, die auf dem heiligen Herde ihren Wohnplatz hatten und wie Jünglinge mit einem Hut und Reisestabe und einem Hunde neben sich abgebildet waren. Man bekränzte sie mit Blumen, und von den Speisen, die auf dem Herde zubereitet wurden, brachte man ihnen Opfer dar. Sie waren Zeugen vom Genuß des häuslichen Glücks. Das Alltägliche und Gewöhnliche wurde durch ihre

Gegenwart geheiligt und jedes Haus gewissermaßen zu einem Tempel geweiht.

Priapus

Da bei den Alten noch nichts unheilig war, was die Natur gebeut, und das Geheimnis der Erzeugung und Fortpflanzung von ihnen als etwas Göttliches betrachtet wurde, wodurch die Gattung bei dem immerwährenden Abfall durch Alter und Krankheit sich in ewiger Jugend erhält, so hatte auch die sonderbare Götterbildung des Priapus mit einem ausgestreckten großen männlichen Zeugungsgliede für sie nichts Anstößiges.

Zuweilen aus Stein, zuweilen nur aus Holz gearbeitet und von den Hüften bis zum Fuß wie ein spitz zulaufender Pfeiler gestaltet, mit einem krummen Gartenmesser in der Hand, war Priapus der Hüter der Gärten und Weinberge. Man brachte ihm Milch, Honig und Wein zum Opfer dar, damit er den Früchten Gedeihen gebe und die Diebe verjage. Unbeschadet seiner Verehrung aber verknüpfte man dennoch den Begriff von Häßlichkeit mit seiner Gestalt, welche zugleich dazu dienen mußte, – die Vögel zu verscheuchen.

Komus

Mit einer gesenkten Fackel in der Hand und mit herabgesunkenem Haupte schlaftrunken an eine Tür sich lehnend, wurde Komus, der Vorsteher nächtlicher Schmäuse, frohen Lebensgenusses, muntrer Laune, heitrer Scherze und geselliger Freuden, von den Alten gebildet, und sie hielten den Genius des frohen Lebensgenusses nicht für unwürdig, in der Reihe der Göttergestalten mit aufzutreten.

Hymen

Ein schöner Jüngling mit der hochzeitlichen Fackel in der Hand war der Genius oder der Gott der Ehen. Ihm zu Ehren wurden Loblieder bei jeder Vermählungsfeier gesungen; die Gegenwart dieser Gottheit krönte den heiligen Bund und weihte die Freuden des Hochzeitmahls.

Orpheus

Wie ein vom Himmel gesandtes Wesen lehrte Orpheus zuerst die Sterblichen auf die harmonischen Töne lauschen, indem er das Lob der Gottheit sang. – Er ist auf der hier beigefügten Kupfertafel nach einer antiken Gemme abgebildet mit der Leier in der Hand, die Tiere des Waldes um ihn her versammlet; ein bedeutendes Sinnbild, wie er durch die Macht der Tonkunst die wilden Naturen zähmte und aus dem dumpfen tierischen Schlummer das Geschlecht der Menschen weckte. – Auf ebendieser Tafel ist, nach einem antiken geschnittnen Steine, der weise Chiron, den jungen Achilles in der Tonkunst unterrichtend, dargestellt.

Chiron

Obgleich des Chiron wegen seiner unmittelbaren Abstammung vom Saturnus in der Reihe der alten Göttergestalten schon gedacht ist, so tritt er doch auch vorzüglich unter den Wesen mit auf, welche das Band zwischen Göttern und Menschen knüpfen. Denn seiner Führung und seinem göttlichen Unterricht dankten die Helden, welche selbst nachher die Zahl der Götter vermehrten, in ihrer frühesten Jugend ihre Bildung.

Nichts ist rührender als die Worte, womit er, nach einem Dichter des Alterums, den jungen Achill entließ:

»O Sohn der Thetis, dich erwartet das Land des Assarakus, das der kalte Skamander und der schlammichte Simois durchschneidet. Von da haben dir die Parzen die Rückkehr abgeschnitten, und auf dem blauen Rücken des Meeres führt deine Mutter dich nicht zurück. Darum vergiß der Sorgen beim Wein und Saitenspiel, und verscheuche den Kummer durch süße Gespräche!«

Äskulap

Auch der erste Anfang der Heilkunde wurde von den Alten als etwas Göttliches betrachtet. Man dachte sich denjenigen, welcher zuerst diese Kunst im Leben übte und selbst ihr Opfer wurde, auch noch nach seinem Tode als ein wohltätiges, menschenfreundliches Wesen, zu dem die Kranken nicht unerhört um Hülfe flehen durften.

Apollo erzeugte nämlich den Äskulap mit der Koronis, der Tochter eines thessalischen Königs. Als Koronis mit dem Ischys einer heimlichen Liebe pflog, bestrafte Apollo ihre Untreue mit dem Tode; den Äskulap aber, mit dem sie schwanger war, rettete er noch, da sie schon auf dem Scheiterhaufen lag.

Nun wurde der Göttersohn in der Höhle des weisen Chiron erzogen, der ihn in jeglicher Wissenschaft und vorzüglich in der Kräuterkunde unterwies, welche Wissenschaft Äskulap zu einer Wohltäterin der Menschheit machte, indem er, die Kräfte der Pflanzen erforschend, die mannigfaltigsten Heilmittel für die mannigfaltigen Krankheiten des Körpers daraus erfand.

Er trieb die Kunst so weit, daß die Dichtung von ihm sagt, es sei ihm mehrere Male gelungen, den Toten selbst wieder Leben einzuhauchen. Darüber zürnte die immerzerstörende Macht, das immerverschlingende Grab und die Gewalt des schrecklichen Pluto, die den Erwecker der Toten als einen kühnen und vermeßnen Frevler beim Donnerer verklagte. Dieser ließ den Äskulap, so wie den Prometheus, für seine Wohltat an den

Menschen büßen – und schleuderte seine Blitze auf das schuldlose Haupt. Der die Schmerzen der Menschen linderte und ihre Krankheiten heilte, ward auf die Weise selbst ein Opfer seiner wohltätigen Kunst.

Nach seinem Tode wurden ihm Haine, Tempel und Altäre geweiht; vorzüglich wurde er zu Epidaurus in Griechenland verehrt. Seine Söhne Machaon und Podalirius waren im Trojanischen Kriege als Anführer und Helden und zugleich wegen ihrer großen Wissenschaft in der Heilkunde berühmt.

Dem Äskulap war die Schlange als ein Bild der Genesung und Gesundheit heilig, vermutlich insofern man sich unter ihr ein sich selbst verjüngendes und durch die Abstreifung der Haut sich gleichsam wieder erneuerndes Wesen dachte.

Neben dem Äskulap findet man zuweilen einen kleinen Knaben abgebildet, mit einer Mütze auf dem Kopfe und in einen Mantel ganz eingehüllt. Sein Name ist Telesphorus, und seine Kindergestalt und sonderbare Umhüllung scheinet auf irgendeine Weise auf den Zustand der Wiedergenesenden anzuspielen. – Auf der hier beigefügten Kupfertafel sind Äskulap und Hygiäa, beide nach antiken geschnittnen Steinen, im Umriß abgebildet.

Hygiäa

Hygiäa, eine Tochter des Äskulap, wurde sogar als die Göttin der Gesundheit selbst verehrt. Auch zu ihr gesellt sich die wohltätige heilbringende Schlange und wird aus einer flachen Schale von ihr gespeist. Die Erhaltung der Gesundheit ist ihr Geschäft, und sie bringt als eine milde Gabe diese Wohltat von den Göttern zu den Sterblichen hernieder.

DIE LIEBLINGE DER GÖTTER

Die Dichtungen von den Lieblingen der Götter erhalten einen vorzüglichen Reiz durch eine Art von schwermütigem trübem Dämmerschein, der sie umhüllt. Wenn Jugend und Schönheit ein Raub des Todes wurden, so hieß es, irgendeine Gottheit habe ihren Liebling von der Erd' entführt. Auf die Weise war die Trauer mit Freude vermischt und die Klage um den Toten gemildert. Man findet daher auch diese Dichtungen auf den Marmorsärgen der Alten am häufigsten dargestellt.

Ganymed

Vom Ganymedes, einem Sohn des Tros und Urenkel des Dardanus, des ersten Stifters von Troja, sagt der Dichter: Er war der schönste unter den sterblichen Menschen. – Die Götter selbst entführten ihn, seiner Schönheit wegen, damit er dem Jupiter den Becher reichte und in der Gesellschaft der Unsterblichen wäre.

In der Gestalt des Adlers, welcher den Donnerer trug, entführte Jupiter seinen Liebling von dem Gipfel des Ida und trug ihn sanft in den gekrümmten Klauen schwebend von der Erd' empor.

In diese schöne Dichtung hüllte die tröstende Phantasie den frühen Verlust des Jünglings ein, dessen Jugend und Schönheit man sich unmöglich als sterblich denken konnte und daher sein Verschwinden als eine Hinwegrückung von der Erde zum Sitz der unsterblichen Götter sich erklärte.

In dieser Sehnsucht nach dem Genuß eines höhern Daseins löst, nach der erhabenen Darstellung eines neuern Dichters, die schöne Fabel von Ganymed sich auf:

Ganymed

Wie im Morgenglanze
Du rings mich anglühst,
Frühling, Geliebter!
Mit tausendfacher Liebeswonne
Sich an mein Herz drängt
Deiner ewigen Wärme
Heilig Gefühl,
Unendliche Schöne!

Daß ich dich fassen möcht'
In diesen Arm!

Ach, an deinem Busen
Lieg' ich, schmachte,
Und deine Blumen, dein Gras
Drängen sich an mein Herz.
Du kühlst den brennenden
Durst meines Busens,
Lieblicher Morgenwind,
Ruft drein die Nachtigall
Liebend nach mir aus dem Nebeltal.
Ich komm'! Ich komme!
Wohin? Ach, wohin?

Hinauf! Hinauf strebt's.
Es schweben die Wolken
Abwärts, die Wolken
Neigen sich der sehnenden Liebe.
Mir! mir!
In euerm Schoße
Aufwärts!

Umfangend umfangen!
Aufwärts an deinen Busen,
Alliebender Vater!

Goethe

An der Göttertafel den Nektar einzuschenken war nun das Geschäft des Ganymedes. Vor ihm verwaltete Hebe, die Tochter der Juno, dieses Amt, bis sie durch einen Fehltritt desselben verlustig wurde, indem sie einst im Fallen durch eine unanständige Stellung die Grazie entweihte, welche bei diesem hohen Götteramte jede Bewegung begleiten mußte.

Atys

Auch Cybele, die ernsthafte Mutter der Götter, wählte sich den schönen Knaben Atys zu ihrem Lieblinge. Er verließ seine väterlichen Fluren und eilte in die phrygischen Wälder, um dem Dienste der strengen und keuschen Göttin sich ganz zu widmen.

Als er aber einst ihres Verbots vergaß, der Liebe nie zu pflegen, und, von den Reizen der schönen Nymphe Sangaris hingerissen, mit dieser der Liebe pflog, brach über ihn und den Gegenstand seiner Liebe der Zorn der Göttin aus. Er selber bestrafte sich durch Entmannung für sein Vergehen und mußte durch immer wiederkehrende Anfälle von Raserei für seinen zu nahen Umgang mit der zu hoch erhabnen, geheimnisvollen Gottheit büßen.

Eine schöne Dichtung aus dem Altertum stellt ihn dar, am Ufer des Meeres stehend und, eine kleine Weile seines Bewußtseins mächtig, sehnsuchtsvoll nach dem entfernten Ufer hinüberblickend, wo er im Schoße seiner Eltern und mit seinen Gespielen der Kindheit süßen Traum verlebte.

Aber ihm nähert sich die Göttin auf ihrem mit Löwen bespannten Wagen, und plötzlich ergreift den Atys wieder rasende Wut; er eilt des Berges waldichten Gipfel hinauf, um alle Tage seines Lebens in weibischer Weichlichkeit der mächtigen Göttin zu dienen.

Tithonus

Dieser schöne Jüngling war ein Sohn des trojanischen Königs Laomedon und Bruder des Priamus. Die Dichtung hüllte seinen Verlust in die Fabel ein, daß Aurora ihn einst bei seinen Herden erblickt und wegen seiner Schönheit ihn entführt habe.

Sie erbat vom Jupiter für ihn die Unsterblichkeit, und ihre Bitte ward ihr gewährt. – Nun hieß es in der Dichtersprache, daß Aurora jeden Morgen aus dem Bette des Tithonus emporstiege, um am Himmel zu glänzen. Aurora erzeugte mit ihm den Memnon, dessen schon gedacht ist, wie die metallne Säule, die nach seinem Tode ihm errichtet wurde, einen hellen Klang von sich gab, sooft die ersten Strahlen der aufgehenden Sonne sie beschienen.

Das Glück des Tithonus aber, in Aurorens Arm zu ruhen, blieb dennoch unvollkommen. Aurora hatte aus der Acht gelassen, mit der Unsterblichkeit zugleich die Befreiung vom Alter für ihn vom Jupiter zu erbitten. Und nun welkte ihr Liebling von Alter und Schwachheit aufgezehrt dahin, daß kaum noch die Stimme von ihm übrigblieb und er zuletzt selber die Göttin bat, sein Wesen aufzulösen.

Kein Glück, sagt daher ein Dichter des Altertums, kein Glück ist durchaus vollkommen! Den jungen Achilles raffte ein schneller Tod dahin, den Tithonus zehrte ein langsames Alter auf, seine Unsterblichkeit selbst ward ihm zur Bürde.

Anchises

Merkwürdig ist die Anrede der Venus an ihren Liebling Anchises, dessen schon gedacht ist, daß er den Held Äneas mit ihr erzeugte. Sie spricht zu ihm, da sie als Göttin sich ihm zu erkennen gibt: »Sei ohne Furcht! Du wirst nichts Schlimmes wegen meiner Liebe erdulden. Ich werde nicht wie Aurora für ihren Tithonus die Unsterblichkeit für dich erbitten, sondern dich wird das schnelle Alter so wie die andern Sterblichen überschleichen. Die Nymphen des Waldes aber sollen den Sohn, den ich gebäre, erziehen. Wenn er mannbar ist, sollst du an seiner göttergleichen Gestalt dich weiden. Und wenn dich jemand fragt, wer diesen Sohn geboren, so sollst du sagen: eine der Nymphen, die diese Berge bewohnen; – rühmst du dich aber töricht, daß du in Cytherens Arm geruht, so wird dich Jupiters Blitz zerschmettern! Dies präge tief dir ein, und fürchte den Zorn der Götter!«

Adonis

Die Liebe der Venus zu dem schönen Jüngling Adonis ging bald in die Klage um seinen Tod hinüber. Adonis war ein Sohn der Myrrha, der Tochter des Cinyras, mit dem sie im nächtlichen Dunkel, ihm selber unbewußt, eine Zeitlang blutschändrischer Liebe pflog, bis einst zufällig die gräßliche Szene erleuchtet wurde und der Vater unter tausend Verwünschungen und Flüchen mit dem tötenden Eisen seine Tochter verfolgte, die bis nach Arabien flohe, wo sie, ihr Vergehen bereuend, so lange Tränen weinte, bis sie zuletzt, in eine Myrrhe verwandelt, das Bewußtsein von ihrer Tat verlor.

Noch während ihrer Verwandlung ward Adonis von ihr geboren, den die Nymphen des Waldes erzogen und welchen Venus, da er ein Jüngling war, vor allen zu ihrem Lieblinge wählte und, weil sie keinen Augenblick ihn verlassen wollte, sogar einen Teil ihrer Sanftheit ablegte und auf der Jagd der Hirsche und Rehe ihn begleitete.

Sooft er aber allein die Spur der reißenden und gefährlichsten Tiere verfolgte, warnte sie ihn jedesmal, wenn er von ihr ging, sein ihr so teures Leben nicht in Gefahr zu setzen. Allein bei dem jungen Adonis überwand sein kühner Mut die Zärtlichkeit – er folgte der Warnung der Göttin nicht.

Schon schwebte sein schwarzes Verhängnis über ihm: er stieß auf einen ergrimmten Eber, schoß vergebens seinen Jagdspieß ab, schon senkte des Ebers weißer Zahn sich in des Jünglings Hüfte. Häufiges Blut entströmte der Wunde, und Venus, welche schon mit Angst und Zagen ahndungsvoll ihren Liebling suchte, fand ihn erblaßt in seinem Blute liegend.

Vergebens suchte sie ihn ins Leben zurückzurufen und klagte zürnend das Schicksal an. Allmählich verwandelte ihre Verzweiflung sich in sanftere Traurigkeit; sie ließ aus ihres Lieblings Asche die Anemone entsprießen und gab ihm dadurch eine Art von Unsterblichkeit.

Dem Adonis wurde ein Fest gefeiert, wo die Weiber seinen Tod beklagten und, indem sie Körbe mit Blumen ins Wasser stürzten, des Lebens kurze Blüte beweinten. – Es scheint, als ob die Klage um den Adonis, welche im Orient allgemein war, sich auf noch eine weit ältere Dichtung gründe, die in diese Einkleidung der neuern griechischen Fabel sich gehüllt hat.

Hyacinthus

Ein Liebling des Apollo war der schöne Hyacinthus, ein Sohn des Öbalus, eines lacedämonischen Fürsten. Apollo und sein Liebling wetteiferten einst im Scheibenwerfen; aus der Hand des Gottes flog die Wurfscheibe, und Boreas, auf den Apollo eifersüchtig, lenkte sie in der Luft und trieb sie an des Jünglings Haupt, welcher tot darniedersank. – Apollo ließ aus seines

Lieblings Asche die Hyazinthe hervorgehen, und die Lacedämonier feierten jährlich ein Fest bei dem Grabe des Jünglings, der in des Lebens Blüte ein Raub des Todes ward.

Cyparissus

Auch diesem Liebling des Apollo war nur ein kurzes Alter bestimmt. – Der schöne Knabe besaß einen zahmen Hirsch, der ihm vorzüglich lieb war und von seiner Kindheit an ihm Freude machte. Diesen erschoß er unversehens im Dunkel des Waldes, und sein zu weiches Herz ließ ihn diese Tat so sehr bereuen, daß er unaufhörlich traurend die einsamsten Schatten suchte und sich in kurzem zu Tode härmte. Als er gestorben war, so ließ Apollo aus seinem Grabe die dunkle Zypresse emporsteigen, die den Namen des Entschlummerten verewigte und immer ein Sinnbild der Trauer blieb. – Man siehet aus dieser, so wie aus den vorhergehenden Dichtungen, was Jugend und Schönheit, vom Tode dahingerafft, auf jene sanften Gemüter für einen unauslöschlichen Eindruck machten.

Leukothoe

Ohngeachtet Apollo selber der Gott der Jugend und Schönheit war, so war er doch selten in der Liebe glücklich. – Leukothoe, des Orchamus Tochter, pflog mit dem Apollo einer verstohlnen Liebe. Klytie, eine andre Geliebte des Apollo, hierüber eifersüchtig, verriet dem strengen Orchamus das Liebesverständnis seiner Tochter. Dieser vergrub sie lebendig in die Erde, und Apollo, der sie nicht retten konnte, ließ zum bleibenden Andenken ihrer Zärtlichkeit und ihres Schicksals die Weihrauchstaude aus ihrem Grabe emporwachsen.

Klytie hatte nun durch ihren Verrat des Gottes Liebe auf immer verscherzt; untröstlich darüber kehrte sie neun Tage lang, ohne Speise und Trank zu nehmen, ihr Antlitz nach der Sonne, dem glänzenden Urbilde des Gottes mit dem silbernen Bogen. Zuletzt ward sie von Gram und Kummer aufgezehrt, in eine Blume verwandelt, in welcher Gestalt sie immer noch wie ehemals sich nach der Sonne wendet.

Auch Daphne entschlüpfte der Umarmung des Apollo. Als sie, von ihm verfolgt, nicht weiter fliehen konnte, flehte sie ihren Vater, den Flußgott Peneus, um Rettung an, und dieser verwandelte sie in einen Lorbeerbaum, der nachher dem Apollo beständig heilig war und mit dessen Zweigen er seine Schläfe umkränzte. – So täuschen den Gott der Dichter in diesen Fabeln seine Wünsche. Lorbeer, der sein Haar umkränzt, Weihrauch der ihm duftet, sind sein Ersatz für den Genuß versagter Liebe.

Endymion

Unter allen Lieblingen der Götter hat die Dichtung den schönen Jäger Endymion des größten Vorzugs gewürdigt, weil Diana, die strenge Göttin der Keuschheit, selber, von seinen Reizen gefesselt, die Macht der Liebe empfindet.

Auf dem einsamen Gebirge Latmus in Karien war Endymions Aufenthalt. Er jagte beim nächtlichen Schein des Mondes in den Wäldern, bis er ermüdet entschlummerte. – Schlummernd erblickte ihn einst Diana, als sie mit ihrer Fackel die Nacht erleuchtend am Himmel aufstieg; alles war einsam und still; sie hielt die Rosse vor ihrem Wagen an und senkte sich langsam aus der Höhe bis zu der Lippe des Schlummrers nieder, die sie zum ersten Mal mit heißer Liebe küßte.

Oft senkte sie nun nachher den Schlummer auf Endymions Augenlider, der schlafend des Glücks genoß, das Göttern und Menschen noch nie zuteil ward. –

Unter dem schönen Sinnbilde vom schlummernden Endymion ließ ein zartes Gefühl die Alten den Tod darstellen; und man siehet auf ihren Marmorsärgen, welche die Asche früh verblühter Jünglinge umschlossen, den glücklichen Schläfer

abgebildet, wie Diana auf ihrem Wagen zu seinem Kuß sich herniedersenkt.

Acis

Den schönen Schäfer Acis in Sizilien liebte Galatea, eine der Nereiden. Vergebens warb der ungeheure Polyphem um ihre Gunst. Als er aber einst am Fuß des Ätna die Nymphe den schönen Acis umarmend erblickte, riß er voll wütender Eifersucht einen Felsen los und schleuderte ihn, die Liebenden zu zerschmettern. Die Nymphe entfloh ins Meer, den Acis traf der Stein, und plötzlich löste sein Wesen in einen Bach sich auf, der nachher seinen Namen führte.

Peleus

Einer der glücklichsten Sterblichen war Peleus, der Sohn des gerechtesten Fürsten, der Vater des tapfersten Helden und der Gemahl einer Göttin, die vom Jupiter selbst geliebt war.

Eben die Thetis, des Nereus Tochter, vor deren Umarmung Prometheus den Jupiter warnte, war es, welche mit dem Peleus, des Äakus Sohn, obgleich sich eine Zeitlang sträubend, auf aller Götter Zureden sich vermählte und von dem Peleus den Achill gebar, der, mächtiger als sein Vater, den glänzendsten Heldenruhm erwarb.

Bei der Hochzeit des Peleus waren alle Götter versammelt, nur war Eris, die Göttin der Zwietracht, ausgeschlossen. Und diese warf in das glänzende Gemach den goldnen Apfel mit der unglückbringenden Inschrift, die ihn der *Schönsten* unter den Göttinnen weihte.

Diese glänzende Hochzeitfeier enthielt den ersten Keim zu dem verderblichen Kriege, der Troja verwüstete und Griechenland seiner tapfern Söhne beraubte. Auch des Peleus Glück war nicht von Dauer; ihn überschlich das drückende Alter; er überlebte seinen tapfern Sohn. Von Gram gebeugt und kummervoll beschloß er seine Tage.

Von den Lieblingen der Götter ist auf der hier beigefügten Kupfertafel nach einem antiken geschnittenen Steine Ganymedes dargestellt, wie Jupiter in der Gestalt des Adlers ihn entführt. Auch ist auf ebendieser Tafel nach einer andern antiken Gemme der Sturz des Phaeton abgebildet.

DIE TRAGISCHEN DICHTUNGEN

Daß die Alten überhaupt in ihren Dichtungen das Tragische liebten, sieht man aus der ganzen Folge ihrer Götter- und Heldengeschichte. Das ungleiche Verhältnis der Menschen zu den Göttern, welches schon von ihrer Entstehung an sich offenbarte, ist fast in jeder Dichtung auf irgendeine Weise in ein auffallendes Licht gestellt.

Die Götter erhöhen und stürzen nach Gefallen. Jeder Versuch eines Sterblichen, mit ihrer Macht und Hoheit sich zu messen, wird auf das schrecklichste geahndet. Ihr zu naher Umgang bringt oft ihren Lieblingen selbst den Tod. Ihre wohltätige Macht wird von der furchtbaren überwogen.

Allein es gab ein Fatum, das über Götter und Menschen herrschte. Durch dies Fatum fühlten die Sterblichen sich den Göttern gleichgesetzt, wenn in den hohen tragischen Dichtungen gegen den Druck der Obermacht die langverhaltne Erbitterung endlich ausbrach.

Folgender Gesang eines neuern Dichters hallt jene furchtbaren Töne wider und reißt den Horcher an die tragische Schaubühne der Alten hin:

Es fürchte die Götter
Das Menschengeschlecht!
Sie halten die Herrschaft

In ewigen Händen,
Und können sie brauchen,
Wie's ihnen gefällt.

Der fürchte sie doppelt,
Den je sie erheben!
Auf Klippen und Wolken
Sind Stühle bereitet
Um goldene Tische.

Erhebet ein Zwist sich:
So stürzen die Gäste,
Geschmäht und geschändet,
In nächtliche Tiefen
Und harren vergebens,
Im Finstern gebunden,
Gerechten Gerichtes.

Sie aber, sie bleiben
In ewigen Festen
An goldenen Tischen.
Sie schreiten vom Berge
Zu Bergen hinüber;
Aus Schlünden der Tiefe
Dampft ihnen der Atem
Erstickter Titanen,
Gleich Opfergerüchen,
Ein leichtes Gewölke.

Es wenden die Herrscher
Ihr segnendes Auge
Von ganzen Geschlechtern,
Und meiden, im Enkel
Die ehmals geliebten,

7 ARTEMIS

Still redenden Züge
Des Ahnherrn zu sehn.

Goethens Iphigenie

Theben

Vorzüglich war Theben in Griechenland der Schauplatz der tragischen Begebenheiten, welche, auf der Bühne dargestellt, die schmerzlichsüße Teilnehmung an dem Jammer der Vorwelt in jedem Busen weckten und ein ganzes mitempfindendes Volk zur höhern Bildung veredelten.

Kadmus

Agenor, dessen Tochter Europa vom Jupiter entführt ward, war auch der Vater des Kadmus, dem er befahl, die entführte Tochter in allen Ländern aufzusuchen und ohne sie vor ihm nicht wieder zu erscheinen.

So rächte die zürnende Eifersucht der Juno sich an Agenors Hause. Wie ein Flüchtling mußte Kadmus umherirren und durfte, da er seine Schwester nirgends fand, in seine väterliche Heimat nicht wiederkehren, sondern mußte im fremden Lande sich einen Wohnsitz suchen.

Er kam nach Böotien in Griechenland und wählte es, einem Orakelspruch zufolge, zu seinem Aufenthalt. Als er nun seine Gefährten, um Wasser zu einem Opfer zu schöpfen, in ein dem Mars geweihtes Gehölze schickte, wurden sie von einem ungeheuren Drachen, dem Hüter dieses heiligen Hains, getötet.

Kadmus erlegte dies Ungeheuer und mußte, auf den Befehl der Minerva, die Zähne des Drachen in die Erde säen. Aus dieser Saat keimten geharnischte Männer auf, die sogleich ihre Schwerter gegeneinander zückten und sich einander erschlugen, bis auf fünf, die dem Kadmus Theben erbauen halfen.

Diese Dichtung von den Kriegern, die, aus der Saat der Drachenzähne entsprossen, sich selbst einander aufreiben, ist schon ein dunkles Vorbild von alle dem Jammer und der Zwietracht, welche die Nachkommen des Kadmus einst ihre Schwerter gegen sich selber kehren und sie in ihr Eingeweide wüten läßt.

Kadmus, der Stifter von Theben, vermählte sich nun mit der Harmonia, einer Tochter des Mars und der Venus, und bildete das Volk, das er um sich her versammelte und dem er zuerst die Schriftzeichen mitteilte, die er aus Phönizien mit sich hierhergebracht. Er lebte mit der Harmonia bis in sein spätestes Alter. Um diesem Paar eine Art von Unsterblichkeit zu geben, sagt die Dichtung, daß beide zuletzt in Schlangen verwandelt wurden.

Die Kinder des Kadmus, welche er mit der Harmonia oder Hermione erzeugte, waren Ino, Agaue, Autonoe, Semele und ein Sohn namens Polydorus. Semele, die Mutter des Bacchus, deren schon öfter gedacht ist, kam in Flammen um, weil sie auf Anstiften der Juno den törichten unwiderruflichen Wunsch getan hatte, ihren Liebhaber, den Donnergott, in seiner ganzen Majestät zu sehen.

Agaue vermählte sich mit dem Echion, einem der Übriggebliebenen von denen, die aus der Saat der Drachenzähne entsprossen waren, welcher den Pentheus mit ihr erzeugte. Dieser Pentheus, welcher sich spottend der Verehrung des Bacchus widersetzte und dessen Priesterinnen verfolgte, wurde, wie schon gedacht ist, von seiner eignen Mutter und den übrigen Bacchantinnen, die ihn für ein reißendes Tier ansahen, zerfleischt.

Die Ino verfolgte der Zorn der Juno, weil sie den jungen Bacchus säugte. Sie war mit dem Athamas vermählt. Diesen ergriff eine rasende Wut, in welcher er ihren ersten Sohn Learchus an einem Felsen zerschmetterte und, da sie mit ihrem jüngsten Sohn Melicertes vor ihm flohe, bis an eine Felsenspitze am Meere sie verfolgte. Hier stürzte Ino sich mit ihrem Sohn herab und ward samt ihm von den Wellen emporgetragen. Beide wurden unter die Meergötter aufgenommen, und Ino ward unter dem Namen Leukothea verehrt.

Autonoe, die vierte Tochter des Kadmus, vermählte sich mit dem Aristäus, der den Aktäon mit ihr erzeugte, dessen schon gedacht ist, wie ihn seine eignen Hunde zerrissen, als Diana, die er im Bade erblickte, um seinen Frevel zu strafen, ihn in einen Hirsch verwandelt hatte.

Dies sind die Schicksale der Töchter des Kadmus, welche ein feindseliges Verhängnis und den Haß der Juno, der auf ihres Vaters Hause ruhte, mehr oder weniger tragen mußten.

Kadmus selber begab sich in seinem Alter nach Illyrien, wo, nach der Fabel, seine Verwandlung vorging. Die Herrschaft über Theben überließ er seinem Sohn, dem Polydor, welcher den Labdakus erzeugte, der ihm wieder in der Regierung folgte. Labdakus vermählte sich mit der Nykteis, einer Tochter des Nykteus, und erzeugte mit ihr den Laius, der noch minderjährig war, als sein Vater starb, und an dessen Stelle Lykus, ein Bruder des Nykteus, über Theben herrschte.

Antiope, eine Tochter des Nykteus, ward vom Jupiter geliebt, von ihrem Vater aber verstoßen; sie rettete sich zum Epopeus, dem Könige von Sikyon, der sich mit ihr vermählte. Lykus aber, der dem sterbenden Nykteus versprochen hatte, ihn an seiner Tochter zu rächen, erschlug den Epopeus und führte die Antiope gefangen nach Theben, wo er sie seiner Gemahlin Dirce übergab, von der sie auf das grausamste mißhandelt wurde.

Antiope hatte vom Jupiter den Amphion und Zethus geboren, die heimlich erzogen wurden. Sobald sie ein Mittel fand zu entrinnen, eilte sie zu ihren Söhnen und forderte sie auf, die Schmach ihrer Mutter zu rächen. Amphion und Zethus drangen in Theben ein, erschlugen den Lykus, verjagten den Laius und banden die Dirce, welche ihre Mutter so grausam mißhandelt hatte, an die Hörner eines wilden Stiers, von dem sie zerrissen ward.

Amphion erbaute nun die Mauern von Theben und schloß die Stadt mit sieben Toren ein. – Die Überredungskunst, womit Amphion zu diesem Werke die rohen Einwohner zu ermuntern wußte, hüllt die Dichtung in die schöne Fabel ein, daß er durch die Töne seiner Leier die Steine selbst bewegt habe, sich zusammenzufügen und zu Mauern und Türmen sich zu bilden.

Nach dem Tode des Amphion und Zethus riefen die Thebaner den verjagten Laius, des Labdakus Sohn, zurück und gaben ihm die Herrschaft wieder, worauf er mit der Iokaste, der Schwester des Kreon, eines thebanischen Fürsten, sich vermählte.

Ödipus

Dem Laius war geweissagt worden, daß sein Sohn ihn erschlagen würde. Als ihm daher Iokaste den Ödipus gebar, so ließ er ihn in einer wüsten Gegend aussetzen. Der vertraute Bediente, der dies Geschäft verrichtete, band das Kind mit den Füßen an einen Baum.

In diesem Zustande fand es Phorbas, der Aufseher der Herden des Königs Polybius, der Korinth beherrschte. Dieser nahm das Kind, als es ihm Phorbas brachte, selbst an Kindes Statt an, und man gab ihm von seinen geschwollnen Füßen den Namen Ödipus.

Die Pflegeeltern des Ödipus verhehlten sorgfältig vor ihm die Ungewißheit seiner Abkunft, so daß er von Kindheit an sie für seine wahren Eltern hielt, bis in seinen Jünglingsjahren einige beunruhigende Zweifel ihn bewogen, das Orakel des Apollo um Rat zu fragen.

Das Orakel berührte den eigentlichen Punkt seiner Abkunft nicht, sondern warnte ihn nur vor der Rückkehr in sein Vaterland, weil er daselbst seinen Vater töten und seine eigne Mutter zum Weibe nehmen würde.

Ödipus suchte seinem Schicksale zu entgehen, indem er sich freiwillig von Korinth verbannte, das er noch immer für sein

Vaterland hielt. In dieser Rücksicht begab er sich auf den Weg nach Theben und ging unwissend seinem Schicksal entgegen.

Denn schon auf der Reise stieß er in einem engen Wege auf den Laius, dem er nicht ausweichen wollte und darüber mit ihm und seinem Gefolge in einen Streit geriet, wovon das Ende war, daß Ödipus unwissend seinen eigenen Vater erschlug und auf die Weise ein Teil des Orakels in Erfüllung ging.

Als Ödipus nach Theben kam, fand er die Sphinx, ein von der Echidna gebornes und von der Juno gesandtes geflügeltes Ungeheuer in Löwengestalt und mit jungfräulichem Antlitz, die Einwohner ängstigend.

Auf einem Felsen nicht weit von Theben saß die Sphinx und gab den Vorbeigehenden ein Rätsel auf: was für ein Tier am Morgen auf vier, am Tage auf zwei, am Abend auf drei Füßen gehe? Wer dies Rätsel nicht erriet, den stürzte sie von dem Felsen herab.

Ödipus kam und deutete das Rätsel: der Mensch als Kind am frühen Morgen seines Lebens wälze sich auf Händen und Füßen fort; am langen Tage des Lebens, wo noch die Kraft in seinen Gliedern wohnt, wandle er aufrecht auf zwei Füßen; am Abend, wenn das Alter ihn überschleicht, gehe er gebückt am Stabe und setze auf die Weise den dritten Fuß sich an.

Nun tötete Ödipus die Sphinx, oder nach einer andern bedeutendern Sage stürzte sie sich vom Felsen herab, sobald er das Rätsel erraten hatte.

Da nun Laius tot war, ohne daß man seinen Mörder wußte, so hatte man demjenigen, der das Rätsel der Sphinx auflösen und von diesem Ungeheuer das Land befreien würde, verheißen, daß die Königin sich mit ihm vermählen und ihm die Herrschaft über Theben zum Brautschatz bringen solle.

Dem Ödipus ward nun dies von vielen Tausenden beneidete anscheinende Glück zuteil, womit der schreckliche Orakelspruch ganz und ohne Schonung in Erfüllung ging; indem er sich mit Iokasten, der Königin vermählte, nahm er unwissend seine eigne Mutter zum Weibe, nachdem er seinen Vater erschlagen hatte.

Eine Weile Lebensgenuß verstattete ihm noch sein feindseliges Geschick, indem es vor alle diese Greuel einen Vorhang zog. Ödipus erzeugte mit der Iokaste zwei Söhne, Eteokles und Polynikes, und zwei Töchter, Antigone und Ismene – ebenso unwissend über sein eignes Schicksal als über das künftige seiner Kinder.

Die Tage dieser glücklichen Unwissenheit sollten nicht lange mehr dauern. Über Theben kam eine verwüstende Pest. Ödipus selber tat den Vorschlag, das Orakel zu befragen, ob etwa irgend ein einzelner Mann den Zorn der Götter auf sich geladen und ob das ganze Land vielleicht die Schuld eines einzelnen büßen müsse? –

Man folgte seinem Rat, und der furchtbare Ausspruch traf ihn selber. Er ruhte nicht, nachzuforschen, bis er die Wahrheit ans Licht bringen oder die Verleumdung zuschanden machen würde; und mit jeder Nachforschung entwickelte sich immer klärer die gräßliche Geschichte.

Als endlich nun kein Zweifel mehr übrig war und Ödipus mit schrecklicher Gewißheit der Blutschande und des Vatermords sich schuldig fand, so vermochte er nicht länger des Tages Glanz zu tragen und blendete sich selber. Die unglückliche Iokaste gab sich mit dem Strange den Tod. Und Ödipus irrte, des Augenlichts beraubt, von seiner Tochter Antigone geführt, beladen mit dem Haß der Götter, bis an seinen Tod im fremden Land umher.

Dem Ödipus folgten in der Regierung seine beiden Söhne Eteokles und Polynikes, dergestalt, daß beide abwechselnd, ein Jahr um das andre, die Herrschaft führen sollten. Aber auch diese traf das feindselige Verhängnis, das auf Theben und den Nachkommen des Kadmus ruhte.

Eteokles und Polynikes

Diese beiden wurden ein Opfer ihres Zwistes, der aus Neid und Herrschsucht sich entspann. Eteokles trat die Regierung an. Das erste Jahr verfloß, und Eteokles, der einmal im Besitz war, weigerte sich, dem Polynikes auf das andre Jahr die Herrschaft abzutreten.

Polynikes ging aus Theben und begab sich zum Adrastus, der über Argos herrschte. Dieser nahm ihn gütig auf, versprach ihm seinen Beistand und vermählte ihm seine Tochter. Auch Tydeus, des Öneus Sohn und Bruder des Meleager, begab sich zu ebendieser Zeit zum Könige Adrastus, weil er aus Kalydon flüchten mußte, und diesem vermählte Adrastus seine andre Tochter.

Um nun dem Polynikes seinen Anteil an der Herrschaft über Theben wieder zu verschaffen, schickte Adrastus erst den Tydeus zum Eteokles, um Unterhandlung mit ihm zu pflegen. Da aber dieser, noch ehe er nach Theben kam, von einem Hinterhalt, den Eteokles ihm gelegt, verräterisch überfallen wurde und, nachdem er mit Mühe sich gerettet hatte, mit der Nachricht von dieser Verräterei nach Argos zurückkehrte, so rüstete Adrastus sich schleunig zum Kriege gegen den Eteokles.

Der Thebanische Krieg

Zu der Unternehmung gegen Theben vereinigte sich Adrastus mit seinen beiden Tochtermännern, dem Tydeus und dem Polynikes, um dessentwillen er den Krieg anhub. Zu ihnen gesellte sich der tapfere Kapaneus aus Messene, Hippomedon, ein Sohn der Schwester des Adrastus, und Parthenopäus, ein schöner und tapfrer Jüngling aus Arkadien, dessen Mutter Atalante war.

Mit der Eriphyle, einer Schwester des Adrastus, war Amphiaraus vermählt, den man an diesem Zuge teilzunehmen lange vergebens zu überreden sich bemühte, weil sein Geist in die Zukunft blickte und nicht nur das Unglück, das die Belagrer von Theben treffen würde, voraussahe, sondern auch sicher wußte, daß in diesem Kriege ihm sein Tod bevorstand.

Er verbarg daher den Ort seines Aufenthalts vor dem Adrast und Polynikes, bis seine eigne Gemahlin Eriphyle, durch ein kostbares Halsgeschmeide, das ihr Polynikes schenkte, gewonnen, den Ort seines Aufenthalts entdeckte und Amphiaraus nun wider Willen an diesem Kriege teilzunehmen genötigt wurde. Nun waren also der Anführer sieben:

Adrastus,
Polynikes,
Tydeus,
Amphiaraus,
Kapaneus,
Parthenopäus,
Hippomedon.

Allein schon unterwegens auf ihrem Zuge ereignete sich ein tragischer Zufall: Hypsipyle, deren in der Geschichte der Argonauten schon gedacht ist, hatte nach der Abreise des Iason, von dem sie einen Sohn gebar, vor den übrigen Weibern aus Lemnos flüchten müssen, weil sie ihrem Vater Thoas das Leben gerettet. Sie ward am Ufer des Meers, wohin sie sich zu retten suchte, von Seeräubern gefangen, die sie dem Lykurgus verkauften, welcher sie zur Säugamme seines Sohnes Archemorus machte.

Da nun das vereinte Heer durch das Gebiet des Lykurgus zog, so fanden sie des Thoas königliche Tochter allein in einem Gehölze, dem Knaben Archemorus die Brust darreichend. Sie eilte, den vor Durst verschmachtenden Griechen, die sie um Beistand flehten, eine Quelle zu zeigen, und ließ den Knaben Archemorus allein im Grase liegen.

Als nun Hypsipyle an den Ort, wo sie ihren Säugling ließ, zurückkehrte, hatte diesen während der Zeit eine Schlange getötet. Die Griechen, über diese Begebenheit bestürzt und niedergeschlagen, hielten dem Kinde ein prächtiges Leichenbegängnis und stifteten ihm zu Ehren Spiele, welche nachher zu bestimmten Zeiten wiederholt wurden.

Nach dieser vollbrachten Totenfeier setzte das Kriegsheer seinen Zug fort und kam vor Theben an. Die sieben Heerführer teilten sich, um die sieben Tore von Theben mit ihren Haufen zu besetzen und durch eine Belagerung die Stadt zu zwingen.

Eteokles stellte einem jeden der Anführer in dem Heere des Adrastus seinen Mann entgegen. Dem Tydeus den Menalippus, dem Kapaneus den Polyphontes, dem Hippomedon den Hyperbius, dem Parthenopäus den Aktor, dem Amphiaraus den Lasthenes, er selber stellte sich gegen den Polynikes, seinen Bruder.

Und nun begann, indem die Belagerten einen Ausfall taten, das für Sieger und Besiegte gleich unglückselige Treffen.

Hippomedon und Parthenopäus fielen; Kapaneus, der die Mauer erstieg, wurde vom Blitz getötet, Tydeus vom Menalippus erschlagen, und Eteokles und Polynikes kamen beide im Zweikampf um; den Amphiaraus verschlang die Erde; nur Adrastus entfloh auf seinem schnellen Roß Arion, dessen schon bei den Erzeugungen des Neptun gedacht ist.

Die Regentschaft in Theben fiel dem Kreon, dem Bruder der Iokaste, zu. Dieser befahl, den Leichnam des Eteokles mit allen Ehrenbezeugungen zu begraben. Den Körper des Polynikes aber verbot er, bei Todesstrafe, mit Erde zu bedecken und ließ ihn, so wie die übrigen Leichname der Gebliebnen von Adrastus' Heer, unter freiem Himmel, den Vögeln zum Raube liegen.

Antigone, des Ödipus Tochter und Schwester des Polynikes, achtete Kreons Verbot und die Gefahr des Todes nicht, sondern stahl sich bei einer mondhellen Nacht vor die Stadt hinaus, wo ihre Hände ihres Bruders Leichnam mit Sand bedeckten. Als sie für diese Tat lebendig ein Raub des Grabes werden sollte, kam sie dem Urteil schnell zuvor und gab mit dem Strange sich selbst den Tod.

Hämon, Kreons Sohn, welcher sie zärtlich liebte, stieß verzweiflungsvoll sein Schwert sich in die Brust, da er Antigonen als ein Opfer von seines Vaters Grausamkeit in ihrem Kerker tot fand.

Hämons Mutter überlebte den Verlust ihres Sohnes nicht; und verwaist stand nun Kreon da und klagte verzweiflungsvoll sich selber und sein Verhängnis an.

Adrastus hatte indes den Theseus um Beistand angefleht, und dieser kam vor Theben, schlug die Thebaner und zwang sie, die Leichname der Gebliebnen von des Adrastus Heere zum Begräbnis auszuliefern.

Alle die Unglücksfälle, womit dieser Krieg begleitet war, hatten dennoch nicht die Erbittrung ausgelöscht, welche zehn Jahre nachher bei den Söhnen der Erschlagnen zu einem zweiten Kriege ausbrach, der, weil ihn die Nachkommen der vorigen Feldherrn führten, der Krieg der Epigonen hieß.

Ein Sohn des Eteokles war Laodamas, der nach dem Kreon über Theben herrschte. Thersander, des Polynikes Sohn, unterstützt von den Söhnen der erschlagnen Feldherren und dem Ägialeus, des Adrastus Sohn, rückte aufs neue vor Theben, besiegte den Laodamas und bemächtigte sich nun der Herrschaft wieder, die seinem Vater Polynikes unrechtmäßig entrissen war. Laodamas aber entflohe nach Illyrien, dem alten Zufluchtsorte des Kadmus, als er Theben verließ. In diesem Kriege blieb von den Anführern nur Ägialeus, dessen Vater Adrastus in dem ersten Thebanischen Kriege nur allein sich rettete, da alle übrigen Feldherrn fielen.

Nach einem antiken geschnittnen Stein aus der Stoschischen Sammlung, einem der seltensten und schätzbarsten Denkmäler aus dem ganzen Altertum, befindet sich auf der hier beigefüg-

ten Kupfertafel eine Abbildung der Helden, welche in dem ersten Thebanischen Kriege, vom Adrastus angeführt, Theben belagerten.

Von den sieben Helden sind nur fünf dargestellt, deren Namen auf dem alten Denkmale selbst mit eingegraben sind, wo sowohl die Schrift als die Zeichnung der Figuren das hohe Altertum des Werks beweist. Die Helden sind:

Adrastus,
Tydeus,
Polynikes,
Amphiaraus,
Parthenopäus.

Sie scheinen nach einem erlittnen Verlust aufs neue sich zu beratschlagen. In der Mitte sitzt Amphiaraus, seinen Tod und den Tod der übrigen voraussehend, mit niedergeschlagnem Blick. Ihm gegenüber Polynikes, in Nachdenken und Traurigkeit versenkt, den Kopf auf die Hand gestützt. Neben dem Amphiaraus sitzt Parthenopäus und schlägt in ruhiger, überlegender Stellung die Hände um das Knie zusammen.

Adrastus ist aufgestanden und scheint, mit Schild und Lanze bewaffnet, entschlossen, wieder ins Treffen zu eilen. Tydeus folgt ihm, ebenfalls bewaffnet, allein mit weniger Mut und niedergeschlagnem Blick. Vom Polynikes, mit dem Kopf auf die Hand gestützt, bis zum Adrastus, der entschlossen ins Treffen eilt, ist gleichsam eine Stufenfolge der innern Gemütsbewegungen auf diesem alten Kunstwerke ausgedrückt. Auf ebendieser Tafel ist nach einer antiken Gemme Ödipus dargestellt, wie er im Begriffe ist, die Sphinx zu töten.

Die Pelopiden

Pelops, ein Sohn des Tantalus, der von den Göttern erhöhet und gestürzt ward, kam nach Griechenland zum Könige von Pisa, Önomaus, der ihn gastfreundlich aufnahm. Pelops warb um die schöne Hippodamia, des Königs Tochter. Allein dem Önomaus war geweissagt worden, daß sein Eidam ihn töten würde. Ein jeder, der um Hippodamien warb, mußte daher mit ihm zu Wagen einen Wettlauf halten; und wen er, ehe sie ans Ziel kamen, erreichen konnte, der ward von ihm mit dem Schwert getötet.

Pelops wußte den Myrtilus, des Önomaus edlen Wagenlenker, durch lockende Versprechungen zu bewegen, den Wagen des Önomaus dergestalt einzurichten, daß er mitten im Lauf notwendig zertrümmern mußte. Der König stürzte und verlor sein Leben. Pelops vermählte sich mit Hippodamien; und weil er dem Myrtilus sein Versprechen nicht halten wollte, so stürzte er auch diesen, ehe er es sich versahe, von einem Fels ins Meer, welches nachher von ihm das Myrtoische hieß.

Allein nach dieser Tat traf schnell ein Unglück nach dem andern des Pelops Haus, obgleich seine Macht sich stets vergrößerte und man die ganze Halbinsel von Griechenland, worin er so viel beherrschte, nach seinem Namen Peloponnesus nannte.

Mit der Hippodamia erzeugte Pelops den Atreus und Thyest. Diese brachten ihren Bruder Chrysippus, welchen Pelops mit der Astyoche erzeugte, ums Leben, weil sie des Vaters Liebe zu ihm nicht dulden konnten. Hippodamia, welche Pelops für die Stifterin dieses Mordes hielt, gab sich selber den Tod. Thyest und Atreus flüchteten.

Atreus begab sich nach Mycene zum Eurystheus, der seine Tochter Aerope mit ihm vermählte und nach dessen Tode er über Mycene herrschte. Thyest war ihm dahin gefolgt und nahm am Glücke des Atreus teil; allein er entehrte bald seines Bruders Bette, indem er mit der Aerope, des Atreus Gattin, zwei Söhne erzeugte.

Als Atreus die Freveltat erfuhr, verjagte er den Thyest mit den von ihm erzeugten Söhnen aus dem Reiche. Thyest, auf Rache sinnend, hatte seinem Bruder einen Sohn entwandt, welchen er als den seinigen auferzog und, nachdem er mit Haß und Wut gegen den Atreus seine Seele erfüllt hatte, ihn abschickte, um den schrecklichsten Mord unwissend zu begehen.

Unter den grausamsten Martern ließ Atreus den Jüngling hinrichten, dessen Versuch man entdeckt hatte, und erfuhr zu spät, daß er statt seines Bruders Sohn den eignen getötet habe. Verstellt und auf noch höhere Rache sinnend, versöhnte sich Atreus zum Schein mit seinem Bruder, schlachtete dessen beide Söhne und tischte das Fleisch dem Thyestes auf, welchem er nach genossenem Mahle Haupt und Hände entgegenwarf. Die Sonne, sagt die Dichtung, wandte schnell ihren Lauf zurück, um diese Szene nicht zu beleuchten.

Ein neuer Dichter läßt Iphigenien, die auch aus des Pelops Hause und Dianens Priesterin war, dem Könige Thoas in Tauris diese Greuel erzählen.

Schon Pelops, der gewaltig Wollende,
Des Tantalus geliebter Sohn, erwarb
Sich durch Verrat und Mord das schönste Weib,
Des Önomaus Tochter, Hippodamien.
Sie bringt den Wünschen des Gemahls zwei Söhne,
Thyest und Atreus. Neidisch sehen sie
Des Vaters Liebe zu dem ersten Sohn
Aus einem andern Bette wachsend an.
Der Haß verbindet sie, und heimlich wagt
Das Paar im Brudermord die erste Tat.
Der Vater wähnet Hippodamien
Die Mörderin, und grimmig fordert er

Von ihr den Sohn zurück, und sie entleibt
Sich selbst –

– – – – – – – – – –

– – – Nach ihres Vaters Tode
Gebieten Atreus und Thyest der Stadt,
Gemeinsam herrschend. Lange konnte nicht
Die Eintracht dauern. Bald entehrt Thyest
Des Bruders Bette. Rächend treibt Atreus
Ihn aus dem Reiche. Mördrisch hatte schon
Thyest, auf schwere Taten sinnend, lange
Dem Bruder einen Sohn entwandt und heimlich
Ihn als den seinen schmeichelnd auferzogen.
Dem füllet er die Brust mit Wut und Rache
Und sendet ihn zur Königsstadt, daß er
Im Oheim seinen eignen Vater morde.
Des Jünglings Vorsatz wird entdeckt; der König
Straft grausam den gesandten Mörder, wähnend,
Er töte seines Bruders Sohn. Zu spät
Erfährt er, wer vor seinen trunknen Augen
Gemartert stirbt; und die Begier der Rache
Aus seiner Brust zu tilgen, sinnt er still
Auf unerhörte Tat. Er scheint gelassen,
Gleichgültig und versöhnt, und lockt den Bruder
Mit seinen beiden Söhnen in das Reich
Zurück, ergreift die Knaben, schlachtet sie
Und setzt die ekle, schaudervolle Speise
Dem Vater bei dem ersten Mahle vor.
Und da Thyest an seinem Fleische sich
Gesättigt, eine Wehmut ihn ergreift,
Er nach den Kindern fragt, den Tritt, die Stimme
Der Knaben an des Saales Türe schon
Zu hören glaubt, wirft Atreus grinsend
Ihm Haupt und Füße der Erschlagnen hin. –

– – – – – – – – – –

Es wendete die Sonn' ihr Antlitz weg
Und ihren Wagen aus dem ewgen Gleise.

Goethens Iphigenie

Thyestes erzeugte in Blutschande mit seiner eignen Tochter Pelopia den Ägisthus, der, als er erwachsen war, den Atreus tötete und dessen Söhne Agamemnon und Menelaus verjagte, worauf Thyestes den Thron bestieg.

Die vertriebnen Söhne des Atreus vermählten sich mit den Töchtern des Tyndareus. Agamemnon mit der Klytemnestra und mit der Helena Menelaus. Sie rächten des Atreus Tod, verjagten den Thyestes, und Agamemnon erhielt seines Vaters Reich und herrschte zu Mycene, wo er mit der Klytemnestra die Iphigenie, Elektra und den Orest erzeugte; Menelaus folgte dem Tyndareus in der Herrschaft über Sparta.

Als Agamemnon nun das Heer der Griechen gegen die Trojaner anführte, versöhnte er sich mit dem Ägisthus, verzieh ihm seines Vaters Tod und vertraute sogar die Sorge für Klytemnestra und für sein Haus ihm an. Ägisthus aber mißbrauchte dies Vertrauen, verleitete die Klytemnestra zur Untreue gegen den Agamemnon; und als dieser nach der Eroberung von Troja wieder in seine Heimat kehrte, ward er vom Ägisthus und seinem eignen Weibe mitten unter dem Gastmahl ermordet, das man bei seiner Ankunft, dem Scheine nach, ihm zu Ehren mit erdichteter Freude anstellte.

Von den Kindern des Agamemnon war Iphigenie schon bei der Fahrt nach Troja, wo sie für Griechenlands Wohl geopfert werden sollte, von Dianen nach Tauris entrückt. – Orestes wurde von seiner Schwester Elektra erhalten, die ihn heimlich zu dem mit der Schwester des Agamemnon vermählten Könige Strophius schickte, welcher zu Phocis herrschte und mit dessen Sohn Pylades Orestes ein unzertrennliches Freundschaftsbündnis knüpfte. – Nur Elektra blieb zu Hause den Mißhandlungen ihrer entarteten Mutter ausgesetzt.

Klytemnestra vermählte sich nun ohne Scheu mit dem Ägisthus und setzte ihm selber die Krone auf, die er behauptete, bis Orestes in Begleitung des Pylades kam, um seines Vaters Tod zu rächen. Sie streuten ein falsches Gerücht vom Tode des Orestes aus, worüber Ägisthus und Klytemnestra, vor Freude außer sich, ihr schwarzes Verhängnis nicht ahndeten.

Orest erschlug mit eigner Hand seine Mutter und den Ägisth, die Mörder seines Vaters. Weil er aber seine Mutter getötet hatte, ward er, von den Furien verfolgt, umhergetrieben, und keine Aussöhnung vermochte das Andenken dieser Tat bei ihm auszulöschen, bis ein Orakelspruch des Apollo ihm Befreiung von seiner Qual verhieß, wenn er nach Tauris gehen und die Bildsäule der Diana von dort nach Griechenland entführen würde.

Orest begab sich mit seinem getreuen Pylades auf die Reise, und als sie in Tauris anlangten, sollten sie beide oder einer von ihnen nach dem alten barbarischen Gebrauch, der alle Fremden traf, der Göttin geopfert werden. Hier war es, wo jeder der beiden Freunde großmütig sein Leben für den andern darbot.

Orestes aber gab sich seiner Schwester Iphigenie, der Priesterin Dianens, zu erkennen, und diese fand ein Mittel, die Bildsäule der Diana auf ihres Bruders Schiff zu bringen und mit ihm und seinem treuen Freunde nach Griechenland zu entfliehen. Der Orakelspruch des Apollo wurde erfüllt, Orestes ward von den quälenden Furien befreit und herrschte ruhig zu Mycene; der Zorn der Götter über Pelops' Haus schien endlich zu ermüden. –

Der neue Dichter der Iphigenie auf Tauris gibt der alten Dichtung eine feine Wendung. Er läßt den Orakelspruch des Apollo dem Orestes Ruhe verheißen, wenn er die Schwester, die wider Willen im Heiligtum zu Tauris bliebe, nach Griechenland bringen würde. Dies mußte Orest notwendig auf Dianen, die Schwester des Apollo, deuten, weil er von dem Aufenthalt seiner eignen Schwester in Tauris noch nichts wußte. Nach diesem Ausspruch durfte Iphigenie die Bildsäule der Diana nicht entwenden und keinen Verrat an ihrem Wohltäter, dem Könige Thoas, begehen, von dem sie großmütig entlassen wird.

Troja

Außerhalb Griechenlands war Troja der vorzüglichste Schauplatz der tragischen Begebenheiten, welche, in Gesängen der Nachwelt überliefert und auf der Schaubühne dargestellt, in immerwährendem Andenken sich erhielten. Vom unerbittlichen Fatum selber war die Zerstörung von Troja einmal beschlossen, zu ihrem Untergang mußte sich alles fügen, und Götter und Menschen vermochten nichts gegen den Schluß des Schicksals.

Als Eris bei der Vermählung des Peleus mit der Thetis in das hochzeitliche Gemach, wo alle Götter und Göttinnen versammelt waren, den goldnen Apfel mit der Inschrift warf, die ihn der Schönsten zuteilte, so wurden Juno, Venus und Minerva unter allen Göttinnen, um den Preis der Schönheit zu wetteifern, einstimmig am würdigsten erkannt.

Ein unbefangner Hirt, der auf dem Ida weidete, sollte den Ausspruch tun. Dieser Hirt war Paris, ein Sohn des Priamus, der über Troja herrschte. Als die Göttinnen vor ihm erschienen und den entscheidenden Ausspruch von ihm verlangten, mußten sie sich entkleiden; – eine jede von ihnen versprach ihm heimlich eine Belohnung, wenn er den Apfel ihr zuteilte; Juno versprach ihm Macht und Reichtümer, Minerva Weisheit, Venus das schönste Weib auf Erden – und Paris teilte den goldnen Apfel der Venus zu.

Von dieser Zeit an hegten Juno und Minerva nicht nur gegen den Paris, sondern gegen das ganze Haus des Priamus einen tiefen Groll im Busen, während daß Venus darauf dachte, ihr Versprechen dem Paris zu erfüllen.

Das schönste Weib auf Erden war Helena, welche Jupiter in

der Gestalt des Schwans mit der Leda erzeugte, die vom Theseus in ihrer Kindheit schon einmal entführt, von ihren Brüdern Kastor und Pollux aber wieder nach Sparta zurückgebracht ward, wo sie mit dem Menelaus, des Agamemnons Bruder, sich vermählte.

Paris schiffte nach Griechenland und ward vom Menelaus gastfreundlich aufgenommen, während dessen Abwesenheit es durch die Veranstaltung der Venus ihm gelang, die Helena zu entführen. Als er nach Troja zurücksegelte und die Winde schwiegen, prophezeite der wahrsagende Meergott Nereus ihm alles Unglück, was für Troja aus dieser Entführung erwachsen würde, und nicht lange blieb die Erfüllung aus.

Ganz Griechenland nahm an dem Schicksale des Menelaus teil. Gegen den Paris waren alle Gemüter wegen der Verletzung des heiligen Gastrechts aufgebracht; auch hielt man die Schönheit selber für wichtig genug, um ihren Raub als den Raub von etwas Kostbarem zu betrachten, das man der Mühe wohl wert achtete, um es den Händen der Barbaren mit Kriegesmacht wieder zu entreißen.

Als eine Gesandtschaft an den Priamus die Helena vergeblich zurückgefordert hatte, verbanden sich die Fürsten Griechenlands mit einem Schwur zum Kriege gegen Troja und teilten dem Agamemnon, welcher der mächtigste unter ihnen war, den Oberbefehl im Heere zu. Ein jeder rüstete Schiffe aus, und in dem Hafen von Aulis versammlete sich die griechische Flotte. Die vornehmsten Anführer in diesem Kriege, deren fast aller schon gedacht ist, waren:

Agamemnon,
Menelaus,
Nestor,
Diomedes, des Tydeus Sohn,
Ajax, der Sohn des Telamon,
Ulysses,

Achilles, Peleus' Sohn,
Patroklus, des Menötius Sohn,
Podalirius }
Machaon } Söhne des Äskulap,
Philoktet, der letzte Gefährte des Herkules,
Sthenelus, des Kapaneus Sohn,
Thersander, des Polynikes Sohn,
Idomeneus, des Minos Enkel.

Als nun das ganze Heer in Aulis versammelt war, zürnte Diana auf den Agamemnon, weil er einen ihr geweihten Hirsch getötet hatte. Man harrte lange vergebens, und es erhob sich kein günstiger Wind, mit dem die Flotte auslaufen konnte. Diana forderte durch den Mund des Priesters die Tochter des Agamemnon selbst zum Versöhnungsopfer. Iphigenie wurde, begleitet von ihrer Mutter, zum Altar geführt; und schon war der Opferstahl gezückt, als Diana in einer Wolke Iphigenien nach Tauris in ihr Heiligtum entrückte; statt der verschwundnen Iphigenie aber stand ein Reh zum Opfer am Altar.

Diana war nun versöhnt; die Flotte segelte nach Troja ab; und Ilium, die eigentliche Stadt oder Burg des Königreiches Troja, ward belagert. – Neun Jahre lang hatte, nach der Voraussagung des wahrsagenden Priesters Kalchas, die Belagerung schon gewährt, als erst im zehnten das Verhängnis von Troja näherrückte.

Die hohen himmlischen Götter alle nahmen an diesem Kriege teil: Jupiter hielt des Schicksals Waage. Auf der Seite der Griechen standen Juno, Minerva, Neptun, Vulkan, Merkur, auf der Trojaner Seite Venus, Apoll, Diana und Latona. Mars, als der Gott des Krieges selber, ging von einem Heere zum andern, von den Griechen zu den Trojanern über.

Wie nun die Götter an diesem Kriege teilnehmen, von Sterblichen verwundet werden, sich selber in dem Treffen der Griechen und Trojaner einander zum Streit auffordern und wie die

Göttergestalten in ihren Zügen sich unterscheiden, dies alles ist in dem Abschnitt: die menschenähnliche Bildung der Götter schon erwähnt und auf die Weise ein großer Teil der Geschichte des Trojanischen Krieges in jene Schilderung schon vorläufig eingewebt.

Was nun im zehnten Jahr der Belagerung die Eroberung von Troja verzögerte, war der Zorn des Achilles, der mit dem Agamemnon sich entzweite und eine Zeitlang am Kriege keinen Teil nahm. Als nämlich Agamemnon sich weigerte, die gefangene, zur Beute ihm zugefallne Chryseis ihrem Vater, einem Priester des Apollo, gegen ein Lösegeld auf sein Bitten zurückzugeben, so hörte Apollo das Flehen des verwaisten Vaters und sandte zürnend seine Pfeile in das Lager der Griechen, daß eine Pest entstand, welche verheerend um sich greifend zahlloses Volk hinraffte.

Durch den Mund des Priesters Kalchas ward es offenbar, durch wessen Schuld die Griechen leiden mußten. Als Agamemnon nun die Chryseis zurückzusenden sich länger nicht weigern konnte, verlangte er, daß die Griechen ihn für den Verlust seiner Beute schadlos hielten. Da schalt Achill ihn seines Stolzes und seines Eigennutzes wegen, und als ihm Agamemnon drohte, war er schon im Begriff, gegen ihn das Schwert zu zücken, hätte nicht an den gelben Locken Minerva selbst ihn zurückgehalten.

Agamemnon aber, der auf die Schadloshaltung um desto mehr bestand, ließ, um sich zu rächen, die schöne Briseis aus dem Zelte des Achilles in das seinige holen. Da flehte Achill am einsamen Ufer des Meeres seine Mutter Thetis an, sie möchte den Jupiter bewegen, von nun an den Trojanern beizustehn, damit die Griechen ihn vermissen und seinen Zorn empfinden möchten.

Jupiter gewährte der Thetis Bitte und gab den Trojanern Sieg, an deren Spitze Hektor, der Sohn des Priamus, focht und sich unsterblichen Ruhm erwarb. Vergebens suchten nun die

Griechen den Achill wieder zu versöhnen. Sein Sinn blieb unbeweglich. Bis endlich die Trojaner so weit vordrangen, daß sie Feuer in die griechischen Schiffe warfen; da gab Achilles seinem Busenfreunde, dem Patroklus, seine Rüstung und schickte ihn statt seiner mit einem Haufen, den Griechen beizustehn.

Des Patroklus Fall war schon beschlossen, allein vorher erwarb er sich noch glänzenden Ruhm; Sarpedon, Jupiters Erzeugter, und viel andre tapfre Helden fielen vor seinem Schwerte. Als aber sein Verhängnis nahte, so stand in Nacht gehüllt Apollo dicht hinter ihm. Auf Nacken und Schultern schlug er ihn mit der flachen Hand, daß sich sein Auge verdunkelte; er warf seinen Helm ihm vom Haupte, daß er unter die Füße der Pferde rollte; in seiner Hand zerbrach er den schweren ehernen Spieß und löste ihm selber den Panzer auf. Patroklus stand betäubt mit wankendem Knie. Hektor gab ihm den tödlichen Stoß. Die Seele des Patroklus stieg zum Orkus und trauerte über ihr Schicksal, weil sie die jugendliche Kraft zurückließ.

Als nun Achilles des Patroklus Tod vernahm, so schwand auf einmal sein Zorn dahin. Jammernd und wehklagend um den Toten fand ihn seine Mutter, die aus der Tiefe des Meeres emporstieg. Ob diese ihm gleich verkündigte, daß nach des Hektors Tode sein Fall beschlossen sei, so schwur er dennoch, des Freundes Tod zu rächen, gleichviel, was ihn für ein Schicksal treffen möge. Als Thetis ihn fest entschlossen sahe, suchte sie ihn die übrigen kurzen Tage zu trösten und aufzuheitern, versprach und brachte ihm eine kostbare Waffenrüstung, vom Vulkan geschmiedet, womit Achill ins Treffen ging, nachdem sich Agamemnon wieder mit ihm versöhnt und ihm die Briseis unberührt zurückgegeben hatte.

Nun eilte auch der Zeitpunkt heran, wo Hektor fallen, sein alter Vater Priamus und seine Mutter Hekuba um ihn jammern und seine Gattin Andromache mit lauter Wehklage ihn betrauern sollte. – Das Heer der Trojaner flüchtete in die Stadt;

Hektor blieb allein zurück, um mit dem Achill den Kampf im Felde zu bestehen; als dieser ihm aber nahe kam und die göttliche Waffenrüstung dem Hektor in die Augen blitzte, ergriff ihn plötzliches Schrecken; – er nahm die Flucht, und dreimal jagte Achill ihn um die Mauern von Troja; so lange hatte Apoll dem Hektor sein Knie gestärkt; als zum vierten Male der Lauf begann, nahm Jupiter die Waagschale in die Hand und legte zwei todbringende Lose darauf, das eine des Hektors, das andere des Achilles, und Hektors Schale sank bis zum Orkus nieder. – Da verließ ihn Apollo.

Die beiden Helden fochten; Hektor fiel, und Achilles band ihn mit den Füßen an seinen Wagen und schleifte ihn im Staube um die Mauern von Troja, daß Hekuba heulend ihr Haar zerraufte und der alte Priamus flehend seine Hände ausstreckte.

Das Leichenbegängnis des Patroklus wurde nun mit öffentlichen Kampfspielen im Lager der Griechen gefeiert, während daß Hektors Leichnam unbegraben lag. Allein in nächtlicher Stille, vom Merkur geleitet, kam der Greis Priamus selber in des Achilles Zelt, umfaßte dessen Knie und flehte ihn um den Leichnam seines Sohnes. Die Götter hatten schon des Achilles Herz erweicht; er dachte an seinen alten Vater Peleus, der auch bald den Tod seines Sohnes betrauern würde, und gewährte dem Priamus seine Bitte, der mit dem Leichnam Hektors schnell nach Troja eilte und ihm mit allem Volke die Totenfeier hielt.

Auch war das Verhängnis des Achilles nun nicht mehr weit entfernt; nachdem er noch einige ruhmvolle Taten vollbracht, traf, vom Apollo gelenkt, des Paris tödlicher Pfeil ihn in die Ferse, wo er allein verwundbar war. Um seine Waffen entstand ein trauriger Streit; die Griechen sprachen sie dem Ulysses zu, worüber Ajax, welcher nach dem Achill der Tapferste unter den Griechen war, aus Mißmut sich selbst entleibte.

Paris ward bald nachher vom Philoktet mit einem der Pfeile getötet, die, in das Blut der Lernäischen Schlange getaucht, vom Herkules ihm hinterlassen waren. Auch war der Fall von Troja nun beschlossen, das nach so vielem Blutvergießen dennoch am Ende nicht mit Macht, sondern mit List erobert werden mußte.

Auf den Rat des Ulysses wurde nämlich ein ungeheuer großes hölzernes Pferd gebaut, in dessen Bauch die Helden sich versteckten, während daß das Heer der Griechen sich auf die Schiffe begab und die Küste von Troja zum Schein verließ. Nur Sinon blieb zurück und stellte sich als ein Flüchtling, der, von den Griechen verfolgt, bei den Trojanern um Schutz und Hülfe flehte und gleichsam wie ein Geheimnis ihnen entdeckte, daß das hölzerne Pferd erbaut sei, um die Minerva zu versöhnen, weil die Griechen das Palladium, eine Bildsäule dieser Göttin, welche das Unterpfand des Reichs war, aus Troja entwendet hatten. Hierzu kam noch, daß der Priester Laokoon, der vor dem Pferde warnte und mit dem Spieß in dessen Seite fuhr, von zwei großen Schlangen, die übers Meer kamen, mit seinen Söhnen umwunden und getötet ward.

Nach dieser schrecklichen Begebenheit blieb an Sinons Aussage kein Zweifel übrig; man eilte in vollem Jubel, dies neue Unterpfand der Wohlfahrt des Reichs in die Stadt zu bringen; Knaben und junge Mädchen freuten sich, mit an das Seil zu fassen; man riß einen Teil der Mauern nieder; das Pferd stand mitten in Ilium.

Man frohlockte bis tief in die Nacht, und alles war zuletzt vom Taumel der Freude berauscht entschlummert, als Sinon an des hölzernen Pferdes Bauch die Leiter setzte, die Tür sich öffnete und die Helden leise hinunterstiegen.

In der Nähe stand schon das griechische Heer; das Zeichen mit der angezündeten Fackel ward gegeben; durch die niedergerißne Mauer drang man in die Stadt; und während noch der Schlummer die Augenlider seiner Einwohner deckte, war Troja schon ein Raub der Flammen. An seinem Hausaltare ward der Greis Priamus vom Pyrrhus getötet; Hekuba und Andromache und die Töchter des Priamus wurden gefangen hinweggeführt. – Die Herrlichkeit von Troja war in Schutt und Asche versunken.

Doch mußten die Griechen auch bei ihrer Rückkehr noch für ihren teuer erkauften Sieg mit mancherlei Unglücksfällen büßen. Am meisten unter allen Ulysses, der zehn Jahre umherirrte, ehe er seine geliebte Heimat wieder erblickte. Mit Gefahr und List entkam er dem Zyklopen Polyphem, der, nach seinen Gefährten, auch ihn zu verschlingen drohte. Aus dem stillen trügerischen Hafen der menschenfressenden Lästrygonen, eines Riesenvolkes, entrann er nur mit einem einzigen Schiffe, womit er auf der Insel der mächtigen Circe landete und, ohne von ihrem Zaubertranke besiegt zu werden, ein Jahr bei ihr verweilte. Dann stieg er ins Reich der Schatten; schiffte, an den Mastbaum gebunden, nachdem er die Ohren seiner Gefährten mit Wachs verklebt, vor den Sirenen vorüber und hörte ohne Gefahr ihren verführerischen Gesang; zwischen dem Strudel Charybdis und der felsichten Scylla schiffte er die schmale gefährliche Straße hindurch und landete an einer Insel, wo seine Gefährten wider sein Verbot der Sonne geweihte Rinder schlachteten und verzehrten. Sobald das Schiff aufs Meer kam, ward es von Jupiters Blitz zerschmettert; des Ulysses Gefährten kamen um; er rettete sich allein und schwamm an die Insel der Kalypso, die ihm Unsterblichkeit versprach, wenn er mit ihr sich vermählen wolle, und ihn, so sehr er sich auch nach seiner Heimat sehnte, geraume Zeit zurückhielt, bis sie auf den Befehl der Götter auf einem von ihm selbst gebauten Floß mit günstigem Winde ihn entließ. Als er nahe an Ithaka war, erblickte ihn Neptun, der wegen seines Sohns, des Polyphem, noch auf ihn zürnte, dem Ulysses, um ihm zu entfliehen, sein einziges Auge ausbrannte. Plötzlich wurde das Meer vom Sturmwind aufgeregt. Von seinem Floß herabgeworfen, ein Raub der ungestümen Wellen, verzagte Ulyß, am Felsen angeklammert, im wilden Sturme nicht; schwimmend rettete er sich mit Gefahr

und Not auf die Insel der Phäacier, die ihn gastfreundlich aufnahmen und mit Geschenken überhäuft in seine Heimat sandten, wo er seine treue Gattin Penelope, seinen Vater Laertes und seinen Sohn Telemach wiederfand. Er tötete zuerst die ungerechten und übermütigen Freier Penelopens, die schon seit langem seine Habe aufzehrten und des jungen Telemachs Tod einmütig beschlossen hatten. Nun herrschte er wieder in seinem Reiche; die Seelen der getöteten Freier führte Merkur in die Unterwelt.

Auf der hier beigefügten Kupfertafel ist, nach antiken geschnittnen Steinen, Paris, wie er den goldnen Apfel Aphroditen zuteilt, und Achill, am Grabe des Patroklus opfernd, abgebildet.

Niobe

Mit dem Könige Amphion, der über Theben herrschte, war Niobe, die Tochter des Tantalus, vermählt; sie gebar dem Amphion sieben Söhne und sieben Töchter und spottete einst übermütig der Verehrung der Latona, welche nur einen Sohn und eine Tochter geboren.

Kaum waren die frevelnden Worte über ihre Lippen, so flogen schon die unsichtbaren Pfeile des Apollo und der Diana in der Luft. Mit dem nie verfehlenden Bogen tötete Apollo ihre sieben Söhne, und Diana mit furchtbarem Geschoß tötete ihre sieben Töchter. Auf einmal aller ihrer Kinder beraubt, ward Niobe, in Tränen aufgelöst, in einen Stein verwandelt, der auf dem Berge Sipylon, noch immer von Tränen träufelnd, ein Zeuge ihres ewigen Kummers ward.

Cephalus und Prokris

Cephalus, ein Sohn des Deioneus, war mit der Prokris, des Erechtheus Tochter, erst kurze Zeit vermählt, als er einst am frühen Morgen auf dem Hymettischen Gebirge jagte, wo Aurora ihn entführte. – Da er zu seiner inniggeliebten Prokris wiederzukehren wünschte, entließ ihn Aurora mit dem Bedeuten, es werde mit seiner Vermählten ihm nicht nach Wunsch ergehen. Diese Worte fachten die Eifersucht in seinem Busen an; unter einer Verkleidung suchte er die Liebe der Prokris zu gewinnen; und als sie ihm kaum einen Schein der Hoffnung blicken ließ, so gab er sich zu erkennen und klagte sie der Untreue an, worauf sie unwillig ihn verließ.

Als Cephalus nun nach einiger Zeit sich wieder mit ihr versöhnte, ward Prokris von Eifersucht gequält, weil sie vernahm, daß ihr Gemahl die Nymphe Aura liebte, mit der er auf der Jagd verstohlnen Umgang pflege. Einst versteckte Prokris sich im Gebüsch, um ihren Gatten zu belauschen. Dieser seufzte, erhitzt vom Jagen, unter dem Namen Aura nach nichts als nach der kühlen Luft. Prokris aber, welche den Namen ihrer Nebenbuhlerin von seinen Lippen zu hören glaubte, regte sich im Gebüsche. Cephalus meinte das Rauschen von einem versteckten Wild zu hören, wonach er seinen Jagdspieß warf, der seine unglückliche Gattin traf, welche sterbend ihren Irrtum erst erkannte.

Phaeton

In Ägypten, wo Jupiter mit der Io den Epaphus erzeugte, hatte auch Klymene dem Helios oder dem Sonnengotte den Phaeton geboren. Diesem warf einst Epaphus vor, daß er kein Sohn der Sonne sei, sondern daß seine Mutter sich dessen nur fälschlich rühme. Um auf die glänzendste Weise diesen bittern Vorwurf zu widerlegen, begab sich Phaeton, auf Anstiften seiner Mutter, selber zum Palast des Sonnengottes und ließ sich erst von ihm beim Styx zuschwören, daß er seine Bitte gewähren wolle; dann bat er ihn, daß er nur einen Tag den Sonnenwagen lenken dürfe.

Helios, der den Schwur nicht widerrufen konnte, mußte die unglückliche Bitte seinem Sohn gewähren, der, voller Mut den

Wagen besteigend, die Sonnenpferde antrieb, welche bald, ihren Führer vermissend, aus dem Gleise wichen, zuerst dem Himmel und dann der Erde zu nahe kamen, daß Berg und Wald sich entzündete und Quellen und Flüsse versiegten; da flehte die Erde den Jupiter um Hülfe an, welcher seine Blitze auf den Phaeton schleuderte, der in den Fluß Eridanus stürzte, wo seine drei Schwestern, die Sonnentöchter oder Heliaden, Lampetia, Phaetusa und Ägle, ihn so lange beweinten, bis sie in Pappelbäume verwandelt wurden, und auch als solche noch Zähren vergossen, die sich zu dem durchsichtigen Bernstein in der Flut verhärteten. – Cygnus, des Jünglings Freund, betrauerte seinen Tod so lange, bis durch den Schmerz sein Wesen aufgelöst in die Gestalt des Schwans hinüberging, der immer auf der Flut verweilte, welche den Phaeton verschlang. Mit Freund und Schwestern, die um ihn klagen, findet man auch auf den antiken Marmorsärgen den Sturz des Phaeton abgebildet.

DIE SCHATTENWELT

Der Tartarus oder Erebus war eigentlich die Wohnung der Nacht, da, wo man sich die Sonne untersinkend dachte, am äußersten Ende der Erde, wo auch die Behausung des Pluto war, unter welcher die gestürzten Titanen, die Söhne des Himmels, im dunkeln Gefängnis trauern mußten. – Da waren aber auch in dem Atlantischen Ozean, nahe an den Grenzen der Nacht, die Inseln der Seligen, auf denen ein ewiger Frühling herrschte. – An ebendiesem dämmernden Horizonte ruhte der Himmel auf des Atlas Schultern. – Auch hatte die Einbildungskraft die fabelhaften Gärten der Hesperiden hieher versetzt, und die Hesperiden selber waren Kinder der Nacht. – Sowie aber irgendein Land von Griechenland westwärts lag, es mochte nun näher oder entfernter sein, trug die Phantasie jene schwankenden Begriffe darauf über. In Griechenland selber dachte man sich bei dem Vorgebirge Tänarum einen Eingang in das Reich des Pluto; und in Thesprotien, dem westlichsten Teile von Griechenland, strömten die Flüsse Acheron und Kocytus, welche diese Namen wirklich führten; auch war es in dieser Gegend, wo Theseus und Pirithous zu den Schatten stiegen. – Weiter westwärts übers Meer an den Küsten Italiens dachte man sich bei dem Gift aushauchenden See Avernus, über den kein Vogel fliegen konnte, einen Eingang in die Unterwelt; zuletzt ließ man bis an die Wohnung der Nacht, am westlichsten Ufer des Ozeans, das weite Reich des Pluto grenzen, – gleichsam, als ob man gern an die Vorstellung vom Sonnenuntergang auch die Ideen des Aufhörens und Verschwindens knüpfte.

Pluto

Der König der Unterwelt hieß bei den Griechen Ades oder Aides, der Unsichtbare, Unbekannte; – selbst sein Name bezeichnete das Dunkel, in welches noch kein sterbliches Auge blickte. Er hieß auch der Unterirdische oder Stygische Jupiter, weil ihm die bildende Kunst dem Jupiter ähnlich, nur mit finsterm Blicke darstellte. Er hielt einen zweizackichten Zepter von Ebenholz in der Hand und trug auf dem Haupte eine eiserne Krone; sein Helm machte unsichtbar, wen er bedeckte. Zum öftern ward er auch mit einem Getreidemaß auf dem Haupte als dem Sinnbilde der Fruchtbarkeit der auf ihm ruhenden Erdenfläche abgebildet; dann hieß er Jupiter Serapis oder der Ägyptische Jupiter. – Wie Jugend und Schönheit unmittelbar oder durch Alter und Verwelken der zerstörenden Macht, dem Grabe und der Verwesung zum Raube werden, ist in die schöne Dichtung von der Entführung Proserpinens durch den Pluto eingehüllt.

Diese Dichtung ist ausführlich in die den Erzählungen von der Unterwelt so nah verwandte Göttergeschichte der Ceres eingewebt. – Proserpina, die Tochter der Ceres, ward, nachdem sie lange vergebens sich gesträubt, vom Pluto zur Königin der Schatten auf seinen Thron erhoben. – Diese Königin der Unterwelt hieß bei den Griechen Persephone, welcher Name selbst schon auf Zerstörung und Verwesung deutet. – In dem unterirdischen Palaste sitzen nun, in melancholischer Eintracht, Pluto und Proserpina nebeneinander auf ihrem düstern Throne und herrschen über das öde Reich der Toten. Der dreiköpfichte Cerberus wacht am Höllentore; und auf seinem morschen Kahne fährt Charon die Toten über den Fluß, den keiner je zurückschifft. – Die unterirdischen Gewässer, welche den Erebus umgeben, sind schon durch ihren Namen furchtbar: mit den Seufzern der Sterbenden fließt der Acheron, der schwarze Kocytus mit dem Geheul der Klage um die Toten; Pyriphlegeton wälzt sich mit Flammen fort; des über alles furchtbaren Styx ist in dem Abschnitte von den alten Göttern schon gedacht; nur aus dem wohltätigen Lethe trinken die Seelen der Abgeschiedenen Vergessenheit der Sorgen und alles Kummers, der sie im Leben drückte.

Auch deutete im Grunde die ganze Dichtung vom Ades oder Pluto auf das Grab, dessen enge Grenzen die Phantasie zu einer Schattenwelt sich erweiterte. Man nannte daher auch in den Dichtungen das Reich des Pluto ein ödes, leeres Reich und seine Behausung ein enges Haus. – Auf Grab und Verwesung zielt der morsche Kahn des Charon, der auf dem schwarzen, sumpfichten Flusse, welcher kaum nur fortkriecht, des Schlammes viel durch seine Ritzen schöpft, sobald ihn eine ungewohnte Last beschwert.

Auch werden die Toten immer wie in einer Art von Traumwelt dargestellt; sie selbst sind leere Schattenbilder, die erscheinen und verschwinden und denen doch die Entbehrung von demjenigen fühlbar ist, was sie besaßen; die immer noch wie im Leben tätig zu sein sich fruchtlos anstrengen, wie einer, der im ängstlichen Traume vergebens sich abarbeitet, indem er zu schreien sich bemüht und kaum einen schwachen Laut hervorbringt.

Als Ulysses auf den Befehl der Circe zu den Schatten stieg, versammelten sich um die Grube, in welche er das schwarze Blut der Opfertiere fließen ließ, die Seelen der abgeschiednen Jünglinge, Jungfrauen, Männer, im Kriege getötet, und Greise, die vieles erlitten hatten. – Seine Mutter erschien ihm, und als er sie umarmen wollte, wich ihr Schatten zurück; sie lehrte ihn, daß die Seele, sobald der Körper zerstört ist, wie ein Traum davonflieht. Der Schatten des Agamemnon streckte nach dem Ulyß seine Arme aus, aber in den Gliedern war keine Kraft mehr. Ulysses redete den Schatten des Achilles an und pries ihn glücklich, weil er im Leben berühmt gewesen und nun auch geehrt unter den Toten sei; da antwortete Achill, er wolle, wenn es ihm möglich wäre, ins Leben zurückzukehren, lieber kümmerlich einem armen Tagelöhner selbst um Tagelohn dienen als hier in der Unterwelt über alle Toten herrschen. Auch des Herkules Schattenbild sah Ulysses hier, obgleich er selber unter den unsterblichen Göttern seinen Sitz hat.

Äneas, welcher, um seinen Vater Anchises zu sehen, zu den Schatten stieg, hörte, sobald er, vom Charon über den Fluß gesetzt, am jenseitigen Ufer ausstieg, das Geschrei und Weinen der Kinder, die gleich nach ihrer Geburt gestorben waren, ohne des süßen Lebens genossen zu haben. Nächst diesem war der Aufenthalt der unschuldig zum Tode Verurteilten und derjenigen, welche selbst Hand an sich gelegt, weil ihnen der Tag und das Licht verhaßt war und die nun gern die drückendste Armut und die schwerste Arbeit erdulden würden, um zur Oberwelt wieder zurückzukehren, wenn es das unerbittliche Fatum verstattete. Dann kamen die Trauergefilde, worin diejenigen wandelten, denen unglückliche Liebe das Leben kürzte. – Zur Linken war der Tartarus, in welchem die Verächter der Götter ihren Frevel büßten; zur Rechten war Elysium, der Aufenthalt der Seligen und vorzüglich der Seelen der Menschen aus den

8 HERMES

bessern goldnen Zeiten, die noch mit keinen Verbrechen sich befleckt hatten. Hier war es auch, wo Äneas seinen Vater Anchises fand, welcher ihn über Geburt und Tod, über Werden und Vergehen geheimnisvolle Dinge lehrte und die dunkle Zukunft vor seinem Blick enthüllte.

Auf der hier beigefügten Kupfertafel ist nach antiken geschnittnen Steinen Pluto, als Jupiter Serapis mit dem Cerberus ihm zur Seite, und Charon abgebildet, in dessen Kahn ein Abgeschiedner steigt, dem, vom Merkur herbeigeführt, der mürrische Charon selbst mit Freundlichkeit die Hand reicht.

Furien

Tisiphone, die Rächerin des Mordes; Megära, die Drohende; Alekto, die Nimmerruhende, – strenge und unerbittliche Göttinnen, das Unrecht und den Frevel zu strafen, mit Schlangenhaaren auf dem Haupte und Dolchen und Fackeln in den Händen. Sie quälten den Verbrecher mit schrecklichen Erscheinungen, – sie verfolgten Orest, den Muttermörder, und ließen ihm keine Rast. Die Ehrfurcht gegen sie ging so weit, daß man sich kaum getraute, ihren Namen zu nennen; doch suchte man durch Gebet und Opfer sie zu versöhnen.

Die Strafen der Verurteilten im Tartarus

Die Verdammten im Tartarus sind nicht sowohl zum eigentlichen Leiden als vielmehr zu einer zwecklosen Tätigkeit, insofern dieselbe ein Bild des mühevollen Lebens ist, verurteilt. Ihre Strafe scheint zu sein, daß selbst noch in die Behausung der Toten ihr rastloses Leben sie verfolgt und ihre grenzenlosen Bestrebungen nach einem zu hohen Ziele, wodurch sie den Göttern sich verhaßt machten, die es nicht dulden können, wenn Sterbliche auf irgendeine Weise ihnen zu sehr sich nähern wollen.

Tantalus

Diesen weisen König, der in Lydien herrschte, stellt die Dichtung als einen Liebling der Götter dar. Er saß mit Jupiter selbst zu Tische, der an seinen Gesprächen und an dem hohen Sinne seiner Rede sich ergötzte; – allein

> zum Knecht zu groß, und zum Gesellen
> Des großen Donnrers nur ein Mensch,
>
> *Goethens Iphigenie*

verging er sich einstens mit zu dreisten Worten gegen den Jupiter, der ihn so tief hinunterstürzte, als hoch er ihn erhoben hatte. – Des Tantalus Strafe war, vor Durst verschmachtend stets die klare Flut zu sehen, die bis ans Kinn vor ihm emporstieg und schnell zurückwich, sobald er die Lippe benetzen wollte, – und über sich stets mit Sehnsucht den niedergesenkten früchtebeladnen Zweig zu sehen, der schnell in die Höhe wich, sobald er darnach seine Hand ausstreckte.

Diese Strafe selber war gleichsam nur eine Fortsetzung seines Lebens, ein Bild jener nie gestillten Begier, in das Wesen der Dinge und in die Geheimnisse der Götter einzudringen, welche Begier ihn verleitete, selbst seinen Sohn zu schlachten und ihn mit andern Speisen den Göttern vorzusetzen, um ihre Unterscheidungskraft zu prüfen. Wenn irgend etwas die furchtbare Neugier der Sterblichen, das Geheimnisvolle zu ergründen, bezeichnet, so ist es diese schreckliche Dichtung. Es ist der Raub, den die Menschheit an sich selbst begeht, um die Grundursache ihres Daseins zu erforschen. – Die Götter belebten des Tantalus Sohn, den Pelops, wieder, und die Dichtung rechtfertigt durch diese Tat des Tantalus seine Strafe. Alle seine übrigen Vergehungen waren Eingriffe in die Vorzüge der Götter. Er entwandte ihnen die Götterspeise, damit sie von sterblichen

Lippen sollte gekostet werden. Auch stahl er den Hund des Jupiter, der dessen Heiligtum in Kreta bewachte, an welchem Raube auch Pandarus teilnahm, den die Götter mit dem Tode straften und dessen Töchter noch seinen Frevel büßten. – Es war das kühne Geschlecht des Japet, das, sich empörend und seine Grenzen überschreitend, den unversöhnlichen Haß der Götter auf sich lud.

Ixion

Fast ein gleiches Schicksal mit dem Tantalus hatte Ixion, der in Thessalien herrschte; er wurde auch an die Tafel der Götter aufgenommen, wo die Reize der Juno ihn seiner Sterblichkeit vergessen ließen. Er ruhte nicht eher, als bis er glaubte, das Ziel seiner Wünsche erreicht zu haben; allein ihn täuschte auf dem Gipfel seines eingebildeten Glücks ein Blendwerk: statt der Juno umarmte er eine Wolke; aus dieser Umarmung entstand wiederum ein täuschendes Bild, ein bloßes Geschöpf der Phantasie, die fabelhaften Centauren, wo Mann und Roß ein Körper sind. Die vermeßnen Ansprüche dieses Sterblichen auf die Umfassung des Hohen und Himmlischen wurden nicht nur getäuscht, sondern auch bestraft. Ixion ward plötzlich von dieser Höhe in den Tartarus hinabgeschleudert, wo er, an ein Rad gefesselt, sich ewig im Kreise drehet und so für seine frevelnden Wünsche büßet, die ihn die Grenzen der Menschheit übersteigen ließen. Die immerwährende Unruhe bleibt, aber sie ist zwecklos, gleich dem mühevollen Rade menschlicher Bestrebungen, die sich nur um sich selber drehen.

Phlegyas

Einer der tapfersten und kriegerischsten Fürsten Griechenlands war Phlegyas, der eine Stadt erbaute, die er nach seinem Namen nannte und sie mit den ausgesuchtesten, tapfersten

Kriegern bevölkerte. Man nannte sie die Söhne des Mars, und Schrecken ging vor ihnen her, wohin sie kamen. – Als nun Apollo dem Phlegyas seine Tochter Koronis entführte, so setzte dieser seinem Zorn und seiner Rache keine Grenzen, sondern brach auf, eroberte Delphi und verbrannte den Tempel des Apollo. Dafür schwebt nun in der Unterwelt ein drohender Felsen ewig über seinem Haupte. Die immerwährende Gefahr, die er im Treffen aufsuchte, begleitete den wilden Krieger auch in den Tartarus hinab und ist ein furchtbares Bild von dem Lose der Sterblichen, über deren Haupte beständig das in Dunkel gehüllte Schicksal schwebt, welches Verderben und Zerstörung drohet, indes das beklemmte Gemüt von Furcht und Zweifel geängstigt wird.

Die Danaiden

Der funfzig Töchter des Danaus, Königs in Argos, ist schon gedacht, wie sie auf den Befehl ihres Vaters, die Hypermnestra ausgenommen, alle in einer Nacht ihre Männer ermordeten. Auch diese mußten in der Unterwelt durch zwecklose Mühe für ihr Verbrechen büßen. Sie mußten in löchrichte Gefäße unaufhörlich Wasser schöpfen und so in jedem Augenblick die Frucht ihrer Arbeit zerrinnen sehn.

Sisyphus

Sisyphus, welcher Korinth beherrschte, war einer der tätigsten und weisesten Regenten seiner Zeit, und dennoch ist seine Strafe in der Unterwelt, auf die Spitze eines Berges einen großen Stein zu wälzen, der immer durch seine Schwere wieder hinunterrollt, so daß dem Unglücklichen, der unaufhörlich sich abarbeitet, kein Augenblick der Ruhe und Erholung gestattet ist. – Sisyphus erreichte ein hohes Alter, weswegen die Dichtung von ihm sagt, er habe die unterirdischen Götter betrogen, die ihn auf sein Versprechen, gleich wieder zurückzukehren, einst aus dem Orkus entlassen hätten und denen er frevelnd sein Wort gebrochen. – Indem er, nach dieser Dichtung, seine Tage über das bestimmte Ziel zu verlängern suchte; so war es gleichsam der immer wieder herabrollende Stein, die mühselige Arbeit des Lebens, die er sich selbst aufs neue wählte und welche nun als Schattenbild im Tode ihn noch verfolgte.

Auf der hier beigefügten Kupfertafel ist nach einer antiken Gemme Sisyphus, den Stein in die Höhe wälzend, abgebildet, und nach einem antiken Basrelief sind Amor und Psyche sich umarmend dargestellt.

Amor und Psyche

Eine der reizendsten Dichtungen ist die vom Amor und der Psyche. – Unter der Psyche, mit Schmetterlingsflügeln abgebildet, dachte man sich gleichsam ein zartes geistiges Wesen, das, aus einer gröbern Hülle sich emporschwingend und verfeinert zu einem höhern Dasein, zu schön für diese Erde, durch Amors Liebe selbst beglückt, zuletzt mit ihm vermählt ward und an der Seligkeit der himmlischen Götter teilnahm. – Der Name Psyche selbst bedeutet sowohl einen Schmetterling als die Seele. – Die zartesten Begriffe von Tod und Leben sind dieser Dichtung eingewebt, welche gleichsam über die Schauer der Schattenwelt einen sanften Schleier deckt.

Auf Erden war Psyche die jüngste von drei Königstöchtern; und sie blieb unvermählt, weil wegen ihrer himmlischen Schönheit kein Sterblicher es wagte, sich um sie zu bewerben. Auf den Befehl eines Orakelspruchs mußten ihre Eltern und Freunde sie wie zum Tode, im Leichenschmuck, auf einen hohen Berg begleiten und an dem Rande eines jähen Abgrundes sie verlassen. Sobald sich Psyche allein sah, ward sie von einem Zephir sanft emporgetragen und in ein anmutiges Gefilde, wo ein

glänzender Palast stand, zu Amors unsichtbaren Umarmungen hinweggerückt. – Oft warnte Amors Stimme sie, bei dem Verlust seiner Liebe, niemals, wer ihr Liebhaber sei, neugierig nachzuforschen.

Mitten aber im Genuß eines himmlischen Glücks sehnte Psyche, zu ihrem Schaden, dennoch zu ihren Schwestern sich zurück, welche, auf ihren Wunsch vom Zephir hergetragen, in ihrem Aufenthalt sie besuchten und, ihr Glück beneidend, sie auf den Argwohn brachten, ihr unsichtbarer Liebhaber sei ein furchtbares Ungeheuer, von dem sie sich befreien und es mit scharfem Eisen im Schlafe töten müsse. Die Schwestern wurden vom Zephir wieder hinweggetragen, und Psyche befolgte töricht ihren Rat. Kaum war es Nacht und Amor eingeschlummert, so trat sie mit einer Lampe und mit dem gezückten Dolche vor ihn hin, als sie statt eines Ungeheuers den schönsten unter den unsterblichen Göttern, den himmlischen Amor selbst, erblickte. Zitternd hielt sie die Lampe in der Hand, aus der ein Tropfen heißes Öl auf Amors Schulter fiel, worüber er erwachte und, da er Psychen und das tödliche Werkzeug sah, zürnend sie verließ.

Voll Verzweiflung, Amors Liebe verscherzt zu haben, suchte Psyche ihr Dasein zu vernichten und stürzte sich in den nächsten Fluß; allein die Wellen trugen sie an das jenseitige Ufer sanft hinüber, wo Pan, der Gott der Herden, ihr den Trost gab, daß sie hoffen dürfe, auf ihr Vergehen noch einst Verzeihung zu erhalten. –

Die Schwestern der Psyche aber, welche die Folgen ihres Rats wohl vermuteten, wünschten nun selbst die Stelle der Verstoßnen einzunehmen und stellten sich eine nach der andern auf die Felsenspitze, wo sie glaubten, daß der Zephir sie nach dem gewünschten Aufenthalt bringen würde; allein sie stürzten in die Tiefe hinab und büßten ihren Neid und den Verrat an ihrer Schwester mit dem Tode.

Um den Amor aufzusuchen, schweifte Psyche vergebens auf

der ganzen Erd' umher; sie flehte zuletzt die Venus selber um Erbarmung an, welche, heftig auf sie zürnend und auf ihre Schönheit eifersüchtig, ihr die härtesten Prüfungen und die schwersten Arbeiten auferlegte, deren Ausführung oft unmöglich schien – und die sie dennoch mit Hülfe wohltätiger Wesen vollbrachte, welche Amor, der sie stets noch liebte, ihr zum Beistande schickte. Psyche aber mußte lange für ihre Torheit büßen und des verscherzten Glücks erst wieder würdig werden. Zuletzt befahl ihr Venus, selbst in die Unterwelt hinabzusteigen und von der Proserpina eine Büchse zu fordern, welche hohe Schönheitsreize in sich enthielte. Nun glaubte Psyche, sie müsse sterben, um in die Unterwelt zu kommen. Allein eine Stimme belehrte sie von jeder Vorsicht, die sie nehmen, und warnte sie vor jeder Gefahr, die sie vermeiden müsse.

Sie durfte Kuchen und Fährgeld nicht vergessen, jenen, um den Cerberus zu besänftigen, dieses, um den Charon zu befriedigen, der ihr, so wie den Toten, das Geld aus dem Munde nehmen mußte. Es waren nur die Gebräuche des Sterbens, welche von der Psyche beobachtet wurden; sie selber kehrte ans Licht empor; auch durfte sie sich dem Orkus durch nichts verbindlich machen und an dem Gastmahl Proserpinens keinen Anteil nehmen, sondern auf der Erde sitzend nur schwarzes Brot verzehren. Vor allem aber mußte sie die Büchse mit den Schönheitsreizen uneröffnet der Venus überbringen; und Psyche, welche nun in so vielen Proben bestanden war, erlag in dieser letztern. Kaum war sie der Unterwelt entstiegen, so nahm sie den Deckel von der Büchse, aus welcher ein höllischer Dampf ihr entgegenstieg, der sie in einen tiefen Todesschlummer senkte, von welchem Amor, der schon lange unsichtbar über ihr schwebte, sie wieder weckte und über diesen zweiten Rückfall in Eitelkeit und Neugier ihr nur sanfte Vorwürfe machte; denn schon war sein Entschluß gefaßt, sich mit der Psyche zu vermählen; sie ward auf seine Bitte beim Jupiter unter die Zahl der Götter aufgenommen; auch Venus ward versöhnt; Gesang und Saitenspiel ertönte, und das ganze Chor der Götter nahm an der Hochzeitfeier des himmlischen Amors teil, mit welchem Psyche, wie der Götterfunken mit seinem Ursprunge, sich vermählte.

ANHANG

ANMERKUNGEN

Die Anmerkungen geben einige dem besseren Verständnis dienende Erläuterungen und Hinweise zur Lektüre der nur angedeutet zitierten Werke. Die *Götterlehre* ist selbst ein erklärendes Werk, das nicht durch einen umfangreichen Kommentar belastet werden soll.

Der Text dieser Ausgabe folgt dem Erstdruck, *Götterlehre oder mythologische Dichtungen der Alten.* Zusammengestellt von Karl Philipp Moritz. Mit fünf und sechzig in Kupfer gestochenen Abbildungen nach antiken geschnittnen Steinen und andern Denkmälern des Alterthums. Berlin, bei Johann Friedrich Unger, 1791 (XII, 416 S. mit 65 Abb. auf 30 Tafeln). Die »Zweite, unveränderte aber wohlfeilere Ausgabe« wurde verglichen. Sie enthält einzelne Berichtigungen und dafür neue Druckfehler. Die Verantwortung für die Orthographie und ihre in diesen Jahren rasch zunehmende Vereinheitlichung und Modernisierung lag bei den Schriftsetzern und Korrektoren.

8 *Gemmen aus der Lippertschen Daktyliothek:* Die bildliche Veranschaulichung der antiken Götter und Helden geschieht mit den in Halbedelsteine (Sardonyx, Chrysopras usw.) geschnittenen Miniaturbildnissen. Diese waren im Original und in Abgüssen in Glaspasten ein beliebter Sammelgegenstand. Philipp Daniel Lippert (1702-1785) hatte mit der Meißener Porzellanmanufaktur ein feineres und haltbareres Material zu ihrer Nachbildung entwickelt und eine Edition von über 3000 Gemmen samt ihrer genauen Beschreibung herausgebracht: *Dactyliothec. Das ist: Sammlung geschnittener Steine der Alten.* Aus den vornehmsten Museis in Europa zum Nutzen der schönen Künste und Künstler in zwei Tausend Abdrücken ediret von Phil. Dan. Lippert. Erstes Mythologisches Tausend, 1767. Zweites Historisches Tausend, Leipzig 1767. Supplement (...) bestehend in Tausend und Neun und Vierzig Abdrücken, Leipzig 1776. Diese beschreibenden Bände (mit wenigen Abbildungen) erläutern in thematischer Folge die Nachbildungen in Porzellan. Das »mythologische Tausend« stellt die Götter dar, das »historische« die Helden von

Perseus an, Herkules, die Argonauten usw. bis zum Krieg um Troja, wie ihn Homer geschildert hat.

aus der Stoschischen Sammlung: Philipp Baron von Stosch (1691-1757), Kunstsammler und Förderer von Winckelmann, lebte lange als englischer Agent in Rom, ab 1731 in Florenz. Nach seinem Tode gab Winckelmann, der an diesem Material eine erste Periodisierung der antiken Kunst versuchte, eine Beschreibung der Sammlung in französischer Sprache heraus: *Description des Pierres gravés du feu Baron de Stosch* (Beschreibung der geschnittenen Steine des verstorbenen Barons von Stosch), 1760. Die Sammlung kam 1770 nach Berlin.

Professor Karstens: Asmus Jakob Carstens (10. Mai 1754 St. Jürgen bei Schleswig – 28. 5. 1798 Rom), der geniale, weithin autodidaktische Künstler, lernt Moritz in Berlin 1788 nach dessen Rückkehr aus Rom kennen. Moritz setzt sich auch dafür ein, daß Carstens nach ersten großen Erfolgen eine Stelle erhält, 1790 als Professor an der Gipsklasse der Akademie der schönen Künste. Bei den Abbildungen war zunächst an Holzschnitte gedacht, die der Verleger Johann Friedrich Unger (1755-1804), der auch die nach ihm benannte schöne Frakturschrift entwarf, schnitt, nachdem Carstens die Umrisse »auf die Stöcke« gezeichnet hatte. Für das Buch wurden von dem damals in Berlin lebenden französischen Stecher Jean Joseph Tassaert (1765-um 1835) erstellte Radierungen verwendet.

11 *Horazens Ausspruch:* Es ist der Beginn der zweiten von den Episteln des Horaz, an Lollius, in der Übersetzung von Christoph Martin Wieland:

> Indessen du zu Rom dich in der Kunst
> der Ciceronen übest, edler *Lollius*,
> hab' ich in meinem stillen Winkel zu Präneste
> den Dichter des Trojanischen Krieges wieder
> gelesen, der, was schön ist oder schlecht,
> was nützlich oder nicht, uns faßlicher
> und besser lehrt als Krantor und Chrysipp.
>
> (Epist. I 2, 1-4)

Krantor von Soloi (335-272 v. Chr.), bedeutendster Philosoph der Älteren Akademie, kommentierte Platons Werke. Chrysipp von Soloi (280-207 v. Chr.) war als Nachfolger des Kleanthes das Haupt der Stoa und schrieb viel, aber formlos.

13 *Meine Göttin:* Moritz entdeckte, daß in Goethes Gedichten der antike Mythos nicht allegorisch oder klassizistisch, sondern ganz lebendig Poesie geworden ist und Lebenserfahrungen ausspricht. Er zitiert deshalb mehrfach Gedichte nach der Ausgabe der *Schriften*, Band 8, *Vermischte Gedichte.* Zweyte Sammlung, Leipzig (Göschen) 1789.

21 *hier beigefügten (...) Umriß:* Bei Jupiters Kampf mit den Giganten und dem Saturnus (S. 24) ist die Abbildung nicht an dieser Stelle eingefügt, sondern dem Buch als Frontispiz vorangesetzt. Lippert (vgl. die Anm. zu S. 8) hat den Jupiter unter der Nr. I, 26 und den Saturn mit Schiffsschnabel und Sense unter der Nr. I, 2 beschrieben.

37 *Abbildung der Nacht:* Nur in diesem Falle ist kein antikes Werk nachgezeichnet, sondern eine Schöpfung von Carstens, die deshalb auch innerhalb des Ovals ein »C. inv.« trägt, ›Carstens invenit‹ während die anderen Abbildungen unter dem Rahmen ein oft undeutliches und hier bei der Reproduktion getilgtes ›J. Carstens del.‹ neben dem ›J.J. Tassaert sculp.‹ tragen, das Carstens als Zeichner der antiken Gemmen ausweist. Carstens hat diesen Entwurf mehrfach weiterentwickelt, vor allem in dem großen Karton, den er 1795 in Rom ausstellte: ›Die Nacht mit ihren Kindern Schlaf und Tod‹, der mit seinem Nachlaß durch Carl Ludwig Fernow (1763-1808) nach Weimar kam und vom Herzog Carl August 1806 erworben wurde; heute im Schloßmuseum Weimar.

Kasten des Cypselus: Die Kypselos-Lade, eine Zedernholztruhe mit Bildschmuck aus Elfenbein und Gold, soll dem späteren Tyrannen von Korinth, Kypselos (um 600 v. Chr.), als Kind Schutz vor der Ermordung geboten haben und wurde nach Olympia gestiftet. Dort sah sie noch Pausanias, der sie in seiner *Beschreibung Griechenlands* schildert, Buch V, 17 und 18. Lessing, *Wie die Alten den Tod gebildet* (1769) und Herders Repliken darauf erörtern diesen Text. Moritz folgt Lessings Deutung, wenn er den Knaben »verschränkte« Beine und nicht krumme oder verrenkte geben läßt, die der griechischen Text nahelegt (die Träume tragen nicht weit).

40 *Eimarmene:* Wir schreiben heute den Spiritus asper als ›h‹: Heimarmene. Moritz folgt der damals noch üblichen und sich in langen Auseinandersetzungen wandelnden Schreibweise, die sich zunächst am Neugriechischen orientiert hatte.

42 *Lachesis:* Pindar nennt sie die »goldgekrönte«, Ol. 7. 64.

45 *Aristophanes: Die Vögel,* Vers 685 ff., bes. 694 ff.:

> ... da gebar und brütet' in Erebos' Schoße,
> Dem weiten, die schattenbeflügelte Nacht das uranfängliche Windei;
> Und diesem entkroch in der Zeit Umlauf der verlangen-entzündende Eros,
> An den Schultern von goldenen Flügeln umstrahlt und behend wie die wirbelnde Windsbraut.
> Mit dem Chaos, dem mächtigen Vogel, gepaart, hat der in des Tartaros Tiefen
> Uns ausgeheckt und heraufgeführt zu dem Lichte des Tages, die Vögel.

50 *von dem ersten tragischen Dichter:* Aischylos, *Der gefesselte Prometheus* (um 460 v. Chr.), Chor der Okeaniden:

> Ich beseufz, o Prometheus,
> Dein verderbendes Geschick!
> Es entträufeln den Augen
> Tränen, die Wangen herab!
> Denn entsetzlich schaltet Zeus,
> und nach selbsterfundnen Rechten;
> Göttern, die er stürzte,
> Droht er mit trotzendem Speer!
>
> (Vers 397-404, übers. F. L. v. Stolberg).

55 *Ein Dichter aus dem Altertum:* Horaz, *Oden* I 15, 5:

> Böser Sterne Geschenk führst du dem Vater zu (...)
>
> (übers. von R. A. Schröder)

59 *Hüter der Meerkälber:* älterer Ausdruck für Robben, Seehunde.

62 *Ilithya:* Eileithya; Moritz folgt der älteren Schreibung, die am Neugriechischen orientiert war.

69 *die Eleusinischen Geheimnisse:* die Mysterien, die für die tragische Dichtung so bedeutend waren wie für die Auffassung vom Leben; Pindar sagt darüber: »Glücklich wer, nachdem er jenes

schaute, unter die Erde ging! Er weiß des Lebens Ende, / er weiß den gottgegebenen Anfang.« (Fragment 137)

75 *›Er winket (...)‹:* So wird in der *Ilias* Jupiter (Zeus Kronion) vom Homer eingeführt:

> Also sprach, und winkte mit schwärzlichen Brauen Kronion;
> Und die ambrosischen Locken des Hauptes wallten ihm vorwärts
> Von dem unsterblichen Haupt; es erbebten die Höhn des Olympos.
>
> (übers. von Johann Heinrich Voß, I 528-530)

76 *›Eine goldne Kette (...)‹: Ilias* VIII 19-27. An die Vorstellung dieser goldenen Kette zwischen Himmel und Erde, der aurea catena Homeri, knüpfte sich der Gedanke des Zusammenhangs aller Wesen, vgl. Arthur O. Lovejoy, *Die große Kette der Wesen.* Geschichte eines Gedankens, Frankfurt/M. 1985.

80 *Als Juno sich einst empörte:* Es handelt sich in der *Ilias* um die Erinnerung an den Herakles-Mythos. Jupiter erinnert Juno:

> Denkst du nicht mehr, wie du hoch herschwebtest, und an die Füß' ich
> Zween Ambosse dir hängt', und ein Band um die Hände dir schürzte,
> Golden und unzerbrechlich? Aus Ätherglanz und Gewölk her
> Schwebtest du; ringsum trauerten die Himmlischen durch den Olympos (...)
>
> (übers. von J. H. Voß, *Il.* XV 18-21)

83 *erzählt der Hirt Eumaios:* Es ist die Szene, als Odysseus unerkannt beim Schweinehirten Eumaios aufgenommen wird und der beim Schwelgen und Plaudern seiner Jugend gedenkt:

> Nimmer besucht der Hunger und nimmer eine der andern
> Schrecklichen Seuchen das Volk, die die armen Sterblichen hinrafft.
> Sondern wann in der Stadt die Menschen das Alter erreichen,
> Kömmt die Freundin der Pfeil' und der Gott des silbernen Bogens,
> Welche sie unversehens mit sanften Geschossen erlegen.
>
> (übers. von J. H. Voß, *Od.* XV 406-410)

Wenn Ulysses: Die Totenbeschwörung im Elften Gesang der *Odyssee*, ein Vorbild für Vergils Sechstes Buch der *Aeneis*, für Dante und Joyce, geschieht durch ein Tieropfer, von dessen Blut die Seelen der Toten trinken, um sprechen zu können. Die Mutter spricht:

Sohn, mich tötete nicht die Freundin der treffenden *Pfeile*
Artemis unversehns mit ihrem sanften Geschosse. (...)
Bloß das Verlangen nach dir, und die Angst, mein edler Odysseus,
Dein holdseliges Bild nahm deiner Mutter das Leben!

(übers. von J. H. Voß, *Od.* XI 198-203)

88 *Da Iris:* Die Szene ist im XV. Gesang, 168-219 der *Ilias*.
Der Ruhm dieser Mauer: Ilias VII 446-463.

90 *›Quos ego!‹:* Der zornige Ausruf Neptuns an die entfesselten Winde in Vergils *Aeneis* I 135:

Daß euch! – Nun aber gilt's, die tobenden Wasser zu schwichten.
Seid mir gewarnt. Inskünftig trifft euch härtere Buße.

(übers. von R. A. Schröder)

92 *Als Achill im Begriff war: Ilias* I 188-222.

97 *brüllte er wie zehntausend Mann: Ilias* V 855-861, J. H. Voß:

Jetzo erhub sich auch jener, der Rufer im Streit Diomedes,
Mit erzblinkender Lanz'; und es drängte sie Palles Athene
Gegen die Weiche des Bauchs, wo die eherne Binde sich anschloß:
Dorthin traf und zerriß ihm die schöne Haut Diomedes;
Zog dann die Lanze zurück. Da brüllte der eherne Ares;
Wie wenn zugleich neuntausend daherschrien, ja zehntausend
Rüstige Männer im Streit, zu schrecklichem Kampf sich begegnend.

98 *Zürnt nicht, ihr Götter: Ilias* XV 115 ff.

100 *hüllte sie den Paris:* Venus (Aphrodite) steht ihrem Schützling bei (*Ilias* III 373 ff.) und befiehlt die Helena zürnend zum Lager des Paris (ebd. 413 ff.).

104 *die mächtigere Juno: Ilias* XXI 481 ff.

105 *der weisere Apoll: Ilias* XXI 461 ff.

107 *Ceres:* Die Geschichte der Ceres (Demeter) wird im Demeterlied der traditionell ›Homerische Hymnen‹ genannten altionischen Götterlieder berichtet.

112 *Das künstliche Netz:* Vulkan (Hephaistos) mit seiner Eifersucht ist bei Homer schon eine Geschichte, die auf der Insel der Phäaken der Sänger Demodokos vorträgt (*Odyssee* VIII 266-367). Mars und Venus (Ares und Aphrodite), im goldenen Netz gefangen, erregen das als ›Homerisches Gelächter‹ sprichwörtlich gewordene Lachen:

Und ein langes Gelächter erscholl bei den seligen Göttern.

113 *mit lautem Jammer:* Aischylos, *Der gefesselte Prometheus.* In der ersten Szene schmiedet Hephaistos (Vulkan) den Prometheus widerstrebend und jammernd an den Felsen des Kaukasus.

Ganz menschenähnlich: Ilias XVIII 410 ff.

115 *Flußgott Skamander:* Vulkan (Hephaistos) bekämpft mit dem Feuer den Flußgott, der sich gegen Achill wendet: *Ilias* XXI 232-384.

120 *Nichts ist reizender:* Die dichterische Schilderung findet sich im ›Homerischen Hymnus an Hermes‹, einem der altionischen Götterlieder.

128 *Die Dichtung:* Mit der Geschichte seiner Geburt stellt sich Dionysos (Bacchus) zu Beginn von Euripides *Bakchen* V. 1 ff. vor, auch Hesiod hatte sie erwähnt, *Theogonie* 940 ff. Das Abenteuer mit den Seeräubern schildert der Dionysos-Hymnus der altionischen Götterlieder, den Mörike übersetzt hat.

129 *Pentheus:* Der König von Theben, der von dem Kult des Weingottes abgestoßen und angezogen wird, ist das tragische Opfer in Euripides *Bakchen.*

130 *Der Zug des Bacchus:* Erst im Hellenismus wurde der Zug nach Indien beschrieben; ihm gilt das späte Epos *(Dionysiaka)* des Nonnos (5. Jh. n. Chr.), übersetzt von Th. von Scheffer.

131 *So schildert ein Dichter:* Es ist Horaz, *Oden* III 25 in der Übersetzung von Novalis:

Wohin ziehst du mich,
Fülle meines Herzens,
Gott des Rausches,
Welche Wälder, welche Klüfte

Durchstreif' ich mit fremdem Mut. (...)
Wie die glühende Nachtwandlerin,
die bacchische Jungfrau
Am Hebrus staunt
Und im thrazischen Schnee (...).

Zwei Hirtenknaben: Vergil, *Ecloga* 6, das 6. Gedicht der *Bucolica.*

132 *Eben der Dichter:* Horaz, *Oden* I 18 mahnt zu mäßigem Genuß:

Doch soll über das Maß keiner bezecht Libers Geschenk entweihn!
Also mahnt der Tumult, den der Centaur und der Lapith im Rausch
Ausgetobet (...) (übers. von J. H. Voß)

142 *Drei Städte: Ilias:* IV 51 ff.

145 *Gnidus:* Variante zu Cnidus/Knidos.

150 *So schildert Nestor: Ilias* I 254 ff.

152 *ein Dichter aus dem Altertum:* Horaz, *Oden* III 11, 33 ff.

156 *in den Dichtungen der Alten:* Wie die meisten Mythen ist der des Perseus ausführlich in Ovids *Metamorphosen* IV 611 – V 249 dargestellt.

161 *Der erste tragische Dichter:* Obwohl man die Tragödie auf Arion und Thespis zurückführt, schuf Aischylos mit dem zweiten Schauspieler das Drama und hinterließ zuerst Texte. Im *Gefesselten Prometheus* verkündet der leidende Held:

Aus solcher Saat entsprießt der kühne Held,
Der Pfeilberühmte, der aus dieser Not
Mich lösen wird.
(872-874, übers. von F. L. von Stolberg)

162 *Amphitryo:* das Doppelspiel, das Jupiter mit ihm treibt, verlockte mehrere Autoren zu Komödien um diesen Helden, nach Plautus im 2. Jh. v. Chr. Rotrou, 1636, Molière 1668, Dryden 1691, Kleist 1807, Giraudoux 1929 und Georg Kaiser 1948.

164 *sprach Jupiter:* Die Episode ist schon bei Homer eine Erinnerung im Gespräch der Götter, *Ilias* XIX 101 ff.; vgl. Hesiod, *Der Schild des Herakles* und Ovid, *Metamorphosen* IX 281-323.

190 *Iason:* Die Geschichte des Iason und der Medea und die Argo-

nautenfahrt schildert das einzige zwischen Homer und Nonnos erhaltene große antike Epos, die *Argonautika* (3. Jh. v. Chr.) des Apollonios Rhodios (dt. Übers. von Th. von Scheffer).

203 *aus Winckelmanns Monumenten:* Johann Joachim Winckelmann (1717-1768), der Autor der *Geschichte der Kunst des Altertums* (1764), schrieb zuletzt in italienischer Sprache ein Werk über bislang unbekannte antike Denkmäler: *Monumenti antichi inediti* (1767) mit einem Tafelband zahlreicher Kupferstiche; das von Carstens gezeichnete Motiv hat dort die Nr. 72.

205 *Atalante:* In der variantenreichen antiken Mythologie unterscheidet Ovid z.B. die arkadische Atalante, die den kalydonischen Eber mit Meleager jagt, von der böotischen Atalante, die mit Hippomenes um die Wette läuft (*Metamorphosen* VIII 317ff. und 426ff. bzw. X 560-707).

217 *Pitho:* nach der neugriech. Aussprache von Peitho.

227 *ein Liebesgott:* Der Putto, der den Löwen zähmt, könnte zu den Motiven gehören, die Goethes *Novelle* angeregt haben.

229 *aus Winckelmanns Monumenten:* vgl. die Anm. zu S. 203.

236 *Der Siegelring des Michelangelo:* ›Le cachet de Michel Ange‹ ist eines der schönsten und berühmtesten Werke. Lippert verweist bei seiner Beschreibung auf das Standardwerk von Pierre Jean Mariette, *Traité des Pierres gravés*, Paris 1750, Bd. 1, Tafel 47 (Lippert, Nr. I, 350).

249 *Anrede der Venus:* Homerischer Hymnus an Aphrodite V. 45-200.

250 *eine weit ältere Dichtung:* Der Adonis-Kult ist asiatischer, vielleicht phönizischer Herkunft und steht mit dem mesopotamischen Tammuz in Beziehung. Ein Adonis-Fest im hellenistischen Alexandria schildert Theokrit, *Idylle* 15.

257 *Goethens Iphigenie:* Das »Lied der Parzen, das sie grausend sangen, / Als Tantalus vom goldnen Stuhle fiel«, *Iphigenie auf Tauris*, Vierter Aufzug, 5. Auftritt, V. 1726-1764, ohne die abschließende Strophe.

270 *Ein neuer Dichter:* Goethe, *Iphigenie auf Tauris*, Erster Aufzug, 3. Auftritt, V. 336-349, 359-388, 389f.

291 *zum Knecht zu groß:* Goethe, *Iphigenie* I 3, V. 320f.

293 *Sisyphus:* Die der Zeichnung zugrundeliegende Gemme ist als ein-

zige nicht in Lipperts *Daktyliothek*. Amor und Psyche sind auf sehr vielen antiken Reliefs in dieser Haltung abgebildet.

294 *Amor und Psyche:* Das einzige Märchen aus der Antike erzählt Apuleius (um 124-um 180) in seinem Roman *Metamorphosen*, der auch unter dem Namen *Der goldene Esel* bekannt ist.

*

NACHWORT

Der Mythos läßt den Menschen in einer fremden Welt heimisch werden. Wo es sonst nur Fragen ohne Hoffnung auf eine Antwort gäbe, tritt der Mythos ein und löst sie auf in wundersamen Erzählungen. Wir wissen nichts vom Woher und Wohin unseres Lebens, doch der Mythos gibt ihm einen Halt in der uferlosen Zeit und deutet im endlosen Raum, was über uns und was unter uns ist. Wie war es vorher, und wie hat alles angefangen? Aus Nacht und Chaos rangen sich Mächte ans Licht, bedroht von anderen Mächten. Welche Erschütterungen gab es, bis sich auch nur unter den Gewalten der Natur so etwas wie eine Ordnung bildete, und welcher Mühen bedurfte es, um die Erde bewohnbar zu machen und die zerstörerischen Leidenschaften der Menschen ein wenig zu zähmen!

Jede Kultur schafft sich ihre Erinnerung in einem Schatz von Mythen. Der griechische Mythos hat es vor anderen voraus, daß er als Poesie überliefert wurde und vielleicht deshalb ohne Zwang für andere Kulturen übersetzbar war. Kein Dogma hat ihn unterworfen, er hing nicht an Opferritualen und kultischen Festen. Das freie Spiel der Einbildungskraft schuf seine Gestalten und ließ sie in Werken der bildenden Kunst Anschauung werden. Man konnte sich in diesem Mythos erzählend und schöpferisch bewegen, ohne an ihn glauben zu müssen. Und als sich die christliche Religion in Konfessionen spaltete, als sich die Gesellschaft schärfer in sich unterschied und die Nationen sich voneinander absonderten, wurde der antike, heidnische Mythos zum gemeinsamen freien Raum, in dem die Europäer in allen Künsten wetteifern und sich miteinander verständigen konnten.

Karl Philipp Moritz hat das wohl verstanden. Er hat dem deutschsprachigen Leser in dem weltgeschichtlichen Augenblick eine *Götterlehre* geschenkt, als die deutsche Literatur dafür reif geworden war. Die Mythologie war nun nicht mehr Sache des Schulfleißes, um unbegreifliche Namen und Taten antiker Götter und Helden zu lernen, wie es in der hölzernen *Acerra philologica* der Fall war, mit der er sich als Kind geplagt hatte. Die Mythologie unterlag auch nicht mehr, wie noch weit ins 18. Jahrhundert hinein, einer moralisierenden Deutung. Auch sie hatte Teil an der neugewonnenen Freiheit der Kunst. Und sie war auch noch nicht das Spielfeld für verstiegene Deutungen und abwegige Vergleiche.

Also kann der Mythos erzählt werden in einer gleichsam natürlichen Folge. Vom Beginn aller Dinge, von der Entstehung der Welt an, in den einander ablösenden Geschlechtern der herrschenden Götter über die beiläufige, eigentlich frevelhafte Bildung der Menschen durch Prometheus hin zu jenem Prozeß, in dem die Götter den Menschen ähnlich gedacht werden und Menschen danach streben, den Göttern zu gleichen. Das geschieht in einem erzählenden Wissen. So hat es sich eine in der Anschauung und Begriffsbildung geniale Nation erdacht, und obwohl es vielfache Varianten gibt, geht es in der antiken Mythologie nicht um ein Rechthaben, ein Behaupten und Widerlegen wie in dogmatischen Systemen.

Mythen gewinnen Evidenz, oder sie werden vergessen. Daß die antiken Mythen nicht mit dem Untergang der antiken Welt vergessen wurden oder nur als ein Kuriosum neben Hunderten anderer Mythologien aufgezählt werden, hat darin seinen Grund. Der antike Mythos wurde von der christlichen und islamischen Kultur des Mittelmeerraumes weitergetragen, und er bezauberte sogar die Völker nördlich der Alpen und westlich des europäischen Festlandes. Es war nicht lediglich eine zweifelhafte Verflechtung mit dem Sternglauben, die sein Überleben und seine Wiedergeburt in der bildenden Kunst und in der Poesie ermöglicht haben.

Der antike Mythos nimmt es mit der Natur im ganzen auf. Er bejaht nicht die eine Hälfte, um die andere zu verneinen oder zu leugnen. Wenn er sich Götter im Licht schafft, so weiß er, daß sie ihre Existenz der Überwindung der dunklen Kräfte schulden, die sie in den Tartaros gestürzt haben. Er vermittelt das einzelne Wollen und bewußte Handeln seiner Olympier mit dem Geschick, an dem nicht zu rütteln ist. Er unterwirft weder seine Götter noch seine Helden dem Maßstab einer begrenzten Moral. Im Widerstreit der Naturgewalten wie der Werte entfaltet er erzählend seine anschauliche Überzeugungskraft. Und er kennt keine Trennung in Heiliges und Profanes, die den Vorwand zur Entstehung einer herrschenden Priesterkaste und zur Verachtung des Alltagslebens böte. Und gerade deshalb vermag dieser Mythos alles, auch das vermeintlich Niedrige oder Gemeine, zu heiligen, und die ihm verwandte Kunst ist schöne Kunst.

Die Dichter haben den Griechen ihre Götter geschenkt. Daher kann ihre Mythologie der Poesie nacherzählt werden. Karl Philipp Moritz, der sich als Kind schon vorgenommen hatte, die *Acerra philologica* durch eine schönere Darstellung der *Götterlehre* zu ersetzen, beginnt in Rom damit, indem er sich die Werke der Dichter in handlichen Ausgaben besorgt. Dichter sind es mit ihrer Darstellung, die oft willkürlich und bruchstückhaft erscheinen mag, nicht die gelehrten, vollständigen und variantenreichen Mythographen der späten Antike. Die philologische Ausbildung hatte Moritz zu Hause erhalten und auch als Lehrer in Berlin an der Schule zum grauen Kloster und an der Akademie der Künste praktiziert. Aber es kam etwas hinzu. Die Flucht aus dem »Schulkerker«, wie er es nennt, und aus unhaltbaren persönlichen Verhältnissen nach Italien macht ihn mit einer neuen alten Welt vertraut.

In Italien sind die Denkmäler des Altertums immer noch sichtbar, und das Leben des Volkes war nicht so weit von der antiken Lebensweise entfernt. Unter freiem Himmel, in einer wenig veränderten Landschaft, mit Anklängen in der rhetorischen Kultur, in den festlichen Aufzügen, konnte man sich dieses Leben vorstellen. Neapel und Süditalien ersetzten in gewissem Maße die Anschauung Griechenlands, das damals unter osmanischer Herrschaft kaum zugänglich war. Rom versammelte die Herrlichkeiten der antiken Kunst und ihrer Wiedergeburt in der Moderne. War Moritz auf der Englandreise einer großartigen Natur und dem im Vergleich zu Deutschland freieren Leben des Volkes begegnet, so kommt hier durch den Umgang mit Künstlern die Vertrautheit mit der Kunst hinzu.

Das geht nicht von heute auf morgen. Der aus Geldnot mit dem Verleger Campe geschlossene Vertrag über ein Reisehandbuch kann nicht erfüllt werden, da es nicht mit dem Wissen getan ist, das man aus anderen Reisebüchern abschreiben könnte. Er ist zu Anfang buchstäblich stumm vor Staunen. Das literarische Wissen ist Vorbildung, aber um in der bildenden Kunst heimisch zu werden, muß man ganz schlicht erfahren, wie sie gemacht wird. Was tut ein Künstler in seiner Werkstatt, woraus bildet er die Werke, die vielleicht Bewunderung erregen? Moritz lebt mit den jungen deutschen Künstlern und mit Goethe zusammen. Gemeinsam, um sich wechselseitig zu belehren und auch um das Eintrittsgeld zu teilen, besucht man die Sammlungen der römischen Kardinäle und Fürsten und die des Vatikan. Je nach ihrer eigenen Kenntnis und Geschicklichkeit betrachten Künstler ein Werk der Kunst operativ, wie es gemacht ist, was ihm fehlt oder was gelungen ist.

Goethe ist nur einige Jahre älter als Moritz, der 1756 in einem Jahr mit Mozart geboren wurde. Aber Goethe trat schon als Autor der *Leiden des jungen Werther* hervor, als Moritz noch arm und unglücklich zwischen der Berufung zum Schauspieler und dem Studium schwankte. In einer der vielen Krisen faßt Moritz, ohne ihn auszuführen, den Entschluß, zum Verfasser von Werthers Leiden zu gehen und bei ihm Bedienter zu werden. Das Schicksal wollte es anders. Bei einem Ausflug zu Pferde gleitet Moritz' Reittier auf den glatten antiken Pflastersteinen so ungeschickt aus, daß er sich den Arm bricht. Tischbein hat die Szene gezeichnet, wie Goethe sich zu dem Verletzten niederbeugt, und Goethe war es auch, der unter den befreundeten Künstlern mit dem Würfel losen ließ, wer ihm eine Stunde des Tags Gesellschaft leistet oder eine Nachtwache hält.

Wochenlang hat Goethe dieses Schmerzenslager begleitet und in unendlichen Gesprächen sowie »als Beichtvater und Vertrauter, als Finanzminister und geh. Sekretair pp.« nicht nur geholfen, sondern vor allem »gelernt«. Moritz hat mit dem *Anton Reiser* sein autobiographisches Unternehmen (1. bis 3. Teil, 1785/86, 4. Teil 1790) schon weitgehend hinter sich, das für Goethe in weiter Ferne liegt. Was Goethe erstaunt, ist jedoch nicht die Verschiedenheit ihrer Existenzen, sondern die Ähnlichkeit. Er schreibt an Charlotte von Stein: »Er ist wie ein jüngerer Bruder von mir, von derselben Art, nur da vom Schicksal verwahrlost und beschädigt, wo ich begünstigt und vorgezogen bin.« Ihre Ziele sind gemeinsam. Moritz erblickt in Goethe endlich den großen schöpferischen Künstler aus vertrauter Nähe und wird selbst in tiefer Einsicht in den Schaffensprozeß zum leidenschaftlichen Deuter der Kunst.

Zu Hause hatte er mit Moses Mendelssohn und Marcus Herz die ›Erfahrungsseelenkunde‹ begründet und eine Ästhetik skizziert. Sein *Versuch einer deutschen Prosodie* ermutigte Goethe bei der Versfassung der *Iphigenie*, und mit dem Schwierigen seines Charakters war Moritz auch ein wenig Modell für einige Charakterzüge des *Tasso*. Bei diesen Gesprächen entwickelte sich die erste am künstlerischen Schaffen orientierte Ästhetik in der Schrift *Über die bildende Nachahmung des Schönen* (1788). Bis in einzelne Sätze und Wendungen nimmt die *Götterlehre* Gedanken davon auf. Bisher hatte sich die Ästhetik mit den sinnlichen, aber oft moralisch bewerteten Wirkungen weniger des Kunstwerks als einzelner Schönheiten, wie die Rhetorik und Poetik sie zu klassifizieren lehrten, beschäftigt. Auch Kants *Kritik der Urteilskraft* (1790) gilt nicht der Kunst, sondern dem alle Menschen verbindenden Gemeinsinn (sensus communis), der uns einzelne Wirkungen der Kunst als schön und einzelne Wirkungen der Natur als erhaben empfinden läßt, so daß wir jedem anderen ein entsprechendes Urteil zumuten können.

Moritz löst sich völlig von dieser Wirkungsästhetik und zieht die Folgerungen aus der Weise, wie man seit Winckelmann Kunstwerke und seit Lessing Poesie anschaut. Das Werk individualisiert sich als Hervorbringung seines Schöpfers in einer historischen Epoche und läßt uns in sich seine Welt und zugleich uns selbst anschauen. Stil wird zum Begriff einer Totalität, die im einzelnen Werk eine Welt erscheinen läßt. Ob es sich um ein Werk der Gegenwart handelt, das auf andere Werke notwendig Bezug nimmt, oder um ein Werk, in dem der gegenwärtige Betrachter sich durch Homer oder Phidias, durch Shakespeare oder Michelangelo auf eine als Epoche vergangene, im Werk unvergangene Welt bezieht, so vermag er das aufgrund einer universellen menschlichen Fähigkeit, der Fähigkeit, übersetzend zu verstehen. Obwohl es sich dem freien Spiel der Einbildungskraft und keinem starren Regelwerk verdankt, ist das vollkommene Werk eine notwendige Hervorbringung seines Schöpfers und kein beliebiges Kunststück seiner Geschicklichkeit.

Moritz hat im einzelnen dargelegt, wie tief das Kunstwerk, um selbst Existenz zu gewinnen, in das Leben seines Schöpfers eingreift. Während Kant die Konsequenzen aus seinen Gedanken und der Lektüre um die Jahrhundertmitte zog, hat Moritz in seiner umwälzenden Ästhetik zuerst die Folgerungen aus einer neuen Anschauung der Kunst, die mit der Produktion von Kunst innig verbunden ist, zu ziehen versucht. Daß wir uns im Werk eines anderen, gar in einem Werk aus einer anderen Zeit, zu erblicken vermögen und daß einzelne, die nicht nur zu empfinden, sondern hervorzubringen vermögen, sich in einem Werk, das es mit anderen Werken aufnehmen kann, verwirklichen, das mögen Künstler und Kritiker wohl geahnt haben, es ist aber in diesem Umkreis zuerst ausgesprochen worden.

So wie mit einer eigenen dramatischen Produktion Sophokles und Shakespeare als Autoren, mit ihrem Handwerk in den technischen sowohl wie in den ästhetischen Kreis der Betrachtung rücken – bei Lessing –, so ist die antike Mythologie durch Goethes Lyrik und durch die *Iphigenie* zu jener Zeit in der eigenen Sprache auszusprechen und zu fühlen möglich geworden. Das hat Moritz begriffen und seine Erzählung des Mythos durch diese und keine anderen mit antiken Themen spielenden Gedichte seiner Zeit illustriert. Gewiß hat er zuvor manches anakreontische Gedicht geschätzt, aber angesichts der Antike blieben nur Goethes wenige Jahre vor der Italienreise geschriebene Werke bestehen. Sie lösten sich aus der kleinen deutschen Welt, in der sie entstanden waren und mit der sie in vielfachen Bezügen stehen, heraus.

Nicht viel anders verhält es sich mit den bildlichen Illustrationen nach geschnittenen Steinen des Altertums. Gemmen und Kameen, in Halbedelstein geschnittene Bildnisse und kleine Szenen der antiken Mythologie gehörten zu den beliebtesten Sammlungsgegenständen und Mitteln der Veranschaulichung. Auf der Größe eines Siegelrings oder eines Medaillons fanden sich, oft hervorragend scharf geschnitten und fein modelliert, die Gestalten der Götterlehre. Man konnte sie mit geringer Mühe in Glaspasten und anderem Material nachbilden, und so ließen sich berühmte Sammlungen vervielfältigen. Das führte nicht nur dazu, daß der treffliche Philipp Daniel Lippert mit einer von ihm in der Meißener Manufaktur entwickelten Porzellanmasse vorzügliche Nachbildungen schuf und sie in seiner Daktyliothek zusammen mit einer ausführlichen Beschreibung herausbrachte. Bei der Italienreise der Weimarer Herzogin Anna Amalia erwarb ihr Mundkoch in Rom eine kleine Sammlung und bildete sie, zu didaktischem und vergnüglichem Zweck, für Kinder in einer wohlschmeckenden Zuckerpaste nach, so daß die Kleinen sich die Gestalten der Mythologie im buchstäblichen Sinn einverleiben konnten.

Eine der großen und berühmten Sammlungen hatte der Baron Philipp von Stosch zusammengetragen, die Winckelmann nach dessen Tod wissenschaftlich bearbeitet hat. Goethe besaß eine ansehnliche Sammlung, die mit modernen photographischen Aufnahmen herausgegeben wurde (Leipzig 1977, hg. v. Gerhard Femmel). Vergleicht man die Photographien einerseits und die Kupferstiche, mit denen einige Gemmen in Winckelmanns letztem Werk, den *Monumenti antichi inediti* (1767) abgebildet wurden, andererseits mit den Zeichnungen, die Moritz' *Götterlehre* illustrieren, so wird einem erst die Leistung von Asmus Jakob Carstens deutlich. Die kleinen, aber plastisch oft zur Bewunderung selbst Michelangelos herrlich gearbeiteten Stücke sind schwer zu beleuchten und zu photographieren, und sie stellen an den Kupferstecher, der mit Schraffuren arbeitet, hohe Ansprüche. Carstens zeichnet sie als klare Linien.

Seit dem Ende des 18. Jahrhunderts haben immer weiter ausgreifende systematische Grabungen andere Bildgattungen zutage gefördert. Die griechischen Vasen mit umfangreicheren und anschaulichen gemalten Darstellungen bildeten erst nach und nach ein Corpus, auf das man zur Veranschaulichung der Mythologie zurückgreifen konnte. Vasenbilder ließen sich sehr viel einfacher nachzeichnen und auch photographieren. In dem von Wilhelm Heinrich Roscher herausgegebenen Kollektivwerk, *Ausführliches Lexikon der Griechischen und Römischen Mythologie* (Leipzig 1884-1937), ein Jahrhundert nach Moritz' *Götterlehre*, geschieht die bildliche Veranschaulichung im wesentlichen durch Vasenbilder. Die antiken Gestalten erscheinen da in scharf konturierten Flächenkontrasten, schwarzweiß in den Abbildungen, in leuchtendem Schwarz auf dem rötlichen Grund des Tons oder umgekehrt hell auf nachtschwarzem Grund.

Karl Philipp Moritz erwandert sich seine Einsichten. Vom Lesen und den Büchern her erschließt er sich die Welt. Aber dann öffnet er die Augen und vermag Eindrücke wiederzugeben, die ihn bald zu einem großen Reiseschriftsteller machen. England bereist er in weiten Strecken zu Fuß, mit Miltons *Verlorenem Paradies* in der Hand. Am Rande der Landstraße setzt er sich auf die grünen Wiesen und erkennt die lieblichen Landschaften wieder, die der gewaltige epische Dichter geschildert hat. In Italien sind es nicht nur Landschaftseindrücke und Stadtbilder, die er denen daheim zu beschreiben versucht, sondern architektonische Ensembles. Vergleicht man seine Schilderung des Zaubers der Höhle von Castleton mit der des naturwissenschaftlich geschulten und welterfahrenen Georg Forster, so gebührt Moritz der Vorrang. In Rom kann er den Gesamteindruck des Petersdoms mit den Kolonnaden, die den Vorplatz umfassen, eindrücklich schildern, woran die kunstgelehrten Romantiker versagen.

Nach der ersten Befangenheit vor dem Fremden, das kein Buch wirklich darstellen konnte, drängt eine neue Energie ihn voran, um das zu erkennen und zu leben, was er bisher nur gelesen hat. Nach Jahren erneuter Krankheit und verworrenen Lebens festigt er sich in einer reichen literarischen Produktion. Allein 1786 erscheinen vor der Abreise nach Italien der Zweite und Dritte Teil des *Anton Reiser*, der erste Band des *Andreas Hartknopf*, der vierte Band des *Magazins zur Erfahrungsseelenkunde*, die ersten Stücke der Zeitschrift *Denkwürdigkeiten, aufgezeichnet zur Beförderung des Edlen und Schönen*, die einzelne Teile dessen enthalten, was zusammen in der wunderbaren *Kinderlogik* erscheint, und schließlich der *Versuch einer deutschen Prosodie*. Alles einer fragilen Gesundheit abgerungen und neben dem Schuldienst geschrieben, in Eile und auf Drängen der verschiedenen Berliner Verleger, mit denen er damals zusammenarbeitete (Maurer, Mylius, Unger und Wever). Oft stand ein Laufbursche aus der Setzerei vor seiner Tür, der nicht eher gehen durfte, als bis er neues Manuskript brachte.

Die Abreise war in vielerlei Hinsicht eine Flucht und Befreiung. Aber er kann nicht gleich die neuen Eindrücke formulieren, und er steht unbeholfen, in schweigender Achtung vor den Werken des Altertums, das ihm im farblosen protestantischen Norden nur als Schrift und nicht in Bildern vor Augen gestanden hatte. Theorie hat er schon, davon ist die deutsche geistige Landschaft gesättigt. Im Anschluß an Moses Mendelssohn hatte er selbst für die *Berlinische Monatsschrift* den ›Versuch einer Vereinigung aller schönen Künste und Wissenschaften unter dem Begriff des in sich selbst Vollendeten‹ (1785) verfaßt. Was als Ahnung und Wissen in ihm liegt, muß sich in der Begegnung mit den Künsten und den Künstlern aus ihm herausbilden. Nach und nach lernt er das, was er weiß, mit dem, was er sieht, zu vermitteln. Und er sieht nicht nur Bilder, sondern den Prozeß des Schaffens, das Ringen um die Vollkommenheit, die Verzweiflung am nicht ganz Gelungenen, die Höllenqualen des Empfindungsreichen, der schöpferisch Dilettant zu bleiben verdammt ist. Er fühlt die im Kunstwerk gebannte zerstörerische Gewalt. Was ihn beschäftigt und was er in der Schrift *Über die bildende Nachahmung des Schönen* schließlich darlegt, ist nicht eine Erkenntnislehre des Schönen, sondern eine ästhetische Anthropologie des schöpferischen und des empfindenden Menschen.

»Es ist mir wie Schuppen von den Augen gefallen«, kann er feststellen, als er seine Wanderjahre in Italien in eine ruhige und fruchtbare literarische Tätigkeit überführt. Eindrücke und Notizen sammeln sich zu Einsichten, aus dem Anschauen und Bewundern wird ein Begreifen und Deuten. Und was sich an den Werken bildender Kunst bewährt, kommt nun auch dem Mythos zugute. Er ist das Werk der Einbildungskraft, die es mit der Welt im ganzen zu tun hat, und er bringt ein Bild der Welt mit ihren gegenstrebenden Kräften, mit den Gewalten, unter denen der Mensch zu erliegen droht, hervor. Es ist in den zweihundert Jahren seither nicht viel an neuen Einsichten hinzugekommen. Die große Mutter hat dort ihren Platz, und das Dionysische ist umfassend gedeutet, wie es in der späteren Entgegensetzung eines Dionysischen gegen ein Apollinisches, die Nietzsche beim Ausbruch aus dem philologischen Seminar erfunden hat, nicht möglich ist. Eine Dichotomie kann den Widerstreit der göttlichen Gewalten, in der Abfolge herrschender Geschlechter und in der Gegenwirkung ihrer Verkörperungen so wenig fassen wie den Widerstreit der Vermögen und Kräfte der Seele in lebendigen Wesen. Und dafür hat Moritz eine schlichte und zugleich gehobene Sprache gefunden, die seine Darstellung von den kurzfristig aktualisierenden und rasch veraltenden Fassungen antiker Mythologie wohltätig unterscheidet.

Die deutschsprachige Literatur hat wenige Werke aufzuweisen, in denen das Programm der europäischen Aufklärung so schön erfüllt wurde und in denen der deutsche Idealismus, von seiner Liebe zur Antike getrieben, unter südlicher Sonne von Anschauung bildender Kunst gesättigt, eine Welt der Phantasie besonnen darstellt und dabei ganz menschlich daherkommt und völlig jung geblieben ist.

Horst Günther

REGISTER

INHALT

Jupiter, der Vater der Götter

Die neue Bildung des Menschengeschlechts

Die menschenähnliche Bildung der Götter

Die heiligen Wohnplätze der Götter unter den Menschen

Das götterähnliche Menschengeschlecht

Die Lieblinge der Götter

Die tragischen Dichtungen

Die Schattenwelt

Anhang

Zu dieser Ausgabe

insel taschenbuch 2507: Karl Philipp Moritz, Götterlehre. Der Text folgt, neu nach den Erstdrucken durchgesehen, der Ausgabe: Karl Philipp Moritz, Werke. Herausgegeben von Horst Günther. Zweiter Band: Schriften zur Kunst und Mythologie. 2. Auflage 1993. © Insel Verlag Frankfurt am Main 1981. Bildnachweis: Akropolis-Museum, Athen: 2 · Museo Archeologico Etrusco, Florenz: Umschlag · Museum von Olympia: 1, 3, 8 · Nationalmuseum, Athen: 4, 5 · Réunion des musées nationaux, Paris: 7, Umschlag · Scala, Florenz: 6

Literatur und Reisen
im insel taschenbuch

Alt-Prager Geschichten. Gesammelt von Peter Demetz. Mit Illustrationen von Hugo Steiner-Prag. it 613

Alt-Wiener Geschichten. Gesammelt von Joseph Peter Strelka. Mit sechs farbigen Abbildungen. it 784

Ernst Batta: Römische Paläste und Villen. Annäherung an eine Stadt. Mit zahlreichen Abbildungen. it 1324

Bodensee. Reisebuch. Herausgegeben von Dominik Jost. Mit zahlreichen Abbildungen. it 1490

Bonn. Ein Städte-Lesebuch. Herausgegeben von Doris Maurer und Arnold E. Maurer. Mit zahlreichen Abbildungen. it 1224

Budapest. Reisebuch. Herausgegeben von Wilhelm Droste, Susanne Scherrer und Kristin Schwamm. Mit zahlreichen Fotografien. it 1801

Friedrich Dieckmann: Dresdner Ansichten. Spaziergänge und Erkundungen. Mit farbigen Fotografien. it 1766

Dresden. Ein Reisebuch. Herausgegeben von Katrin Nitzschke. Unter Mitarbeit von Reinhard Eigenwill. Mit zahlreichen Abbildungen. it 1365

Flandern. Lesarten einer Stadt. Herausgegeben von Werner Jost und Joost de Geest. it 1254

Florenz. Lesarten einer Stadt. Herausgegeben von Andreas Beyer. Mit zahlreichen Illustrationen. it 633

Florida. Reisebuch. Herausgegeben von Katharina Frühe und Franz Josef Görtz. Mit zahlreichen Abbildungen. it 1492

Theodor Fontane: Jenseit des Tweed. Bilder und Briefe aus Schottland. Mit zahlreichen Abbildungen und einem Nachwort herausgegeben von Otto Drude. it 1066

– Ein Sommer in London. Mit einem Nachwort von Harald Raykowski. it 1723

Georg Forster: Reise um die Welt. Herausgegeben und mit einem Nachwort von Gerhard Steiner. it 757

Frankfurt. Reisebuch. Herausgegeben von Herbert Heckmann. Mit zahlreichen Abbildungen. it 1438

Johann Wolfgang Goethe: Italienische Reise. Mit vierzig Zeichnungen des Autors. Herausgegeben und mit einem Nachwort versehen von Christoph Michel. it 175

Johann Wolfgang Goethe: Tagebuch der Italienischen Reise 1786. Notizen und Briefe aus Italien. Mit Skizzen und Zeichnungen des Autors. Herausgegeben und erläutert von Christoph Michel. it 176

– Kampagne in Frankreich 1792. Belagerung von Mainz. Herausgegeben und mit einem Nachwort von Jörg Drews. Mit zeitgenössischen Abbildungen. it 1525

158/1/12.96

Literatur und Reisen
im insel taschenbuch

Walter Haubrich / Eva Karnofsky: Die großen Städte Lateinamerikas. Sechzehn Städtebilder. Von Walter Haubrich und Eva Karnofsky. Mit farbigen Fotografien. it 1601

Hamburg. Ein Städte-Lesebuch. Herausgegeben von Eckart Kleßmann. it 1312

Victor Hehn: Olive, Wein und Feige. Kulturhistorische Skizzen. Herausgegeben von Klaus von See unter Mitwirkung von Gabriele Seidel-Leimbach. Mit farbigen Abbildungen. it 1427

Heidelberg-Lesebuch. Stadt-Bilder von 1800 bis heute. Herausgegeben von Michael Buselmeier. it 913

Heinrich Heine: Italien. Mit farbigen Illustrationen von Paul Scheurich. it 1072

Hermann Hesse: Luftreisen. Berichte und Gedichte. Herausgegeben und mit einem Nachwort versehen von Volker Michels. Mit zahlreichen Abbildungen. it 1604

– Mit Hermann Hesse durch Italien. Ein Reisebegleiter durch Oberitalien. Mit farbigen Fotografien. Herausgegeben von Volker Michels. it 1120

– Tessin. Betrachtungen, Gedichte und Aquarelle des Autors. Herausgegeben von Volker Michels. it 1494

Mit Hermann Hesse reisen. Betrachtungen und Gedichte. Herausgegeben von Volker Michels. it 1242

Erhart Kästner: Griechische Inseln. Aufzeichnungen aus dem Jahre 1944. Mit einem Nachwort von Heinrich Gremmels. it 118

– Kreta. Aufzeichnungen aus dem Jahre 1943. Mit einem Nachwort von Heinrich Gremmels. it 117

– Ölberge, Weinberge. Ein Griechenland-Buch. Mit Zeichnungen von Helmut Kaulbach. it 55

– Ölberge, Weinberge. Die Stundentrommel vom heiligen Berg Athos. 2 Bände in Kassette. it 55/56

– Die Stundentrommel vom heiligen Berg Athos. it 56

Harald Keller: Die Kunstlandschaften Italiens. Toskana. Florenz. Umbrien. Rom. Lombardei. Emilia. Venedig. Zwei Bände in Kassette. Mit zahlreichen Abbildungen. it 1576

Kunstführer durch Sachsen und Thüringen. Herausgegeben von Katharina Flügel. Mit farbigen Abbildungen. it 1327

London. Eine europäische Metropole in Texten und Bildern. Herausgegeben von Norbert Kohl. it 322

158/2/12.96

Literatur und Reisen
im insel taschenbuch

Doris Maurer / Arnold E. Maurer: Literarischer Führer durch Italien. Ein Insel-Reiselexikon. Mit zahlreichen Abbildungen, Karten und Registern. it 1071

Günter Metken: Reisen durch Europa. Andere Wege zu Kunst und Kultur. Von Günter Metken. Mit zahlreichen Fotografien. it 1572

Mit Fontane durch die Mark Brandenburg. Herausgegeben von Otto Drude. Mit farbigen Fotografien von Christel Wollmann-Fiedler. it 1798

Mit Rilke durch das alte Prag. Herausgegeben von Hartmut Binder. Mit zahlreichen Abbildungen. it 1489

Michel de Montaigne: Tagebuch einer Reise durch Italien. Aus dem Französischen von Otto Flake. it 1074

Moskau. Ein literarischer Führer. Von Sigrun Bielfeldt. Mit zahlreichen Abbildungen. it 1382

München. Ein Lesebuch. Herausgegeben von Reinhard Bauer und Ernst Piper. Mit zahlreichen Abbildungen. it 827

Ernst Penzoldt: Sommer auf Sylt. Liebeserklärungen an eine Insel. Mit farbigen Zeichnungen des Verfassers. Herausgegeben von Volker Michels. it 1424

Potsdam. Ein Reisetagebuch. Herausgegeben von Doris Maurer und Arnold E. Maurer. Mit farbigen Abbildungen. it 1432

Prag. Ein Lesebuch. Herausgegeben von Jana Halamicková. Mit zahlreichen Abbildungen. it 994

Reisen durch Deutschland. Von Gustav Faber. Mit farbigen Fotografien. it 1595

Reisen mit Mark Twain. Für Reiselustige ausgewählt und zusammengestellt von Norbert Kohl. it 1594

Rom. Ein Städte-Lesebuch. Herausgegeben von Michael Worbs. it 921

Salzburg. Ein Städte-Lesebuch. Herausgegeben von Adolf Haslinger. Mit zahlreichen Abbildungen. it 1326

Schwarzwald und Oberrhein. Literarischer Führer. Herausgegeben von Hans Bender und Fred Oberhauser. Mit zahlreichen Abbildungen. it 1330

Sommerliebe. Zärtliche Geschichten. Für den Reisekoffer gepackt von Franz-Heinrich Hackel. it 1596

Südtirol. Ein literarisches Landschaftsbild. Herausgegeben von Dominik Jost. it 1317

Toskana. Ein literarisches Landschaftsbild. Herausgegeben von Andreas Beyer. Mit Fotografien von Loretto Buti. it 926

158/3/12.96

Literatur und Reisen
im insel taschenbuch

Trier. Deutschlands älteste Stadt. Herausgegeben von Michael Schroeder. Mit zahlreichen Fotografien. it 1574

Tübingen. Ein Städte-Lesebuch. Herausgegeben von Gert Ueding. Mit zahlreichen Abbildungen. it 1246

Tunesien. Ein Reisebuch. Herausgegeben von Hans-Ulrich Wagner. it 1802

Mark Twain: Reisen ums Mittelmeer. Vergnügliche Geschichten. Ausgewählt von Norbert Kohl. it 1799

Umbrien. Ein Reisebuch. Herausgegeben von Isolde Renner. Mit zahlreichen Abbildungen. it 1491

Venedig. Herausgegeben von Doris Maurer und Arnold E. Maurer. Mit zahlreichen Abbildungen. it 626

Venedig. Literarischer Führer. Herausgegeben von Doris Maurer und Arnold E. Maurer. Mit farbigen Abbildungen. it 1413

Warum in die Ferne? Das Lesebuch vom Daheimbleiben. Eingerichtet von Hans Christian Kosler. it 1332

Die Welt der Museen. Herausgegeben von Joachim Rönneper. it 1493

Westfalen. Ein Reiselesebuch. Herausgegeben von Hans Georg Schwark und Fred Oberhauser. Mit zahlreichen Abbildungen. it 1394

Wien. Ein Reisebuch. Herausgegeben von Joseph Peter Strelka. Mit farbigen Fotografien. it 1573

Wien im Gedicht. Herausgegeben von Gerhard C. Krischker. it 1488

Wiener Adressen. Ein kulturhistorischer Wegweiser. Von Dietmar Grieser: it 1203

158/4/12.96

Kunst und Musik
im insel taschenbuch

Oskar Bätschmann: Edouard Manet. Der Tod des Maximilian. Eine Kunst-Monographie. Mit Abbildungen und einer farbigen Klapptafel. it 1482

Besuche im Städel. Betrachtungen zu Bildern. Herausgegeben von Klaus Gallwitz. Mit biographischen Notizen von Dolf Sternberger. it 939

Gottfried Boehm: Paul Cézanne. Montagne Sainte-Victoire. Eine Kunst-Monographie. Mit Abbildungen und einer farbigen Klapptafel. it 826

Roland Bothner: Auguste Rodin. Die Bürger von Calais. Eine Kunst-Monographie. Mit Abbildungen und einer farbigen Klapptafel. it 1483

Cézanne. Leben und Werk in Texten und Bildern. Von Margret Boehm-Hunold. it 1140

George Clémenceau: Claude Monet. Betrachtungen und Erinnerungen eines Freundes. Mit farbigen Abbildungen und einem Nachwort von Gottfried Boehm. it 1152

Das Evangeliar Heinrichs des Löwen. Erläutert von Elisabeth Klemm. Mit farbigen Bildtafeln. it 1121

Die Familie Mendelssohn. 1729 bis 1847. Nach Briefen und Tagebüchern herausgegeben von Sebastian Hensel. it 1671

Esther Gallwitz: Kleiner Kräutergarten. Kräuter und Blumen bei den Alten Meistern im Städel. Mit farbigen Abbildungen. it 1420

Sebastian Goeppert / Herma Goeppert-Frank: Pablo Picasso. Minotauromachie. Mit zahlreichen Abbildungen und einer Klapptafel. it 1533

Goethes Gedanken über Musik. Eine Sammlung aus seinen Werken, Briefen, Gesprächen und Tagebüchern. Herausgegeben von Hedwig Walwei-Wiegelmann. Mit achtundvierzig Abbildungen, erläutert von Hartmut Schmidt. it 800

Vincent van Gogh: Briefe an seinen Bruder. Drei Bände in Kassette. Herausgegeben von Johanna Gesina van Gogh-Bongers. Deutsch von Leo Klein-Diepold und Carl Einstein. Mit farbigen Abbildungen. it 954

– Feuer der Seele. Gedanken zum Leben, zur Liebe und zur Kunst. Ausgewählt aus seinen Briefen und mit einem Nachwort versehen von Ursula Michels-Wenz. it 1265

Van Gogh in seinen Briefen. Mit Abbildungen. it 177

Herman Grimm: Das Leben Michelangelos. it 1758

Gernot Gruber: Mozart. Leben und Werk in Texten und Bildern. Von Gernot Gruber. it 1695

157/1/12.96

Kunst und Musik im insel taschenbuch

Christiaan L. Hart Nibbrig: Ästhetik des Todes. Mit zahlreichen Abbildungen. it 1697

Joachim Heusinger von Waldegg: Fernand Léger. La Ville. Eine Kunst-Monographie. Mit farbigen Abbildungen und einer farbigen Klapptafel. it 1705

Wolfgang Hildesheimer: Endlich allein. Collagen. Mit einer Einführung des Künstlers »Die Ästhetik der Collage«. it 898

Freia Hoffmann: Instrument und Körper. Die musizierende Frau in der bürgerlichen Kultur. it 1274

Richard Hoppe-Sailer: Paul Klee. Ad Parnassum. Eine Kunst-Monographie. Mit Abbildungen und einer farbigen Klapptafel. it 1485

Max Imdahl: Picassos Guernica. Eine Kunst-Monographie. Mit Abbildungen und einer Klapptafel. it 806

Heinz Jatho: Max Beckmann. Das Schauspieler-Triptychon. Eine Kunst-Monographie im insel taschenbuch. Mit Abbildungen und einer farbigen Klapptafel. it 1134

Harald Keller: Französische Impressionisten. Herausgegeben von Elisabeth Herget und Wilhelm Schlink. Mit farbigen Abbildungen. it 1515

– Die Kunstlandschaften Italiens. Toskana. Florenz. Umbrien. Rom. Lombardei. Emilia. Venedig. Zwei Bände in Kassette. Mit zahlreichen Abbildungen. it 1576

Hiltrud Kier: Architektur der 50er Jahre. Bauten des Gerling-Konzerns in Köln. Eine Kunst-Monographie. Mit Abbildungen und einer farbigen Klapptafel. it 1617

Gisela Kleine: Gabriele Münter und Wassily Kandinsky. Biographie eines Paares. Mit farbigen Abbildungen. it 1611

Eckart Kleßmann: Die Familie Mendelssohn. Mit zahlreichen Abbildungen. it 1523

Oskar Kokoschka. Leben und Werk in Daten und Bildern. Herausgegeben von Norbert Werner. it 909

Kunstführer durch Sachsen und Thüringen. Herausgegeben von Katharina Flügel. Mit farbigen Abbildungen. it 1327

Monique Lange: Edith Piaf. Die Geschichte der Piaf. Ihr Leben in Texten und Bildern. Aus dem Französischen von Hugo Beyer. Mit einer Discographie. it 516

Christa Lichtenstern: Henry Moore. Liegende. Zweiteilig Liegende I - Landschaft und Figur. Eine Kunstmonographie. Mit Abbildungen und einer farbigen Klapptafel. it 1612

Michael Lüthy: Andy Warhol. Thirty Are Better Than One. Eine Kunst-Monographie. Mit Abbildungen und einer farbigen Klapptafel. it 1759

157/2/12.96

Kunst und Musik im insel taschenbuch

Julius Marusz: Porzellan. Betrachtungen aus der Geschichte der ältesten Manufakturen Europas. Mit zahlreichen Abbildungen. it 1760

Julius Meier-Graefe: Renoir. Mit farbigen Abbildungen und einem Nachwort von Andreas Beyer. it 1653

Friedhelm Mennekes: Arnulf Rainer. Weinkreuz. Eine Kunst-Monographie. Mit Abbildungen und einer farbigen Klapptafel. it 1569

Minnesinger. In Bildern der Manessischen Liederhandschrift. Mit Erläuterungen herausgegeben von Walter Koschorreck. Vierundzwanzig Abbildungen. it 88

Modernes Museum. Bilder, Objekte, Installationen im Museum für Moderne Kunst Frankfurt am Main. Von Michael Hierholzer. Mit einem Vorwort von Jean-Christophe Ammann und farbigen Abbildungen. it 1647

Friedrich de la Motte-Fouqué: Undine. Ein Märchen von Friedrich de la Motte-Fouqué. Musik von E.T.A. Hoffmann. Mit Bildern von Karl Friedrich Schinkel. Mit einem Essay von Ute Schmidt-Berger. it 1353

Wolfgang Amadeus Mozart: Briefe. Ausgewählt, eingeleitet und kommentiert von Wolfgang Hildesheimer. Mit zahlreichen Abbildungen. it 1696

Axel Müller: René Magritte. Die Beschaffenheit des Menschen I. Eine Kunst-Monographie im insel taschenbuch. Mit Abbildungen und einer farbigen Klapptafel. it 1202

Museumsbesuche. Schweizer Schriftsteller schreiben zu Bildern der Stiftung Oskar Reinhart. Vorwort von Paul Nizon. Mit farbigen Abbildungen. it 1539

Romola Nijinsky: Nijinsky. Der Gott des Tanzes. Biographie von Romola Nijinsky. Vorwort von Paul Claudel. Übersetzt von Hans Bütow. it 566

Manfred Reitz: Große Kunstfälschungen. Falsche Kunst und echte Fälscher unter die Lupe genommen. Mit zahlreichen Abbildungen. it 1534

Rainer Maria Rilke: Auguste Rodin. Mit 96 Abbildungen. it 766

– Briefe über Cézanne. Herausgegeben von Clara Rilke. Besorgt und mit einem Nachwort versehen von Heinrich Wiegand Petzet. Mit siebzehn farbigen Abbildungen. it 672

– Worpswede. Fritz Mackensen. Otto Modersohn. Fritz Overbeck. Hans am Ende. Heinrich Vogeler. Mit zahlreichen Abbildungen und Farbtafeln im Text. it 1011

157/3/12.96

Kunst und Musik
im insel taschenbuch

Thomas Röske: Ernst Ludwig Kirchner. Tanz zwischen den Frauen. Eine Kunst-Monographie. Mit Abbildungen und einer farbigen Klapptafel. it 1564

Thorsten Scheer / Anja Thomas-Netik: Piet Mondrian. Komposition in Rot, Gelb und Blau. Eine Kunst-Monographie. Mit Abbildungen und einer farbigen Klapptafel. it 1688

Wieland Schmied: Giorgio de Chirico. Die beunruhigenden Musen. Eine Kunst-Monographie. Mit Abbildungen und einer farbigen Klapptafel. it 1484

Christoph Schreier: Wassily Kandinsky. Bild mit schwarzem Bogen. Eine Kunst-Monographie von Christoph Schreier. Mit Abbildungen und einer farbigen Klapptafel. it 1355

Michael Schroeder: Kleine Wappenkunst. Mit farbigen Abbildungen. it 1281

Otfried Schütz: Henri Matisse. Die blauen Akte. Eine Kunst-Monographie. Mit Abbildungen und einer farbigen Klapptafel. it 1795

Birgit Schwarz: Otto Dix. Großstadt. Eine Kunst-Monographie. Mit Abbildungen und einer farbigen Klapptafel. it 1486

Katrin Simons: El Lissitzky. Proun 23 N oder Der Umstieg von der Malerei zur Gestaltung. Eine Kunst-Monographie. Mit Abbildungen und einer farbigen Klapptafel. it 1376

Dolf Sternberger: Über Jugendstil. Mit farbigen Abbildungen. it 274

Petra Waltke-Lampmann: Alexander Calder. Hellebardenträger. Monumentalität in filigraner Leichtigkeit. Eine Kunst-Monographie. Mit Abbildungen und einer farbigen Klapptafel. it 1680

Die Welt der Museen. Herausgegeben von Joachim Rönneper. it 1493

Gundolf Winter: Paul Gauguin. Jakobs Kampf mit dem Engel oder Vision nach der Predigt. Eine Kunst-Monographie. Herausgegeben von Gundolf Winter. Mit Abbildungen und einer farbigen Klapptafel. it 1387

ZEIT-Museum der 100 Bilder. Autoren und Künstler über ihr liebstes Kunstwerk. Herausgegeben von Fritz J. Raddatz. Mit farbigen Abbildungen. it 1213

157/4/12.96

Kulturgeschichte
im insel taschenbuch

Ernst Batta: Römische Paläste und Villen. Annäherung an eine Stadt. Mit zahlreichen Abbildungen. it 1324

Jean Anthèlme Brillat-Savarin: Physiologie des Geschmacks oder Betrachtungen über das höhere Tafelvergnügen. Ausgewählt, übersetzt und eingeleitet von Emil Ludwig. Mit Holzschnitten der Ausgabe von 1864. it 423

Das Duell. Der tödliche Kampf um die Ehre. Herausgegeben von Uwe Schultz. it 1739

Die Familie. Eine Kulturgeschichte der Familie. Herausgegeben von Ingeborg Weber-Kellermann. Mit zahlreichen Abbildungen. it 1839

Die großen Seuchen. Von Pest bis Aids. Von Kari Köster-Lösche. it 1681

Victor Hehn: Olive, Wein und Feige. Kulturhistorische Skizzen. Herausgegeben von Klaus von See unter Mitwirkung von Gabriele Seidel-Leimbach. Mit farbigen Abbildungen. it 1427

Christoph Wilhelm Hufeland: Die Kunst, das menschliche Leben zu verlängern. it 1706

Wolfgang Kaempfer: Zeit des Menschen. Das Doppelspiel der Zeit im Spektrum der menschlichen Erfahrung. it 1855

Adolph Freiherr von Knigge: Über den Umgang mit Menschen. Herausgegeben von Gert Ueding. Mit Illustrationen von Chodowiecki. it 273

Julius Marusz: Porzellan. Betrachtungen aus der Geschichte der ältesten Manufakturen Europas. Mit zahlreichen Abbildungen. it 1760

Günther Ohloff: Irdische Düfte - himmlische Lust. Eine Kulturgeschichte der Düfte. Mit farbigen Abbildungen. it 1777

Pantoffelhelden und Stiefelknechte. Über poetisches Schuhwerk. Herausgegeben von Franz Josef Görtz. Mit zahlreichen Abbildungen. it 1699

Salzburg. Ein Städte-Lesebuch. Herausgegeben von Adolf Haslinger. Mit zahlreichen Abbildungen. it 1326

Michael Schroeder: Kleine Wappenkunst. Mit farbigen Abbildungen. it 1281

Was wir gespielt haben. Erinnerungen an die Kinderzeit. Herausgegeben von Ingeborg Weber-Kellermann und Regine Falkenberg. Mit zahlreichen Abbildungen. it 1371

Wege ins Eis. Nord- und Südpolfahrten. Literarische Entdeckungen von Friedhelm Marx. it 1683

Wiener Adressen. Ein kulturhistorischer Wegweiser von Dietmar Grieser. it 1203

Das Wiener Kaffeehaus. Herausgegeben von Kurt J. Heering. Mit zahlreichen Abbildungen. it 1318

166/1/12.96